师者 生命在歌唱

刘桂英 著

中国海洋大学出版社
· 青岛 ·

图书在版编目（CIP）数据

师者：生命在歌唱 / 刘桂英著 . -- 青岛：中国海
洋大学出版社，2025. 3. -- ISBN 978-7-5670-4174-5

Ⅰ. G623. 202

中国国家版本馆 CIP 数据核字第 2025FQ7938 号

师者：生命在歌唱

SHIZHE：SHENGMING ZAI GECHANG

出版发行	中国海洋大学出版社
社　　址	青岛市香港东路 23 号　　　邮政编码　266071
出 版 人	刘文菁
网　　址	http://pub.ouc.edu.cn
订购电话	0532－82032573（传真）
责任编辑	矫恒鹏　　　　　　　　　　电　　话　0532－85902349
印　　制	日照报业印刷有限公司
版　　次	2025 年 3 月第 1 版
印　　次	2025 年 3 月第 1 次印刷
成品尺寸	170 mm ×240 mm
印　　张	19. 50
字　　数	329 千
印　　数	1—1 000
定　　价	86. 00 元

发现印装质量问题，请致电 0633-8221365，由印刷厂负责调换。

序一
PREFACE

百年大计，教育为本；教育大计，教师为本。2021年3月6日，习近平总书记在全国政协十三届四次会议医药卫生界、教育界联组会上的重要讲话中指出："教师是教育工作的中坚力量。有高质量的教师，才会有高质量的教育。做好老师，就要执着于教书育人，有热爱教育的定力、淡泊名利的坚守，就要有理想信念、有道德情操、有扎实学识、有仁爱奉献之心。"

教师的教学能力与基本素养是提升教育教学质量、保障教育教学活动有序良性开展的关键要素。刘桂英是我众多学生中堪称佼佼者的优秀教师，她长期从事一线教学工作，育人有道，为教有方。2020年5月，刘桂英老师积极响应党和国家的号召，毅然前往贵州安顺开启为期一年又三个月的支教之旅，投身于脱贫攻坚前沿教学，为祖国教育事业的发展和西部地区儿童的健康茁壮成长贡献一份力量，将教育热情播撒在黔山秀水之间。在积累丰富教学经验与教育卓见的基础之上，刘桂英老师著成本书《师者 生命在歌唱》，将自己多年的教育心得体会从"为学""为师""为道"三个维度汇聚成篇，以文载道，著书立说。

"为学"筑梦。刘桂英老师的"教师理想"源自幼时父母、恩师的悉心教导，引领成就。一路走来，她潜心教学、苦练内功，在教学实践中不断磨砺实践教学能力、提升自身教育素养。同时，她坚持"教书"与"育人"并重，情真意切关爱学生，与学生们做朋友，走入学生们心中，成为一名"有温度的幸福老师"。

"为师"躬行。刘桂英老师在课堂教学中坚持因材施教，积极推进教育教学探索与创新，在多年的教学实践中逐渐摸索形成了"三位一体读写模式""实用性阅读与习作表达多维建构教学法""低年级语文互动式教学模式"等独具特色的教学方法与模式,并广泛应用于青岛、安顺等地的教学实践中,获得了积极正向的反馈与良好显著的效果。

"为道"笃实。刘桂英老师在教学过程中注重理论与实践相结合,不断提炼总结,夯实教学积累,在黔支教期间主持完成课题研究《小学语文读写一体化教学策略研究》,带领科研团队在丰富教育理论的支撑之下研究提出更为切实可行的教学模式,将多年课堂教学的所思、所想和所感予以系统化、规范化和抽象化,形成指导小学语文教学的方法论。

"师者,所以传道受业解惑也。"教育事业的蓬勃发展离不开每一位教师的辛勤付出,我们十分欣喜也乐于见到越来越多的教师以饱满的热情投入教育科研工作之中,期望见到更多高质量的教育著作面世,为教育工作的日益进步奠定实例基础与理论积累。

一起努力,携手未来,共同托起孩子们美好的明天。为实现中华民族伟大复兴的中国梦,涵养扎实厚重的文化根基,注入源源不断的教育力量。

特此为序。

山东航空学院体育学院书记　吴国生教授

2024 年 11 月于滨州

序二
PREFACE

　　看到桂英老师《师者　生命在歌唱》的书稿，我很感动也很骄傲，被她近四十年如一日深耕课堂的执着与勤奋感动，为青草河小学能拥有这位"宝藏老师"而骄傲。

　　初识桂英老师于课堂，生动且富有深度。课堂上的她，脸上眼里都闪烁着智慧和母性的光辉，是的，是母性的光辉。那些晦涩难懂的知识经她妙手点拨，便如清泉般流入学生心间。桂英老师曾经说过：课比天大，生为首位。上课就是最好的养生。50多岁的她，依然年轻，步履轻盈，神采奕奕，她是我见过为数不多的"眼里有故事，脸上无沧桑"的老教师。

　　她是专业的师者榜样，"三位一体"的阅读习作模式，是她从学生视角出发，对教学方法的完美诠释，彰显着一位资深教育者的专业与敬业；她用温暖的力量，用平等的心面对学生差异，用慈悲的心面对学习的可能，用觉悟的心面对学情的无常，有温度的引领，让整个团队充满了向上的力量。在她身上，我看见了一腔真爱、一种执着、一份宽容；在她身上，我读到了始于热爱、久于价值。

　　如今，这本凝聚着桂英老师多年教学经验与教育心得的著作问世，无疑是我校教育宝库中的又一珍贵财富。书中字里行间，流淌着她对教育的深刻理解，对学生的深切关爱，以及对教育事业的无限忠诚。相信每一位翻开此书的读者，都能从中汲取到宝贵的教育智慧，感受到一位老教师那颗滚烫的教育之心。

愿此书能广泛流传，让更多人领略到桂英老师的教育风采，也为我们的教育事业发展注入新的活力。

青岛西海岸新区青草河小学校长　赵　军

于 2024 年 11 月 13 日

序三

PREFACE

在这个纷繁复杂的世界里，文字如同一缕清风，轻轻拂过心田，带来宁静与思考。我有幸为刘桂英老师的新作《师者　生命在歌唱》撰写序言，心中充满了激动与感恩。这是一份荣誉，更是一份责任，让我有机会与读者一同走进作者的内心世界，感受这份对教育的挚爱和对教育生命的深刻洞察。

很幸运，从事语文教学伊始，就与刘桂英老师在同一间办公室比邻而坐。我亲切地称呼她为"刘姐姐"。在我的眼中，刘姐姐对待教育教学工作鞠躬尽瘁，致知笃行。《师者　生命在歌唱》正是她多年心血的结晶，一部充满智慧与爱心的佳作，浓缩她的教育一生。在她的笔下，既有对语文教学的痴迷热爱，也有对学生教育的悉心引导。她的作品，如同一面镜子，映照出教育者的使命与担当，也如同一盏明灯，照亮了为师者的前行道路。

在这部作品中，刘老师以其多年语文教学的独特视角和细腻笔触，记录了关于语文教学实践经验的思考，低年级识字与阅读的高效课堂教学模式，中高年级的多维阅读与习作教学一体化的教学方法指导，教育科学课题的研究，支教贵州安顺的教育教学随笔及教育专题讲座。这种理论与叙事的相融交织，让我们在阅读中获得了更多的教育思考和人生启示。

当然，一部优秀的作品，除了作者的才华和努力，更离不开读者的共鸣与支持。我相信，《师者　生命在歌唱》将会以其独特的魅力，吸引越来越多的读者。无论你是教育领域中的新生力量，还是具有一定教学经验的师者，都能在这部作品中找到属于自己的教育感动和前行力量。

最后，我要感谢刘桂英老师的信任与重托，让我有机会与这部作品结缘。

同时，我也衷心希望每一位读者都能在阅读中收获满满，感受到文字带来的温暖与力量。让我们一同走进《师者　生命在歌唱》的新世界，开启一段难忘的文学之旅吧！

青岛西海岸新区风河小学　丁　扬

2024 年 11 月

序四
PREFACE

作为这本书从无到有、从有到优的亲历者，我十分荣幸能够为之作序，并借此契机用手中笔将自己心中的妈妈还原一二，并将陪伴妈妈写作期间的心绪认真记录下来。

从小妈妈便一直伴我左右，陪我长大，很幸运人生中每一个重要时刻都有妈妈在我身边，与我共面风雨，为我指点迷津。妈妈对我的教导除日常的言传身教与耳提面命之外，更多的是无声的耳濡目染与身体力行。

"成为一名老师"是妈妈自儿时起便种植在心底的梦想，在近四十年的从教历程中，妈妈用实际行动让这个梦想生根发芽、枝繁叶茂，最终长成参天大树，并始终影响着我们这些后辈。

工作中的妈妈兢兢业业、热情高涨，像个"小太阳"，随时随地充满了正能量，教书育人竭尽全力、用心用情，收获肯定与褒奖无数，所教学生在各行各业发光发热、奉献社会。在我看来，妈妈的奉献无愧于学生、家长和同事们的那一声"刘老师"；而自从记事起至今，我也时常能听到身边长辈、同学和朋友们对妈妈的交口称赞，对于教育工作的心得感悟与体会更是母子日常交流中一个核心话题，而对于教育事业的热忱与坚定也早已成为妈妈生命中不可或缺的一部分。

在一线教学岗位上积累了丰富经验后，妈妈将目光望向远在西南大山中的孩子们，2020年5月，正值脱贫攻坚收官的决胜关键阶段，妈妈踏上了远赴贵州安顺的支教之旅，彼时妈妈曾征询过我的建议，我鼓励妈妈多出去走走，祖国那么大、到处去看看。而如今，在妈妈的影响下，2024年1月，沿着妈妈的足迹，我来到贵州省黔西南州普安县开展为期 2 年的帮扶工作,远赴黔山贵水延续爱心。

这本《师者　生命在歌唱》正是妈妈至今为止教育生涯的精华所在,从"为学""为师""为道"三个方面集中而又全面地展示了妈妈从教多年来的宝贵经验和亮点方法,兼具实践经验和理论价值。同时,这本书也记录着妈妈的汗水与付出,我在旁侧全程见证妈妈写作的辛苦与不易。从简单的格式排版、图片编辑到文字斟酌、篇章排布,虽然使用电脑不太熟练,但妈妈仍旧事必躬亲、亲力亲为、认真专注、全情投入。在书桌前常常一待就是三四个小时,以至于经常忘记吃饭,月上枝头、万籁俱寂时妈妈依然思绪不停、奋笔疾书,攒下的手稿一摞摞,厚厚重重。每当遇到棘手的问题,妈妈便会打来视频,看着镜头中妈妈华发满头、眉头紧皱、神情焦灼,我便会立刻放下手中的事务,和妈妈一起商量解决。

功不唐捐、玉汝于成,涓涓细流、汇成江海。书稿积累越来越充实,文字表述越来越精炼,图片展示越来越生动形象,整体架构越来越完善合理……这样日复一日的努力终得回报。

书,终于完成了……

在未来的日子里,我会将这本书小心珍藏,并流传下去。于我而言,这本书远非其中所记录的教育内容那么简单,更是妈妈送给我的一笔宝贵财富,这上面凝结着一种精神,一种数十年如一日、求真务实、真抓实干的精神,会永远激励着我和更多的人勇敢坚定地走下去,越走越远、越走越长……

是为序。

王政阳

2024 年 11 月 4 日 23 时 10 分

于贵州省普安县棉花村

前言
PREFACE

　　起意将撰写的文章整理到一本书里的念头,是多年前就有的。下定决心付诸行动,是因为尚有三年就要退休,从此就要别离挚爱了一生的教育岗位。回望从教路,三尺讲台一站就是近四十年,而自己已是对镜两鬓华发。是时候把几十年的教育历程和教学感悟做一个梳理,给教育生涯披一件纱衣,画一页倩影,也给自己留一份念想,润一份好心情。

　　这本书记录了我从教近四十年的点点滴滴,从一名青涩年轻教师成长为骨干教师,一路诗书文字相伴,变成了而今校园里的老教师,一名一直从事教育教学第一线的老教师。不断学习、不断提升、不断超越,是对自己的要求和勉励。我信奉并高度认可这样一句话:你想要把学生培养成怎样的一个人,首先就把自己做成怎样的一个人。自从"教师"这个称谓冠名与我,严于律己,恪尽职守是我作为教师的行为准则,将自己视作学生身边效仿的榜样,将自己化身为学生的良师益友,真诚相待,敬业爱业。教育者有神圣的使命感,这份自豪常常让我溢于言表。

　　本书内容主要阐述语文教学实践中的思考与感悟,值得借鉴的优秀教学策略:习得阅读策略,培养阅读素养;实用性阅读与习作表达多维建构的教学方法;三位一体的读写模式;读写相融,提升习作自信,将阅读教学与习作指导高度融合。不断提高学生的阅读能力,增强习作兴趣,提升习作水平,以论文形式呈现,附部分学生优秀作品。主持完成课题研究《小学语文读写一体化教学策略研究》,课题研究总报告中包含课题研究内容及具体研究过程和研究策略,展示系列课程研究成果。本书记录了支教贵州安顺的教育教学随笔及教育专题讲座。

内容分三章呈现：为学，为师，为道。从三个视角展示从教近四十年的成长历程，足迹所到之处，便是作为一名师者一路用生命在歌唱。一支粉笔写春秋，三尺讲台育幼苗。

因为是师者！笔耕不辍、反思教学是我常年坚持的工作方法，记下的文字里有努力和艰辛，更有思考和动力。捧起书本，托举的是学生的未来；循循善诱，传播的是传统文化；爱国教育，培养的是国之少年。老师，做着天底下最光辉的事情！

为师，传道授业解惑，潜心治学，做最美的师者！师者，躬耕基础教育，悉心施教；师者，生命在歌唱。

刘桂英

2024 年 9 月于青草河畔

目录
CONTENTS

第一章　为　学 ·· 1

做有温度的教师 ······································· 2

长大后　我便成了您 ······························· 15

慈父的引领成就 ······································· 19

母爱的光辉 ··· 25

做有爱的班主任 ······································· 28

打开心理的视窗（教育案例）····················· 31

让孩子生活在阳光地带 ····························· 34

信用教育从学校抓起 ································· 38

创设和谐教学氛围　培养学生创新能力 ········· 41

讲坛三尺终无悔 ······································· 44

第二章　为　师 ·· 47

贵州支教报告 ·· 48

·写作指导方法研究· ································· 57

构建三位一体的阅读习作模式 ····················· 57

小学语文读写一体有效教学策略 ················· 63

读写相融　提升习作自信 ··························· 70

如何在教学中落实"读写一体化" ················· 77

习得阅读策略 培养阅读素养 ·· 80

《我的心爱之物》习作教学之策略 ····························· 84

实用性阅读与习作表达多维建构教学法 ····················· 88

引导学生创作优美的诗歌作品

——读冰心的《繁星》 写自己的《繁星》 ·············· 94

指导学生尝试创作诗歌教学初探

——学习《少年中国说》随堂练笔写诗歌 ············· 103

·习作指导教案汇集· ··· 108

《____即景》习作教学设计 ······································· 108

《____即景》评改指导教学方案 ······························· 114

《我想对您说》教学方案 ·· 121

《漫画的启示》教学方案 ·· 128

《那一刻,我长大了》教学方案 ································· 135

·低年级语文教学研究· ··· 142

低年级识字教学初探 ·· 142

抓好低年级写话教学的探讨 ·· 146

低年级语文互动式教学模式初探 ································· 149

第三章 为 道 ··· 153

刘桂英支教事迹简介 ·· 154

黔行支教 情系安顺 ··· 155

·支教期间讲座汇集· ·· 162

低年级阅读课教学设计的思考 ····································· 162

基于识字 培养思维 ··· 171

聚焦阅读策略 提升阅读素养 ······································ 175

·推行室内体育课研究· ··· 179

推行室内体育与健康课的必要性——应对安顺的多雨气候 ······ 179

"肩上挥臂"教学设计 ·· 183

"军事演习——投掷垒球"教案 …………………… 190

·支教日记汇编·…………………… 196

支教启程 …………………… 196

支教第一天 …………………… 199

让教育绽放生命光彩 …………………… 202

异乡的母亲节 …………………… 204

黔行支教写芳华 山海情深育桃李 …………………… 208

暂别安顺 …………………… 212

赞青岛支教教师 …………………… 219

再回安顺 …………………… 222

安顺的教师节 …………………… 226

高原上的香樟籽熟了 …………………… 231

今朝重返家门口 …………………… 236

黄蜡赏樱花 …………………… 241

山海相携勇往"黔" 讲坛三尺奉丹心 …………………… 245

"小学语文读写一体化教学策略研究"课题研究总报告 …………………… 253

附 录 …………………… 284

小学语文读写结合调查报告 …………………… 284

小学语文读写结合问卷调查分析报告 …………………… 288

后记：教育征程中的"生命档案" …………………… 295

第一章 为 学

　　顾名思义，为学是指学习知识、积累经验、增益学问的过程。"书山有路勤为径，学海无涯苦作舟。"

　　长大后要成为一名老师，是儿时扎根于心的梦想，这源于敬仰老师的博学儒雅，深受父母的熏陶影响。寒窗苦读，梦想终化蛹成蝶，如同歌中所唱——长大后我就成了你。

　　为师者，孜孜不倦、勤勉努力。教书就是学习历练，广泛阅读教育书籍，夯实教学技能，将教学实践与教育理论相融合，总结经验，升华认知，孜孜不倦，提高素养。一份初心，一生坚守；一份使命，一种担当；一腔豪情，一杆长篙。

　　矢志做"为学"好老师，潜心研究语文教学的真谛，积累教学中的金点子，提升专业教育能力，将"教师"这一高尚职业，虔诚地置于心中，向着精诚施教、为人师表的新高而努力进取。

做有温度的教师

年会教育教学经验交流

尊敬的领导、亲爱的同事,大家过年好!

回望岁聿云暮,那里留下我们奋斗的身影,而今一元复始,我们辞兔迎新,开启龙年新学期。祝福大家龙年龙腾虎跃,事事胜意。

接到领导安排,让我跟大家交流一下,有关上个学期,我们 404 班语数英科四门学科期末测试中,成绩在级部排名全部第一的教育良策以及个人读书成长的历程。我对学生成绩的认知:分数不能衡量一个人的综合素质,一张试卷永远考不出学生的素质,德育才是做人的根本。作为教师,要想学生成为怎样的人首先就把自己做成怎样的人。我想让我的学生成为有情感有温度有幸福感的人。所以,今天,我与大家交流的题目是"做有温度的教师"。

我将从四个方面进行阐述,欢迎各位不吝赐教。

一、捕捉教育契机

教育契机是指对学生进行某种教育或解决学生某个问题时的最佳时机。它是在教育实践过程中自然生成的或有意创设的某种关键性事件或情境。它有利于促使教师尽快成为学生学习活动的支持者、合作者和引导者;促使教师善于发现学生感兴趣的事物、游戏和偶发事件中隐含的教育价值,把握时机,积极引导。

(一)闪光点激发原生动力

我班学生建森(化名)家庭情况特殊,父母矛盾升级,学生处于无人管理状态,每天一副无精打采的样子,很是叫人心疼。课堂上小动作不断,双手总是在桌洞里翻动着,整堂课伴随着窸窸窣窣的声音,作业几乎不写,总是说作业忘在家里。我曾经教过他的姐姐王茹,比他的成绩稍好一些,但学习态度、行为习惯也是令人担忧。良好家庭教育的确是孩子健康成长的摇篮。而建森和姐姐恰恰缺失来自父母的良好家庭教育和陪伴。

一个偶然放学的机会，第一班车的同学已经站队走了，我正在组织第二班车的同学进行活动，当我跟同学们说起当下风行的"科目三"舞蹈时，他们居然都夸自己跳得好，纷纷响应要嗨一把。于是我打开音乐，同学们呼啦涌到教室前，跟随音乐舞动起来，嘿，只见建森动作优美，协调连贯，一下子成为焦点，吸引了大家的目光，我把他拉到最前面："来，建森，你在前面教，我和同学们跟在你的后面学。"建森略作惊喜之状，马上跟随音乐跳起了"科目三"，我们跟着他左一下右一下，前一下后一下，足足跳了二十分钟，嗨的感觉太飒了，同学们笑声如铜铃般响亮。再看建森，兴奋让他的脸庞红扑扑，我扳过他小小的肩膀，看着他激动的小模样，为他竖起大拇指："建森，你跳得真棒，从今天起，每天下午的这段时间，由你来教大家，一直教会每个人都会跳"科目三"，让大家跳得跟你一样棒，对了，你也收下老师这个大学生哟。"尽管气喘吁吁，他还是重重地点点头："好的，老师。"放学时间到了，同学们忙着收拾书包，我大声朝向建森喊了一声："建森，'科目三'跳得这么好，今晚的作业也一定能写好吧？"还没等他回应，已经有同学替他回答了，他望向老师，目光里有了神采，认真地答应："老师，我一定能写好。"第二天的作业果然令人满意，课堂上也有了他举起的小手，一连几个周，他每天到点儿就催促我："老师，该跳'科目三'了，我来放音乐吧。"音乐响起，笑声也响起，把烦恼抛之脑后，把压力统统释放掉，做个开心幸福的好孩子。自信让建森有了笑容，他显然对学习用心了，他的进步越来越大，看着越来越努力的建森，我内心笃定：发现闪光点、激发原动力是转化学生的一剂良药。良言三冬暖，教师的鼓励能够开启心智，让学生重整旗鼓，迎头赶上，教师的鼓励更是一把金钥匙，能打开弥久尘封的那把锁。在制作期末寒假家长会PPT时，我用学生现在的成绩对比以前的成绩，惊喜发现，建森的成绩以突飞猛进的势头在上升，晚间的家长会上，建森数次受到老师的提名表扬。他的妈妈喜极而泣，这是家长万万没敢料想的巨大进步，会后拉着老师的手不停地道谢。

建森的转变让我特别激动，一个"科目三"居然能成为一名学困生前进的起跳板，由此回望我们的教育教学，教师发现学生的闪光点，抓住教育契机，激发学生学习的原动力，是转化学生的上等良策。我不断警示自己，今后的教育教学中，一定用慧眼寻觅教育契机，不错失每一个可以转化的瞬间，让学生的成长充满故事性和传奇性。

（二）真切关爱　破茧成蝶

孩子的眼睛最干净,心灵最纯洁,若眼前鲜花飘香,孩子成长的世界里便是香飘十里,满目祥和美好。

初识昊轩,课堂上坐不住,小动作也不断,双手不知所措,学具不时被他扒拉到地面上,整堂课贯穿着他制造的碰碰响声。老师讲课的思路不时被打断,拿眼睛示意他安静下来,也就能坚持一二分钟,马上外甥打灯笼——照旧。更令人头疼的是他经常无故发火,一旦发作,歇斯底里,情绪坏到无法控制,他怒视前方,喘着粗气,双拳紧攥,任凭你的劝说口干舌燥,他也不为所动。我试图拍拍肩膀加以安抚,情形并不见好转,只能静静等待他气消释然,才能恢复到所谓的正常学习状态。这种情形的出现,每周2到3次,周五必定有一次。我猜测,累了烦了更会诱导他出现这种不良状态。

2023年12月1日是周五,他一早坐在座位上就出现了这种坏情绪,两节课后便是课间操,铃声响起,他依旧呆坐在座位上,我让班长带领同学们上操,自己留下来陪着,担心他一失控会出现意外,毕竟我们的教室在四楼。几经劝说不见好转,可我心里既牵挂着上操的同学们,又放心不下眼前这个脾气暴躁的昊轩,这令我左右两难。大脑极速转动,眼睛像插上了翅膀,寻觅着可以吸引他的物件,嘿,有了,我突然记起早餐没顾上吃,包里有两根香肠和一些零食,于是我拿出来:"昊轩,看,香肠,还有这么多零食呢,都给你。"还好,他的眼神移过来了,看了一下,分明心动了,我走上前递给他:"来,这些都是你的,咱们先去上操,回来再吃。"我拉起他的小手,他居然听话地跟我走出了教室,来到了操场。我这心啊,总算释然了一些。平时的班级管理,就他一个人的做派足可以令我心惊胆战,时刻保持小心翼翼,简直如履薄冰,唯恐哪里出问题又惹翻了这个小刺头。

怕啥来啥,中午去就餐路队上,他又被值日生扣了一分(他走路几乎不进队伍),坐在餐桌上,他不吃饭也不说话,两眼直勾勾地盯着,坏了,这是又要来一回!我的心一紧,又悬了起来,饭也顾不上吃,电话打到他妈妈那儿,这才知道今天清早上学时,他跑进邻居家刚播下菠菜种子的地里胡乱踩踏,被他奶奶追着骂了一顿,才导致出现了早晨教室的一幕。我向他妈妈求助,现在我应该如何去做才能化解他的坏情绪,他的妈妈表示没有办法,她已经放弃这孩子了,马上要带回家自己教育。不一会儿,昊轩妈妈来到学校,一见孩子,就边骂边拳打脚踢,昊轩扑向我:"老师救救我。"家长的一套做派吓住了我,怎么会这样!怪不得孩子会这个样子!我的劝说被他们娘俩的哭喊声淹没,我只好退到一边,此刻的无奈让我长吁短叹,家长的粗暴彻底震惊到了我。

新周的周一,我再见昊轩,他的右侧脸已经青紫,也有结痂,估计吃了不少苦头,趁着他处于清醒状态,我与他一对一进行长时间谈话:每个人都有两面性,一个是魔鬼,一个是天使,一定要让天使打败魔鬼,当脾气上来时,要看看老师的眼睛,老师会给你力量,你要坚决打败那个魔鬼,把坏脾气压制住……他看着我,点了点头。果然,几次情绪失控,他都会向我求救,我用坚定的目光鼓励他,并第一时间立刻来到他身边,拍拍肩膀:别怕,打败魔鬼,压住坏脾气!他神情恍惚了一小会儿,很艰难的样子,居然真的控制住坏情绪了。

一次战胜就给了我们莫大的鼓舞,课间一有时间,我就跟昊轩说说话,夸他聪明,夸他是勇士,勇敢打败内心的魔鬼。渐渐地,他愿意靠近老师,他渐渐把精力放在学习上了,课任教师惊喜向我反馈:刘老师,咱班的昊轩以前上课找不到孩子,现在学习就像粘在凳子上,真让人喜欢!的确,控制住情绪的昊轩有了自信的笑容,他向老师主动请缨,把每天中午放学关电脑的任务交给他,他居然做得真好,像个小闹钟一样准时。

转化工作是需要持续性。从2023年的12月1日至今,昊轩从未发生过一次坏脾气,我对他的关注更加细化到一点一滴,从学习到生活,头发该理了,衣服该换了……现在的他学习有了专注力,劳动有了积极性,连每天的路队放学也主动排队了,终于有了入队归属感,用他自己的话说,把三年总是独自站在大石头旁等校车的习惯也改掉了。每每有同学犯错误被批评教育时,他都俨然一个小老师在旁边为我助阵:别乱跑了,别给老师添麻烦,别让老师生气了,老师多累啊,老师对我们多好啊!

一个曾经顽劣不羁的孩子说出如此温暖的童真童言,做教师的苦和累在这一刻都化为乌有。转化学困生意义非凡,为了这些需要帮助的孩子,老师的所有努力都是值得付出的。本次期末测试成绩昊轩的进步巨大,两门功课得A,两门功课得B,而上学期的期末测试四门功课均不及格,可见老师的真切关爱足可以感化学生。足够关爱,足够耐心,足够用心,学困生也可以破茧成蝶。

(三)不放弃　不姑息

不放弃每一个学困生,也不姑息每一个欺凌行为,这是我们作为一名教育者对学生思想品德的教育初心。徐承是我们班长得五大三粗、行为顽劣不羁、学习态度和成绩极差的一名男生，他是第一班车。我班的辅助老师发现他从不随队伍放学，每逢放学站路队的那一刻便麻溜拐进厕所，等同学们走得差不多了，这才拖着书包，摆出一副悠然自得的样子，独行在校园，单独谈话数次，安排班干部陪行，调动座位与班长同桌，老师真心希望同桌的班长能成为他的榜样，可所有转化措施都是无效作为，他的学习状态与纪律情况没有太大好转。

　　转机就在一件突发事件上。周五的仰星课程结束后，同学们陆续返回教室，我正站在教室后门口等待同学们，突然，伴随"砰"的一声脆响，从教室南侧最后一排座位处飞出一盒彩笔，散落在教室的地面，约有 30 支，有好几只滚落到我所站立的地方，我循着声音抬头望去，只见副班长张珈畅一脸惊愕，她飞出一脚的后果着实把自己也吓住了，我问她怎么回事儿，她故作镇定又略带委屈地解释，徐承的彩笔盒总是放在她的凳子边。"你可以提醒他不要放，也可以帮他放到他自己的座位边，如此一脚踢开是最好的处理办法？""你是副班长，应该主动关心爱护班内每一个同学，而不是利用班干部的权威肆意对待同学，今天你的行为给人多少有一些以强欺弱的感觉。下周的升旗仪式，主持人这一角色你暂且不要担任，撤掉副班长一职，以普通同学的身份反思今天的行为，元旦节后看表现是否可以恢复职务。"徐承默默地注视着这一突发事件的发生，事关他自己。当我蹲下身子，捡起一支支彩笔，徐承也蹲下去，捡起，双手接过我递过来的彩笔，连声道着谢，把一支支彩笔装好在彩笔盒里。偌大身躯的他不曾想过有这么一刻成为被别人欺负的角色，他畏首畏尾，一副弱者的样子。但我猜测，他内心一定波澜起伏：我一个调皮捣蛋、不守纪律、我行我素的学生居然也能受到老师的保护，原来自己也是这个被老师呵护的学生。我拍拍他的肩膀：以后管理好自己的学具，别惹乱子，学习上更要认真努力，让老师看见你的进步。

　　眼看同学们陆续都回到教室，我走到教室的前面，进行了一个"团结 包容"为主题的即兴班队会，要求班干部以身作则，主动团结帮助每一个同学，男同学不欺负女同学，大同学不欺负小同学，有困难大家帮，有喜悦共分享，营造团结协作、相互包容的良好班级学习环境。

　　此事对徐承带来的震撼表现在他的作业书写质量上、他的放学路队纪律上以及打扫教室卫生的积极性上，我看在眼里喜在眉梢，关注着他学习状态的转变。临近期末，我巡视到他的桌前，四道选择题他做得一半正确，这样的学习结果对他来说已经很不错了,我俯下身在他耳边叮嘱:全神贯注审题,抓住题干里的关键词,做一题检查一题,你一定可以做对所有题目,老师非常看好你全力以赴的学习样子,加油!他笔也不停头也未抬,用力点了点头。

信心是有力量的,努力是有收获的,期末测试三门功课得 A,一门功课得 B,成绩斐然,进步巨大。一个活泼可爱,正气向上的徐承让家长感慨万千,对孩子今后的学习成长踌躇满志。再说副班长张珈畅,被撤职的一个月里,先是主动到办公室向老师承认错误,坦诚交流当时的愤懑情绪来源于不止一次对徐承的抱怨,通过这件事她深受教育,懂得了同学之间有矛盾应该以包容之姿、以容人之怀冷静处理,避免激化矛盾。今后一定更严格要求自己,也希望老师以观后效。

这件事情对张珈畅的触动很大,能看出,她内心很难过,担心从此失去老师的信任。她埋头学习,看着一直努力的张珈畅,我很是心疼,但更欣慰:她面对老师的批评教育能够正确认知,能够深切感受到老师的良苦用心,能够经历挫败而依旧默默前行,能够不忘学习初心而全力以赴。

一个更优秀的班干部就这样成长起来了——张珈畅没有让我失望。元旦之前,应学校号召更换黑板报和宣传栏,我感觉给张珈畅解掉枷锁的时机已到,正是教室里最安静的时候,我安排道:"班长孟凡瑞和副班长张珈畅负责把宣传栏张贴完成。"我看向张珈畅,只见她吃惊地望着我,我微笑着鼓励她:"张珈畅,你们两位班长好好商量着完成,一定布局合理,版面要优美大方!"张珈畅从座位上站起来,脸上挂满了笑容,扬眉吐气,舒畅释然。我很为她高兴,修正自己,优化自我。

自此,作为班主任,我兑现诺言,在学生面前树立"言必信,行必果"的行为风范。期末测试,张珈畅两门功课满分、全班总分第一名,收获佳绩。

磨刀不误砍柴工,帮助学生修正错误,方能行之将远。老师要善于利用突发事件的双刃教育功效,拉住与托起并举,收获教育成果。面对学困生和优秀学生,不放弃也不姑息,一视同仁,共同进步。

本学期学校开展了丰富多彩的各项活动,同学们积极响应,主动参与,活动的过程就是学生的成长过程。每一次活动都是对学生进行素质教育的良好契机,都是一次锤炼,一次提升,一次证明,证明学生具有可塑造的潜能,证明学生内心蕴藏着"我能行"的强大自信。学校开展的文艺、体育、路队、班级建设、卫生常规等各项活动都是为学生健康成长打开的一扇扇窗户,透过窗户,学生从另一个视角发现一个更优秀的自己。作为老师作为班主任,积极抓住宝贵的教育契机,在学生成长的道路上做最好的助推器,发挥出最优异的教育效能。

二、为人师　先正己

身为教师,我们就是学生的楷模和榜样,学生每天抬眼就可以效仿老师的一言一行,因此,我们要做术业专攻的好老师。

陪朝阳而起,伴日暮而归,这是我们教师的日常作息,辛苦吗?必定辛苦,愿意吗?当然愿意!因为我们是老师,是那个把知识一点一滴传授给学生的辛勤园丁,承载着一份付出,一份奉献,一份执着。

我们首先必须成为专业的教师。新学期的教学开始之前,我们就要研读整本教材,了解知识的重难点,制定相应的教学策略,绝不能做黑瞎子掰玉米,走一步掰一棒,掰一棒丢一棒,而是要做雄鹰翱翔长空,俯视沃野,尽收眼底,才能有的放矢,信手拈来,从容教书。我们要把书本内容教薄,还要把书本内容教厚。教薄就是把知识内容教会学生,把精华部分重点部分汲取出来掌握住,变成"薄书";教厚是就是指导学生在掌握课本知识的基础上,拓展知识视野,迁移运用方法,溯本探源,举一反三,由此获得更多的知识、观点的创新和求知的欲望。我们研读教材时遇到的疑点和难点,正是拓展教师自身知识视野的契机,我们一定以此为圆心,逐线而追,逐疑而问。

《桂花雨》一文,讲述了作者回忆小时候与母亲摇落桂花的情景,寄托着浓浓的乡情。本文作者琦君,查阅资料我们了解到:琦君(1917 年 7 月 24 日—2006 年 6 月 7 日),原名潘希真,浙江温州人。1949 年赴台湾。中国台湾当代女作家、散文家。曾任大学中文系教授,有散文集、小说集及儿童文学作品 40 余本,主要著作有《永是有情人》《水是故乡甜》《万水千山师友情》《三更有梦书当枕》《桂花雨》《细雨灯花落》《读书与生活》等。

琦君周岁时,父亲潘国康病逝,四岁时母亲卓氏病逝,为伯父潘国纲(潘鉴宗)、伯母叶梦兰夫妇收养。伯父母视同己出,聘乡贤叶巨雄,启蒙古典四书五经。琦君幼受庭训,悟识国学,犹喜文学。琦君笔下的父亲母亲其实就是大伯父大伯母。琦君散文《髻》中这样描写:父亲不久回来了,没有买水钻发夹,却带回一位姨娘。她的皮肤好细好白,一头如云的柔鬓比母亲的还要乌,还要亮。两鬓像蝉翼似的遮住一半耳朵,梳向后面……从此,姨娘的房间里总能传出父亲爽朗的笑声,而母亲的脸色更为凝重了……

琦君散文《髻》中的姨娘是在琦君很小的时候她父亲娶回一位貌美时尚的姨娘刘萍桦，从此小琦君和其母亲都受到了不同程度的冷落。了解作者的成长背景再回看琦君笔下的《桂花雨》，我们就能从文字中品味出一丝丝不一样的情感，感受到除了作者饱蘸笔墨透出的浓浓乡情，还有无与伦比的与母亲在一起摇落桂花的幸福和开心，因为，从"摇桂花"以后，家中有了姨娘，母亲再没有笑过。循着探知的线索，铺开文字的篇章，我们由此了解到在琦君的情感世界里，孤苦的母亲最开心的笑声是在摇落桂花的一片片花瓣里。她心疼母亲，思念母亲，和母亲"摇桂花"的欢乐就成了作者心中最美的时光。

学生学习古诗词，我在引领学生领悟诗词意思，感悟作者写作背景以及作者借诗词抒发的情怀之外，还会指导学生探寻古诗词的平仄规律和韵脚所在。学生顿悟的眼神透着领悟的惊喜，豁然打开了一扇赏析古诗词的窗户，热爱古诗词的种子种在了幼小的心田。童声悦耳，同学们回读，更懂得了古诗词读起来为什么抑扬顿挫韵律感十足，为什么朗朗上口易于熟读成诵。

作为老师，我们就是学生身边随时可以效仿的榜样。我们严谨的教学风范是会感染学生的，他们也会学着老师的样子认真学知识，把字写得跟老师写的一样俊美，把书读得跟老师读的一样声情并茂，把课间时间利用得跟老师的一样条理而有效……一个学期下来，班里很多个学生的身上都会或多或少有着老师的影子，他们认真学习，一丝不苟；他们书写工整，字字端庄；他们行事利落，条理有序；他们喜爱读书，入迷成痴，沉醉不知归路。老师是榜样，举手投足是学生抬眼就可以学到的样子，做术业专攻的老师，影响学生的力量就是这么巨大。

在学生眼中，我们是教师也是母亲，我们是一座丰碑，我们是一道光，能够照进学生的心里。我时常会收到家长送达的感谢信件和好多锦旗，今天与大家分享我现在任教的一位学生家长的来信，全文如下：

亲爱的刘老师：

您好！一直都想当面跟您道一声感谢，却一直找不到合适的机会，太多太多的感谢涌在心头了，这半年孩子的成长与进步我都看在眼里记在心里，我不止一次地跟身边的朋友亲人骄傲地说起您，说浩源遇到了一个多么多么好的老师，我深刻地明白一个好老师对孩子的重要性，真的好为孩子庆幸——庆幸他能遇到您，成为您的学生，您就像一束光照进了浩源那个封闭、不自信的世界……

　　浩源从小是一个资质平庸胆小、高度敏感且不自信的孩子，既没有特别耀眼的成绩，也没有特别光彩照人的性格，更不会调皮捣蛋吸引老师的注意。这样的孩子往往就是班里最不起眼、最透明的存在。浩源真的像极了我的小时候，看到现在的他，就像是看到了小时候的自己，想得到老师的关注，却没有勇气表达自己。所以每当他回来骄傲地跟我说，因为什么什么事情受到您的表扬了，击鼓传花的时候您叫他当鼓手了、"科目三"您教他跳舞了……无数个他回家跟我分享，得到您表扬肯定关注的瞬间，都让我从他眼中看到了亮光，那种被老师您看见、关注、认可的自豪感，让他整个人都不一样起来，他慢慢地开始变得自信起来，他的眼神开始和你直视，他的话语也慢慢地变得多了起来，尽管过程很缓慢，可是他在一点一点变好，一点一点朝着那个不一样的自己努力。

　　刘老师，这一切真的都是您的功劳，从小我就是在父亲的高压政策下长大，他所有的坏脾气都留给了我们——他身边最亲近的人。我盼望着长大，想快点逃离那个家，暗暗地发誓，如果我有孩子，我一定不会那样对他。可我严重低估了原生家庭对我的影响力，走着走着，我就忘记了初衷，我把自己最终也变成了自己曾经最讨厌的样子，我在不断地吼孩子，不断地后悔、自责中恶性循环，曾经拼命想摆脱我原生家庭给自己带来的伤害，可是，不知不觉中却也变成了自己最痛恨的那种人。还好遇见了您，幸好遇见了您，是您给浩源送去了一束光，让他知道他是可以的："原来我也有那么多的优点，原来老师是认可我的。"原来被老师看见的力量这么大……

　　亲爱的刘老师，您知道吗？您不仅仅是孩子的一束光，也是我的一束光。每次去开家长会，听到您如数家珍，跟我们分享每个孩子的进步，每个孩子的优点与不足，还有他们取得的优异成绩，我都特别感动，受益匪浅。那么多的孩子，每个孩子在您眼中口中都是优秀的，每个孩子您都能发现他们不一样的优点，您因人施教，不同的孩子采取不同的交心办法，让每一个孩子都能感受到您与众不同的关心与偏爱，不放弃也不抛弃任何一个，尽您最大的努力把他们托举得更高更远……亲爱的刘老师，谢谢您让我深切地认识到养育孩子、发现孩子的优点、多鼓励表扬孩子的重要性，更要谢谢您对浩源的鼓励和认可，让他从一个不自信的孩子慢慢地开始自信起来，新的一年，新的希望，新的起点，希望刘老师在新的一年里生活幸福美满，身体健健康康，万事顺顺利利，新年快乐！

浩源妈妈
2024 年 2 月 7 日

这封信让我沉思良久。家长很优秀,她有文化有知识也懂感恩,信中语言表达清晰条理,措辞严谨不失优美,字字句句饱蘸着情感笔墨。我们从家长回忆自己小时候切身感受的父亲教育,再次验证这样一个教训:原生家庭带来的痛,真的要用一生来治愈。倘若这位家长是一位教育工作者,凭着她心思如此细腻、情感如此丰沛、文笔如此优美,她是不是在教育孩子时就会如鱼得水,得心应手,她的孩子是不是从小就会崭露头角,更加出类拔萃?所以,把怎样的一颗种子种进学生幼小的心田,值得我们教师用一生去努力。

三、幸运为师 为师幸福

我很幸运,成为我小时候梦想成为的老师,一辈子做教师。这也正应了拥有"人民教育家"称谓的于漪老师那句话:一辈子做教师,一辈子学做教师。

于漪老师的教育座右铭:"树中华教师魂,立民族教育根。"体现了她对于教育和教师的深刻理解和高尚追求。她认为,作为一名教师,应当具有高尚的道德情操和精神境界,不仅要传授知识和技能,还要引导学生树立正确的价值观和人生观。教师的工作既关系到学生的当前,又涉及国家和民族的未来,因此教师的责任重大,所以必须全力以赴。

于漪老师长期从事中学语文教学事业,致力于教育教学改革与创新,推动全国中学语文课程教学综合性改革。如今年事已高,仍心系教育。阅读于漪老师的作品《岁月如歌》《教育的姿态》《语文的尊严》《于漪知行录》等,总会让我对教育教学有新的感悟体会,总会让我充满力量前行,总会让我自豪于从事着"教师"这个平凡而又不平凡的伟大职业。

(一)幸运为师

1. 幸运为师,术业专攻。

深为自己从事教育这一职业而自豪,拥有专业教育技能,懂得教育理念,运用科学策略教书育人,帮助学困生走出"沼泽",辅导心理问题孩子打开心结,化解少年青春期的烦恼,安抚因家庭变故而惊慌失措的孩子……肩负着成为教育者履行的教育使命,应用专业教育方法迎刃而解遇到的一些日常教育问题,帮助你帮助他帮助身边有问题的孩子。能够成为一名老师,真是幸哉乐哉!

2. 幸运为师,教子有道。

幸运自己拥有"教师"这一崇高称谓,让"妈妈"这个角色当得更称职,成为儿子成长路上一直相伴的良师益友。用专业的教育理念托举儿子属于自己的未来，使他成长为比期望中的样子更加优秀的青年才俊。工作中，他潜心钻研，屡获发明成果；他一身正气，甘当普安驻村第一书记；他吃苦耐劳，甘愿奉献青春支援边区，前行的脚步坚实有力！儿子扎实的工作作风，令我尤为欣慰，由此印证良好的家庭教育对人的成长何等重要。能够以"老师"这一职业身份成为儿子的母亲，真是幸哉乐哉！

3. 幸运为师，修身立业。

自身为师，让自己成就了一个更好的自己。上班时段，课堂是我的主阵地，全神贯注，一心扑在教学上，心无旁骛，心里只有学生！办公室是读书充电的好地方，耳清心静，潜心研读教材，眼中只有文字，专注而执着！每逢周末，拥有大把可自由支配时间，安然品茶闲思，赏一曲歌谣，听一段历史故事，静享把时间熬成粥的时光美好；可以放飞自己于大自然中，一草一木皆有情，远山近水任驰骋，真实感受生命的力量、沃野的辽阔、山川的峻美。能够成为一名老师，真是幸哉乐哉！

（二）幸福为师

我很幸福，实现了从小扎根于心中的梦想。教过高中初中，最终成为一名小学教师，教过体育英语，最终成为一名小学语文教师。寒来暑往，在教育教学这条路上走过了近四十个春秋。

天真烂漫是儿童的天性，学生如同一张白纸，作为教师，我们用五彩画笔在一张张洁白如素的白纸上描摹绚烂的图画，让每一个孩子拥有属于自己的梦想和未来。

师者，传道授业解惑，传播知识，传递能量，我们履行着传承的教育职责。我们为师，让懵懂少年学会了文化知识，懂得了读书的深远意义，明白了作为中国少年肩负着学成长大报效国家、服务于社会的责任。我们在做着育人成才的大事业。教鞭所指，那是孩子的未来；一笔一画，书写着孩子们的明天；我们的肩膀一头挑起的是孩子的明天，一头担起的是国家的命运，这是何等荣耀的工作！

从幼儿、小学、初中、高中到大学等教育阶段，为人师便是传递知识的接力棒，一棒又一棒，棒棒是坚实的，这才会成就孩子们辉煌的人生。作为小学教师，教书育人是我们神圣的职责，我们是孩子们接受教育的启蒙者，承担着夯实学生基础知识的最重要责任,我们手握着学生接受教育旅程的第一棒,切实从养成教育做起,必须做好,责无旁贷!

教学中站在学生的角度,审视知识的难度系数和重点所在,有的放矢处理知识要点,俯下身子提"优"托"困",课堂问题的设置难易有区别,提问时有针对性,作业设置有层次性,对不同层面的学生,期待值要有差距,不要指望一次提问、一次谈话、一次转化,学生就能掌握老师传授的知识,领悟老师讲解的道理。就拿听写生词来说,今天纠正了错字,明天再听写,学生照样会出错。这时候我们要降低期望值,从容面对错误的再次出坝,分析原因,对症施教,足够的耐心,必然收获期待的成果。

四、梦想成为老师

同事和朋友总是夸我是一名"永不懈怠的教书匠"。的确,因为学生时代的我就有个梦想,长大后就要成为你——成为一名像我儿时老师那样的老师。

小学五年,趴的是水泥桌子,坐的木头板凳是个人自带,教室三间四面通风。复合班级一位老师全面管理,只要老师外出开会,作为班长的我就要按照老师的叮嘱给两个年级的同学们布置作业、管理纪律。自那时起,成为一名老师的梦想便在心中扎下了根,将来要像自己的老师一样教学生识字读书讲故事,与学生一起跳绳打乒乓球,带学生徒步赶海踏浪……

初中三年,远离父母住校读书。周日返校时我都会拎着一个柳条篮子,里面盛满地瓜和玉米面饼子,偶尔也会有个馒头,这便是我六天的伙食。夏天地瓜拉丝,冬天食物结冰,长期的严重营养不良和集体生活的艰苦条件让我在小小年纪脸部就患上了皮癣。这让我的英语老师——常春华老师心疼不已,她领我去办公室拿出事先买好的药膏,小心而专注地用棉棒涂抹在我的脸上。望着老师如母亲般的慈爱目光,我默默告诉自己,长大后就要成为像她一样的老师:眼里有光,心里有爱,用温良呵护善待每一个学生。

条件如此艰苦,学习和训练更加努力,最终以级部文化课成绩前三、连续两年胶南县(现青岛市黄岛区)运动会冠军免试直升进入高中——胶南二中。到了高中后才知道:虽然自己的文化课成绩优异,但是因以体育生的身份免试入学就必须成为体育生,就必须参加每天早起半小时、下午课外课40分钟的体育专项训练……推铅球的一个推球拨球动作没有掌握牢固,硬是被陈为礼老师留在操场上训练到月亮爬上半空,晚饭后来操场散步的老师们络绎不绝,英语老师也就是区教科院孙美青院长的妈妈,见此情景为之动容,走上前一边为我擦去满脸的汗水,一边力劝陈老师:快歇歇吧,一个女孩已经够吃苦的了,动作不到位明天再训练,先吃饭要紧!

感恩老师的严厉培养,感谢老师的温良慈爱,我懂得了教育是鞭策、是鼓励,长大后,我必定以你们为榜样,成为像你们一样的优秀教师。

而今,我已白发苍苍,教书近四十年。最值得我自豪的是在国家脱贫攻坚收官之年,2020年5月至2021年8月,我踏上了前往贵州安顺支教的旅程,以"肯吃苦讲奉献"的良好形象成为安顺人赞不绝口的"青岛支教教师",安顺电视台连续播出系列扶贫故事,作为教育事迹号召全市老师们学习青岛人的支教精神。

我庆幸自己是一名教师,做着天底下最光辉的事业,也非常幸福着做教师的感觉——从事着一辈子自己最喜欢的教师职业。赋诗一首送给与我共勉的每一位老师:

师魂

一支粉笔写古今

两袖清风立乾坤

无悔青丝华发染

讲坛三尺育童心

一辈子做老师,一辈子学做教师,一辈子做一线教师。今后的工作希望能够挤时间多读书多学习,为教育理论充充电填补空白,让课堂教学更富有吸引力,让教育方法更科学更有实效性,让教学策略富有教育理论做支撑,让教学的步伐走得铿锵有力。

亲爱的领导、同事们,不当地方共同探讨,随时随地,因为咱们工作在同一所校园里,咱们是一家人!

祝福老师们新的学期开心工作,热情生活!祝愿大家精诚团结,共建咱们美好的青草河校园!

青岛西海岸新区青草河小学

2024年1月22日

长大后 我便成了您

引言：

《人民日报》曾刊登过这样一篇文章：孩子，妈妈希望你能遇见一位手持戒尺、眼中有光的老师，你能当一名心怀敬畏、不丢信仰的学生。

长大后我能够成为一名教师，源于小时候遇见了眼里有光、手持戒尺的老师；逝去的是岁月，老师从严施教、诲人不倦的身影依旧还在；从小立志教书育人，长大后，我便成了您。

老师，追忆着您悉心教导的一幕又一幕，心中满满的全是感恩。十年寒窗苦读，长大后我便成了您。身边围绕着当年如我一样纯真烂漫的孩童，就如同当年我们围绕在您的身边一样。追随当年您的教育足迹，我踏上了神圣的三尺讲台，手执粉笔，如您一样，甘愿奉献青春年华，相伴莘莘学子读书成长。

还记得，1976 年的暑末秋初时节，那个头上时常扎着两条长辫儿的小女孩已是激动了整整一个盛夏。这天清晨，她睁开惺忪的睡眼，满心里全是新奇与期盼。早饭顾不上吃一口，一路小跑，奔向了希冀已久的学校。那个娇小女孩便是小时候渴望读书的我。

推门便见到了平日里就格外敬重三分的老师，怯生生地喊了一声"老师好"，当时的我，不知所措，连大气儿都未喘匀，眼睛匆忙寻觅了一圈儿，整个教室里哪有什么桌子、凳子，只望见在教室最后端有一根长长的木头，上面已经坐上了几名同村的玩伴儿，一眼看去，恰如空中电线上飘然而落的几只小鸟，静然守候着，一动不动，看上去显得尤为规规矩矩。

我走向那儿——那根枯木，上面斑斑驳驳，我小心地紧挨着我的玩伴儿坐下来。接下来又有人进来，那些大声喊着报告走进来的，应该都是本校原来的学生。初入小学一年级的新生大都显得格外拘谨，我便是其中的一位，耐心地、怯生生地迎接着本村掐着指头都能数得过来的学生。

站在我们面前的这位老师便是我们本村的张老师，他的严厉在我们村是出了名的,几乎家喻户晓,大人们经常用他来吓唬淘气耍泼不听话的小孩子。只见他一脸严肃,威严地用眼睛扫视着我们。论辈分,我应该喊他叔叔。就因为他是老师,在我印象中,他也就从其他叔叔大伯中脱颖而出,显得更加有文化。此时的张老师一看学生来得差不多了,便开始逐个点名,数落着没来的学生名字。我的耳边赫然听到了哥哥的名字,没人应答,我悄悄地拿眼睛瞅了一下,依然没有看见哥哥的身影。

正忐忑着,门外一声"报告",马上就要升入五年级的哥哥推门走了进来。只见张老师走前几步,便站在了哥哥的面前,未曾开口,张老师挥手一记耳光,掌掴在哥哥的脸上,继而顺势抬脚猛地一踹,哥哥应声倒在了墙边……一切猝不及防,我惊愕地呆呆地注视着眼前的一切,大气儿不敢出,颤抖的心似乎要蹦出我小小的身躯。张老师怒气未消,狠狠地责问:"作为班长,开学第一天你为什么带头迟到?"哥哥从墙边的地上爬了起来,浑身已经沾满了尘土,他低着头、垂着手,似一尊塑像定格在那个角落。尽管早已耳闻张老师教育学生极为严厉,刚刚眼前急速发生的如戏剧般的这一幕,还是大大超出了我的预料。眼泪在我眼圈里打着旋儿,老师讲什么,我一句没再听见,只有恐惧充斥着我,对学校的向往、对老师的敬重、对学习的渴望已被深深地掩埋了,埋得深不见底……这便是我初入小学一年级的记忆。

那个清晨,在我小小的心灵里,除了恐惧还有自责。我悔恨自己那天清晨上学前没能喊上哥哥一起出门,当然,更恼恨哥哥昨天夜间忙着捉蝉猴儿耽误了早晨起床,新学期开学这么重要的事情哥哥居然置于脑后!真是的!自此以后,每逢上学,我便总是喊上一声:"哥,上学走喽!"在那个年代,没有哪位家长会因此而质疑老师对学生过于严厉的管教,更没有哪位学生胆敢回敬老师半句。没有,一个也没有!我常常听见的都是好多家长叮嘱老师:老师,孩子不听话使劲儿揍!

在本村小学五年的学习中,张老师只教过我一年多,那一年多,应该是我学生生涯中最拘谨、最慎言慎行的一段时光。因为,我内心里多少有些惧张老师!这一年多,我未曾敢直视过老师的眼睛,哪怕只是一次!

我有幸以优异成绩考取社中,在镇上读书,并寄宿在学校,每到周六下午两节课后方能返回家中。偶遇张老师,总是虔诚地问声老师好,然后满怀着对老师的敬与畏速速离开他的视线。

高中苦读三年,每两个周回家一次。我家新房与张老师恰在同一排,几乎每次回家,都能遇见老师,要么在街道胡同里,要么就在我家院子里。张老师总愿意与爸爸妈妈边喝茶边随意地拉着家常,常常是谈笑风生,偶尔不经意间走过茶桌旁,我悄然用眼光滑过张老师的面颊,尽管老师脸上挂着笑容,但我总能从他满面笑容的背后读出他有些不近人情,甚至冷酷。

高考结束,等待录取通知书的那段时间是煎熬的,我便跟随爸爸、嫂嫂下地干活儿,我也总是挑最重最需要下大力气的活儿干,觉得只有这样才能回报一些父母及家人全力供我上学的无私付出。

苍天眷顾着我,大学录取通知书居然真的有我一份。我欣欣然,话语又多起来了,笑容重新回到脸上,一家人兴高采烈,家里来了不少道贺的亲朋好友,张老师便是其中的一位。

因为录取通知书已经到手,大学有着落了,呵呵,我便与同学玩得不亦乐乎,这一玩,日落快到西山了,回家已是晚饭时分了。但凡我放假的时间里,洗刷碗筷向来总被我一人承包了,这成了家务惯例。这不,刚刚整理碗筷儿摆进饭厨,妈妈便向我转告了张老师今天的来意:让我考虑一下是否愿意嫁给他家已经考入银行学校的长子。我想了想,还是回绝了,我告诉妈妈:我不想在当村嫁人,邻居不像邻居,亲家又称不上亲家。妈妈没再坚持,只是说了声,知道了,这事儿也就放下了。

我对张老师的敬畏因为他的提亲一下子感觉亲近了好多。又因为回绝了提亲,内心多少有些羞涩,见了面更加客气了……

人近三十,我已初为人母,牵着小儿常回家转转。有一天,爸爸妈妈无限伤感地对我讲:"英子,张老师病了,就在人民医院住院,听说是大病。"我心一沉,察二老脸色,听二老语声,张老师一定病得不轻。爸爸说:"张老师曾经教过你们兄妹四人,有教育之恩,你离着近便些,抽空快去看看吧。""嗯,放心吧,爸爸,回去后我会尽快去看望老师。"爸爸妈妈的话我向来言听计从,不光是我,我们兄妹四人都是如此。这是一个传统家庭,一顿饭菜摆放好,爸爸妈妈不动碗筷,我们四人谁都不曾先下筷子先动嘴儿。所以,爸爸妈妈的叮嘱使我看望张老师的日程尽快践行了。

看望病人需要上午才吉利,妈妈告诉过我。我请了假,买了补品,双手满满。前行着,思忖着,焦虑着,也期盼着……推开病房,我见到了久违的张老师,哪里还有什么威严,哪里还有什么刚毅!一身病躯薄薄地贴在床面上,那么羸弱,满面病容呀!看见我,张老师艰难地抬了抬头,想竭力挪动下身子,可身子一动不动,手却努力地向前伸着,我赶紧近前几步,双手握住了老师直直伸着的手,老师努力大声地说道:"好孩子,你那么忙,怎么有时间来看我呀,快坐下歇会儿。""哦,老师,我早就该多去家里看望您的,每天忙于工作,忙于带小孩儿,请老师原谅。"说着,泪水已在眼中打转儿……曾经手执粉笔、刚健有力的手臂呀,眼前却是如此瘦骨嶙峋。"老师,您一定好好养病,配合医生好好医治,争取尽快康复,过几天我再来看望您。"

自此,横亘在心中的那根刺已连根拔起,就在那个村落,就在那个年代,就在老师那个青春燃烧的年龄,或许,在他看来,那种教育方式是见效最快、最简单易行,也是对学生对家长最负责任的教育措施吧。当年的老师,只是从村子里选出相对而言识字最多、貌似最有文化的那位,哪里还谈得上什么教师资格证,哪里还有什么教育学、心理学。

《人民日报》曾刊登过这样一篇文章:孩子,妈妈希望你能遇见一位手持戒尺、眼中有光的老师,你能当一名心怀敬畏、不丢信仰的学生。老师啊,您就是那位对学生高度负责的好老师。

释然了,我亲爱的老师,由衷感谢您的教育之恩。因为有您,那个小小的村落接二连三考出了数名大学生,您——功不可没。

感谢您! 老师,在那个贫穷的村落,您竭尽自己所能传播着知识,用自己认为最恰当的教育方式管理着一群群懵懂少年,用星星之火可以燎原的努力与坚韧,在每一个孩子心中播种着希望,播种着未来。

老师,如今我也成了一名老师,正如一首赞美恩师的歌曲中唱到的那样:长大后,我便成了您!

慈父的引领成就

引言：

之所以如此热爱生活，是源于慈父对我的幼时教育；

之所以成为一名教师，是缘于慈父对我的引领成就；

今生有您做父亲，女儿全是骄傲，全是欢乐，全是幸福；有您做父亲，是我今生今世最幸运最自豪的事情——您是天底下最好的父亲。您的慈爱，您的教导，女儿终生铭记。如今，女儿热爱生活，热爱家人，将您对我的培养教导化作我在教育上的动力，我将奉献毕生的精力给我热爱的教育事业、给我挚爱的学生们。

清早，宽阔整洁的柏油马路上车辆尚为稀疏，天马行空任我自由驰骋的感觉真是舒畅惬意，马路两旁的鲜花野草像水洗过一样清新美好。

我喜欢驱车时有音乐伴我，车载音响里正播放着深情悠扬的歌曲，"是不是我们都不长大，你们就不会变老；是不是我们再撒撒娇，你们还能把我举高高；是不是这辈子不放手，下辈子我们还能遇到；下辈子我一定好好听话，不再让你们操劳……"听着听着，我的心不由地沉了下来，泪水噙满我的双眼，模糊了我前行的视线……我亲爱的慈父，三年前您驾鹤西去，扔下了一大家子亲人，思念您，无时无刻。我亲爱的父亲，下辈子我们还能遇见吗？若能遇见，我还做您最乖巧的女儿，一定好好听话，不再让您操劳，好吗？

父亲享年八十岁，一直到老，身体还算硬朗，耳不聋眼不花，只是因为腿疾，血管栓堵，这可让父亲遭了罪。起初小腿出现溃烂，兄弟姐妹齐心服侍父亲，手术成功，眼见就要出院回家，可病情急转，父亲危在旦夕，在重症监护室的几天后大夫最终下了医嘱。

我们在撕心裂肺的哭声里，把亲爱的父亲迎回家里，让他老人家再在自己家的床上睡最后一次觉。父亲安详地躺在自己习惯了多年的床铺上，他一如以前静静地在那儿睡觉，就如同从前的每天一个样：母亲里里外外忙碌，父亲则悠然地坐会儿，或看会儿电视，或抽会儿香烟，坐累了，看乏了，便上床躺下，安然睡着，直到母亲做好了饭菜，叫醒父亲起来一同吃饭。父亲一如以前静静地躺在那儿睡觉，就如同我们兄弟姐妹每次回家看到的那样：一进家门，只要看不见父亲端坐在他常年坐着的座位上，我们便站定在客厅，视线越过木隔断，一眼就能看见我们亲爱的父亲正睡着，于是我们静静地等一会儿，走进房间，拍拍父亲的背，轻轻叫一声："爸，起来说会儿话儿呗。"父亲睁开眼睛，一看是他的儿女，满眼都是慈爱，满脸都是笑容，总是很满足，很满意，也很欣慰地在儿女的搀扶下，慢慢起身，慢慢走到客厅，慢慢坐到他的座椅上。

可是今天，今天怎么了啊？我亲爱的慈父，您一群儿女肝肠寸断地哭喊着您，如此不舍得您，如此环绕在床前守护着您，您怎么就一声不吭呢？您是多么疼爱自己的儿女呀，您哪里曾舍得让儿女跪着求过您啊。可是这次，连同我们年迈的妈妈也在哭着呼唤着您，您一声不吭，一声不吭啊！父亲，您真的要放下我们吗？真的舍得放下妈妈吗？真的就要一个人独自远行吗？我们不敢相信！也未曾想过我们会有与父亲分离的这么一天。父亲啊，睁睁眼睛吧，睁睁眼睛再看我们一眼，求您了父亲！……

小叔说，撤掉氧气吧，母亲和姐姐哭着喊着护着氧气罐。我们齐心轻轻扶起了父亲，我坐到了父亲的背后，让父亲斜躺在我的身上，您暖暖的身子一如生前那么有温度，一如生前那样让儿女们亲也亲不够。这一刻，父亲长吁了一口气，这便是父亲的最后一口气！最后一口气呀！泪水再次夺眶而出，伴着父亲呼出的气息，心中的寒，冰冻住了我的全身。父亲额头上渗着一层密密匝匝的细小的汗珠，我不舍得为父亲擦拭掉，这是父亲生命的最后拼尽全力呈现给我们的，也是他老人家留给世间最后的一丝活力，他在向儿女们、向我们的妈妈、向亲人们告别。父亲走了，我们心碎了，母亲憔悴得更加苍老了。我们不敢在母亲面前提及父亲，但屋子里处处都是父亲的影子，他习惯坐着的座椅、一日三餐前要喝酒的酒杯、每日会抽的香烟和打火机……赫然都在。

送走了父亲便是思念父亲的开始。父亲出生在一个尚算富裕的家庭，家中有许多田地，需要雇人干农活。听父亲讲，他的父亲和爷爷常年轮流在省城经商字画，家里日子过得还算殷实。可在父亲9岁时，他39岁的父亲因肺痨去世了，奶奶尚有身孕，便是小叔。父亲兄弟姐妹五人，姑姑老大，父亲是四兄弟中的大哥，奶奶便培养我那当时只有9岁的父亲跟着雇工下地干活，从小学着扛起家庭的重任。屋漏偏遇连阴雨，父亲13岁时，他69岁的爷爷也相继去世了，自此,孤儿寡母一大家子的生活重担压在了奶奶和身为长子的父亲身上。家里地多,13岁的父亲和11岁的二叔,便分头跟着我们家的雇工下地干活。姑姑和三叔一直坚持读书,小叔尚小,在奶奶膝下跑前跑后,是个顽童,是个从未见过自己亲生父亲的孤苦孩子。

就这样,年幼的父亲挑起了家庭的重担。父亲像他的爷爷、父亲一样,都长得高大健硕,父亲身高1米86,腰板笔直,人勤快能干,做事情干脆利落,性格爽朗,为人耿直。父亲18岁便成了村子里的生产队长,领着一个生产队的男男女女下地干活,哪个季节忙什么,哪块地播种什么,哪些活该安排什么人去干……父亲指派分工得头头是道。父亲人高马大,脾气率性豁达,说话声音洪亮,没有人不服他,没有村民说个"不"字。年轻的父亲便成了村里人人都夸的庄稼地里的好把式。因为有父亲支撑整个家庭,所以姑姑和三叔能够安心读书学习,姑姑顺利考上了胶州师范学校,妈妈至今总是念叨说我长得特像当年的姑姑,样貌像,脾气像,职业也一样。三叔毕业后从事税务工作,二叔在家境比较好的时候,奶奶和父亲就送他去学了木工,在村子里算是个有技术活的人,比较吃得开。只有父亲,为了撑起家庭,从小没有机会学习文化,一生劳碌,勇挑家庭重担。令人欣慰的事,姑姑叔叔们坚持读书学习,每个人都拥有了令人羡慕的识字断文的体面工作。

虽自己的童年多灾多难,缺失长辈的呵护陪伴和教育引领,但父亲对我们兄弟姐妹四人疼爱有加,他从不呵斥他的子女。父亲笑起来最好看,他鼻梁高挺,慈眉善目,长得俊朗,年轻时的父亲是村里出了名的大帅哥,皮肤白,个子高,人缘又好。做教师的姑姑在她教学的村子里为她弟弟精挑细选,看中了贤惠善良的母亲,父亲与母亲彼此情投意合,十分恩爱。

小时候,父亲是我的骄傲,我走到哪里都有底气。那时候,我们开心地上学,放学后开心地玩耍,高兴了就挎上小篮子去野外割兔子草,小伙伴们一到田野里就玩疯了。等玩够了,往篮子里一看,篮子还是空的,我便一溜烟地跑到正在田间劳作的父亲那里。父亲善解人意,一见我来便笑着用手指刮一下我的小鼻子,然后伸出大手,三把两把,薅几把野草便塞满了我的小篮子。

伴着夕阳,瘦瘦小小的我便跟在高大挺拔的父亲后面进了家门,我不无骄傲地把满满的一篮子野草递给妈妈,便轻松得到妈妈的好一顿夸奖,父亲从不说破。我乖巧地为父亲打好满满一大脸盆清水,父亲洗手洗脸又洗脚,我又屁颠屁颠地为父亲拿来毛巾,父亲越发疼爱我,我越发乖巧可爱。小时候,父亲在我眼里是无所不能的。我想吃甜瓜,父亲便带我去了村子里的瓜棚;我想吹个春天的柳哨,一眨眼,父亲便把柳哨递到我的小手里;我想要书本学费,父亲帅气地掏掏上衣口袋,我便攥着学费跑向了学校……

父亲总是能带我去我最想去的地方。小时候一到冬天,村子里便没有多少田间农活要干了。父亲便组织村民手编苹果笼子,按每个笼子质量为村民奖励记工分,村民积极性高涨,一个冬天编的苹果笼子把村子里的仓库堆得满满的。

春天该卖苹果笼子了,村里装载数量最大的当属地排车,宽宽大大,方方正正,再加上父亲个子高,别人够不着的,父亲一伸手便能够得着。父亲把苹果笼子装上了地排车,装得像个小山一样高!我围着父亲转,围着车子转,我从父亲与村民的谈话中已经断定父亲这是要进县城去销售苹果笼子。

因为父亲对我的疼爱多一份,我自然也就胆大了一些。我扬起脸,小手拉拉父亲的衣角,"爸爸,我要跟您去。"忙碌中的父亲停下了手中的活儿,略一站定,便蹲下了身子抱起了我,父亲攀高攀高再攀高,呵呵,小小的我激动得一句话也说不出,父亲居然把我送到最高处的苹果笼子里。苹果笼子四四方方,刚刚盛得下小小的我。父亲倒退着下了车,不一会儿父亲又攀爬上来,细心的父亲拿来一沓子厚厚的草垫子,垫在我的屁股下面,垫在笼子四周,好一顿叮嘱。呵,老爸!您真威武!套上两匹马,马鞭儿一响,我便随父亲和马车出发了!我的心儿飞起来了,抬头望望天,离天真好近哪,太开心了!能跟着父亲一起进县城,这可是天底下最美最开心的事!

一路上,父亲不时地喊我一声乳名:"珍儿,看见大珠山了吗?""爸爸,我看见了,好高好高哦!""珍儿,这就是海崖公社。""嗯,我知道了,爸爸。""珍儿,就要进县城了。""太好了,爸爸!"……父亲不时地与我对话,您是担心我会睡着了吗?哪能呢!我的心激动得怦怦直跳,我的小眼睛看也看不够,我的耳朵听见什么都好听……哪儿都好看，哪儿都新奇，原来，离开村子可以走这么远的路呀！我坐在高高的苹果笼子里，随着车身晃晃悠悠，听着嗒嗒嗒的马蹄声，一路到了胶南的风河边。

那时候的风河上，没有像样的桥，只有用石头铺就的，比上游和下游稍稍高出了一点点的路面，上面依然有水流淌过，极不平整，马车走在上面摇晃得厉害。一路上悠然自在的我这时稍稍多了一丝紧张，不知是我出声惊动了路人，还是路人无意中发现了我，只记得有人喊着，"哎呀，马车上面有个小孩儿！"更多的人发现了，其中有人冲父亲喊道："你这个年轻人，怎么敢把个小孩子放在上面呀，不怕摔下来吗？"父亲呵呵地说："没事儿，没事儿，我闺女可乖呢。"父亲的话犹如定心丸，我乖乖地、安安静静地在路人的一片惊讶与担心中经过了风河。

父亲啊，您得有多疼爱宠溺您的儿女啊。有多少次，我们兄弟姐妹四个伴夕阳等待您回家必经的北路口，听见嗒嗒嗒的马蹄声，听见清脆的丁零丁零的马铃声，我们撒着欢儿地跑向您来的方向。您"吁——"一声，马车听话地刚好停在我们面前，您跳下车，笑呵呵地，弯下腰，把我们兄弟姐妹四人一个一个抱上车，拉着一车的儿女，拉着一车的欢笑，拉着一车的幸福，回家去。

父亲啊，与您在一起的美好还在眼前，一家人的欢笑还在耳边，可是父亲，您去哪了？您一个人能去哪儿呀？我总是不敢去想象您一个人的远行是怎样一个状况，该得有多么孤独寡助啊！一想到这，女儿的心疼得丝丝作响！三年来，我总是不敢去触碰这一方心田，那儿珍藏着我慈父的点点滴滴，我怕自己陷入其中一时难以自拔。

父亲,今夜梦中得以相见,谢谢您我亲爱的父亲!谢谢您用这样的方式告知女儿您过得挺好。

今生有您做父亲,女儿全是骄傲,全是欢乐,全是幸福;有您做父亲,是我今生今世最幸运最自豪的事儿——您是天底下最好的父亲。您的慈爱,您的教导女儿终生铭记。如同您一样,女儿想做成像您一样优秀,热爱生活,热爱家人。将您对我的培养化作我在教育上的动力,我将奉献毕生的精力给我挚爱的教育事业,奉献给我热爱的学生们。

我亲爱的慈父,正如歌词里所唱"是不是我们都不长大,你们就不会变老;是不是我们再撒撒娇,您还能把我举高高;是不是这辈子不放手,下辈子我们还能遇到;下辈子我一定好好听话,不再让你们操劳……"父亲,说好了,下辈子您还做我最慈爱的父亲!我今生今世最慈爱的父亲,您听见了吗?

女儿含泪跪求:下辈子,我一定好好听话,还做您最疼爱的女儿。

母爱的光辉

引言:

母亲贤良聪慧,将善良的种子深植于我幼小的心田;

要做与人为善的好老师,是母亲对我的叮咛;

善待他人,母亲身先垂范;善待学生,是母亲的教诲。

……母亲,鹤发童颜,安然地坐着、安静地等着,不急不躁。我的母亲在用她83岁高龄的感召影响,用力所能及的方式,默默地支持着这位身残志不残的中年妇女理发师……

夜半醒来,睡意全无。倒一杯热水浅饮着走向飘窗,城市万籁俱寂,偶有车辆疾驰而过,给夜色装点着动感。五彩霓虹将建筑物的轮廓勾画得雄伟壮观,林立的楼群魅力奇异,赫然入目。尖锐的北风不时地带着刺耳的声响划过窗前,阵阵寒意透过玻璃侵蚀进来。

这大半夜地醒来,是想儿子了吗?我自问。嗯,想了,真想了!

依稀记起儿子大一那年的寒假,我和先生早早来到候机厅,等待即将放假归来的儿子,眼睛像插上了翅膀,掠过一个个匆匆奔走的各路旅客,专注地眺望着遍寻儿子的身影。远远地,远远地走过来了,其实是儿子最先看见了我们,他高高的个子在穿行的旅客队伍中,一边前行一边挥动着长长的手臂向我们打着招呼。

那一刻,我的双眸里,整个世界只有儿子,我开心地笑着,欣赏着儿子健步走来的潇洒帅气与蓬勃朝气,多英俊的儿子!我张开手臂,拥抱儿子……男人间的招呼最简捷也最厚重,儿子用力地拍拍他父亲的肩膀,父亲满足地仰望着儿子,在儿子面前,这位父亲已经显得又矮又矬又粗又壮,嘿嘿嘿地笑着,特欣慰地说:"回家就好,回家就好!"这算是父子间分别半年的首次见面礼数。

儿子把皮箱交给了父亲,腾出手臂搂着我走出候机厅,向停车场走去。短短的一小段路,却絮絮叨叨说了一大箩筐的话儿。坐上车子,见到儿子的兴奋劲儿稍稍缓了一缓，我这才顾得上仔细端详儿子："阳，你该理发了呀。""等和姥姥一起去理发。""和姥姥一同理发？""嗯，明天吧，明天就和姥姥一起去理发。"

哦，有心的好孩子！说到理发，的确有我母亲的情结在其中。

那年，儿子大学即将开学，临出行前，我们带上儿子请上母亲一同吃顿团圆饭，一家人聚一聚叙叙情。饭后母亲坚持带外孙去理个发，并叮嘱我们以后理发都来这儿，说理发师手艺高超。看着母亲的认真劲儿，大家被她的执着感染，在母亲的引领下一家人走到了理发店。

理发师一见母亲到来，满脸笑靥如花，赶紧停下手中的活儿，热情地招呼着："阿姨，您快请坐，快请坐，您稍等一下，前面还有两位。"母亲回应着："不急不急，先忙吧。"看来母亲是这儿的老熟客了，因空间狭小，只够坐下母亲一人，我们紧紧地挨着母亲站立等候着。

我这才仔细打量这位理发师，年龄约 50 来岁的中年妇女，个头不高，人却长得秀气，她说话的声音真好听，不高不低，不急不缓，恰到好处，给人舒服的感觉。细看她皮肤白皙，化着淡淡的妆容，显得极为精致；她一头短发，时尚又干练，大红色的光滑布料的外罩衣刚好完整地包住了她的身子，包裹得极好，不留一丝缝隙，免得让头发渣子侵入进去。

母亲不时地与她聊着，她说话和气得体，声音清透，很是入心，像是读过多年书的感觉。理发师左手一把梳子，右手一把剪刀，上下翻飞，手法娴熟，其专注的表情，令人赞叹她这是在创作一件艺术作品！怪不得母亲执意推介……

轮到我们了，理发师好听的声音响起："阿姨，过来坐吧。"母亲赶紧解释："今天我不理，我是带外孙过来理发。"理发师抓着毛巾扑打着座椅的动作瞬间停在空中，她看向母亲，嗫嚅着："大学生正是爱美的年龄，您看我这手艺哪能行……""你的手艺好啊，我说好就是好，外孙会喜欢的。"理发师还在犹豫，母亲推了一把："阳，快坐上去让阿姨理发。"理发师深情地看了母亲一眼，嘴角动了动，似乎是给自己加了把劲儿，下定决心，说："谢谢阿姨的信任。"她理得更专注、更认真了……

就在理发师转身走向洗头盆儿准备为儿子洗头的那一刻，我惊愕了。母亲见我疑惑的表情，悄悄地告诉我，她的腿是假肢。

我倒吸了一口凉气，再定睛望向她，她依然满脸的笑容灿烂。一个残疾人用自己勤劳的双手精心地为人们修剪出各式发型，一丝不苟地装点着生活的精致,没有人苛求她如此精益求精,她却无时无刻不在恪尽职守地尊重着每一位前来理发的顾客!

如果心中不美,脸上哪有灿烂!如果心中无恩,哪能笑对人生!

回看母亲,鹤发童颜,安然地坐着、安然地等着,不急不躁。我的母亲在用她83岁高龄力所能及的方式,默默地支持着这位身残志不残的中年妇女理发师。

在母亲的感召影响下,我们全家兄弟姐妹四个小家庭的二十几口人都在这儿理发,一直到现在。以后还会一直在这儿理发……只要她在,我们就都在!

做有爱的班主任

2018 至今在青岛西海岸新区青草河小学任教语文、科学、体育学科。三十年的教育教学工作中,始终如一坚守在教学第一线,恪尽职守,任劳任怨,积极追求进步,不断提升个人素养,将满腔的教育热情无私奉献给热爱的教育事业,将视生如子的拳拳爱心尽情播撒给挚爱的学生们。直至青丝变白发,终将无悔于"人民教师"这一高尚称谓。2019 年 12 月在青岛西海岸新区妇女联合会关于命名 2019 年西海岸新区最美家庭评选活动中,本人被评为 2019 年西海岸新区"最美科学教子家庭"。

积极钻研教学业务,潜心研讨教学改革。在教学中寓教于乐,开拓创新,努力进取。

本学期我更是努力挤时间深入学习中国传统文化知识,笔耕不辍,日有新作,为教育教学插上腾飞的双翼。2019 年 6 月在《汉字文化》发表论文《如何在教学中落实"读写一体化"》,并在中华教育科研优秀作品评选活动中,荣获一等奖。

2019 年 10 月创作的书法和国画作品在青岛西海岸新区"庆祝建国 70 周年"职工书画摄影展中均获得最高奖项——优秀奖。2019 年 12 月撰写的文章《以情怀托起文字的生命之重》发表在青西新区教育作协——西海岸杏坛文苑。2019 年 9 月在《东夷文学》发表文章《我的慈父》,2019 年 12 月在《东夷文学》发表文章《特别的爱》等多篇文章。日常教学生活中喜欢吟诵诗词、爱好即兴赋诗,至今在《中华文学》《青岛琅琊诗社》等刊物发表诗作百余首。并成为山东散文学会会员、教育作协会员,东夷文学会员并担任该协会副秘书长,成为西海岸网络作协、琅琊诗社、六汪文联会员。历年来撰写的几百篇文章、诗词和诗歌发表于各级报纸杂志。引领学生开展科研,培养课题研究能力。2019 年 6 月指导学生张子翔、王兆悦、樊建洲等参加第八届山东省青少年"七巧科技"竞赛均获三等奖。于 2019—2020 年参与鸿合教育研究院"数字化环境下中小学创新教学范式研究"(课题编号:RJA0119007),出色完成了课题相关的研究工作,通过专家组评审,顺利结题。

对待班主任工作一丝不苟,爱生如子,一心一意扑在教育教学工作岗位上。

(一)制定班规做先行

校有校规,班级也应该有自己的一些规定才行,如果没有规定约束,那就会像一盘散沙,到处流放。建立班规,就是为了约束小部分同学的不良行为,帮助他们改掉不良行为。每个人都有惰性,如果无法"自律",只有依靠"他律",既有自我教育,又有外在的教育,他律和自律的统一,这才是完整的教育。或者说,通过'他律'最后达到'自律'——也就是自我教育、自我约束的最高境界。

走入我们班级,你会看到,学生在课堂上全神贯注地倾听,课间十分钟学生条理地整理着学习用品,有序地穿梭于教室与洗手间之间,会利用课间时间安然地阅读自己喜爱的课外书籍。喧哗和吵闹不是孩子们的言行,取而代之的是文明团结和谐有礼貌的乐学氛围。我非常喜爱我的学生们,也很享受和他们在一起的幸福时光。

(二)依托班会传校规

每周的班级例会,我都会紧密联系学校德育处布置的学生常规教育细则,进行渗透性教育,实施过程中抓落实,发挥班会这一育人心得的教育阵地的良好作用,让学生明确学校的规定和要求。当然在实施的过程中,学生也会有落实不到位之处,作为班主任要有再细化的耐心,因为等待也是一种智慧,让我们静待花开。

(三)知行合一抓细微

作为班主任,要有在班级工作上的持久力,要有视生如子的爱心和奉献精神,更要有静待花儿次第开放的耐心和包容度。班主任是班级里的领头雁,率先垂范是无言的榜样,要求学生们做到的,班主任首先要做到,这就是知行合一,学生有了效仿的榜样,自然也就归于整齐有序的前行雁阵队伍中。作为班主任,无论早读、课间、午休,甚至班级因故空堂时段,班主任都应第一时间到达班级做好补缺工作,将不完美悄无声息地转化为完美有序的正常教学中。说到学生差异,十个指头还不一样齐,学生们的确存在着这样那样的生理、智商方面的差异,我们不妨把自己当成孩子的父母,换个角度来思维,实施教育就更有方法和耐心了。教育中要关注学生的细微之处,所谓细微之处见真爱,最可贵的教育就是润爱无声。

　　三尺讲坛播撒爱，克己奉公三十余载。从教以来，率先垂范倾注爱心在热爱的教育教学岗位上，从教三十年桃李满园，非常欣喜地看到学生们一批一批在成长进步中，自豪于学生们一个一个成为各行各业之栋梁。长风破浪会有时，直挂云帆济沧海。我将收拾行囊，再度出发。撑一杆长篙，荡一叶扁舟，邀一轮明月，携一缕清风，尽教师传道授业解惑之责任，经典引路，诗词为伴，在教育教学的阵地上勇往直前，为我们社会，为这个伟大的新时代，培养出更优秀的人才。

　　我必将三十几年如一日，坚守教育主阵地，与学生同在，与爱心同在，与教育同在。

打开心理的视窗（教育案例）

案例介绍

因为多年从事低年级语文兼班主任工作，有时会面对一些行为异常的学生，或孤僻，或暴躁，或喃喃自语……藏宁同学就属于生性孤僻这一类学生，记得刚入校门时，他两眼恐惧地躲避在教室门后，任凭他的爸爸怎样喊、怎样拽，最终也没能让他迈进教室半步。老师对新生逐一点名，试图认识学生并了解学生基本情况，可他就是一言不发，老是低垂着头，一直站在门口，像在等待接受残酷的刑罚……刚入校门的藏宁同学，是班内的"扣分"大王。课堂上浑然入睡，课前准备乱七八糟，衣服不整洁，浑身一股汗臭味，上课趴着睡觉，醒来就随便走动。因孤僻、少与人交往，个别学生私下喊他"小哑巴"，但只要老师一离开教室，他便折腾得全班上下不得安宁，他长得个大，有力气，无人敢与之抗衡，一不小心还会弄出个"流血事件"来的。

案例分析

据多方调查了解，原来藏宁同学处在一个父母离异的家庭里。父母的吵架、大打出手填充了他的幼年生活，他经常被吓得蜷缩在某个旮旯里好半天也无人问津。慢慢地，他害怕这个家，整天提心吊胆，闷闷不乐。在幼儿园里，看到别的小朋友高高兴兴地玩耍，他却怎么也高兴不起来。时间一长，小朋友们也不再喜欢这个老不见笑容的小男孩。他很少与小朋友交流、玩耍。偶尔在一起，不是抢别人的玩具，就是把小朋友打哭了，显得非常不友好。在家没有父母的关心、和谐的家庭氛围，在外又没有小伙伴陪伴，他开始变得郁郁寡欢，脾气暴躁。通过一段时间的观察，我发现他有很强的逆反心理，不愿服从老师的教育，经常与周边人作对，他有时会把对父母的不满发泄到同学身上，欺负同学，惹是生非。他有时为发泄内心的郁闷，故意违反课堂纪律，以引起老师和同学们的注意，求得一时心理上的满足。像这类学生，老师的爱心足以打开他封闭的心理世界，融化他孤僻的情感。如果老师能善于抓住闪光点，为其创造表现自我的机会，自然会慢慢化解他心理的"小结"，向预期目标转化。

教育对策与效果

面对这样一个学生，根据他的种种表现，我苦思冥想，在脑中一遍又一遍地设计我的工作方案，决定试着从"情"入手，以情动人。"爱生如子"是教师应有的职业道德，如果老师只是一味地苦口婆心、耐心细致地讲一大堆道理，对他来说，还是木之觉也，如风过耳，像过眼烟云，难见其效。在具体工作实践中，我主要从以下方面入手：

用爱心抚慰创伤。在阶段回顾总结工作时，我自己猛然意识到，得从他的生活状况抓起。于是，我就开始留心观察他的日常学习用具和生活习惯。他的本子破了，我悄悄买好本子，并用钢笔在封面上端端正正写好"臧宁"两字；他的小手经常是黑乎乎、油渍渍的，我悄悄买来儿童专用香皂，陪他到洗手间将小手第一次洗得白白净净，他的脸上终于露出了灿烂的笑容……渐渐地，随着时间的推移，他有点变了，一到课间，他就来到我身边，帮我擦黑板，收拾粉笔头，整理作业本……

用友情弥补亲情。作为一位母亲，我深知父母之爱对于一个孩子的重要性。而臧宁同学最缺少的就是来自父母的亲情。我便把他当成自己的孩子，处处关心他的生活细微之处。我的一个鼓励眼神，一个爱抚的动作，一次诚恳的表扬，一个会心的微笑，都在他心里激起了层层浪花。他有病时，我买上小朋友爱吃的小食品登门看望，还安排附近的同学轮流陪他写作业。让他感到缺少了家庭之爱，却多了老师的呵护、同学们的帮助。生活在一个充满友爱真情的班级集体里，使他感到不幸中又特别幸运。过生日时，我组织班委小干部前去给他祝贺，每人一句真诚的祝福，一个小小的礼物，使他再次感受到了大家庭的温暖。

用长处激起信心。像臧宁这样的学生，心里非常渴望有一个自我展示的机会，以便在活动中发挥自身的潜力。在一次课外活动中，我偶然发现他的体质特别好，浑身总有施不完的劲。这一特点正是他的体育特长。适逢学校召开秋季运动会，挑选队员时我特意选中了他，在班会上，我侧重讲明集体荣誉高于一切的道理，又鼓励包括他在内的全体队员刻苦训练，踊跃参加，一定会取得好成绩。很快，操场上有了他训练的身影，他的性格开朗了许多，与小队员们和睦相处。一分耕耘，一分收获，老师的一片苦心加上他的辛勤汗水终于开花结果，校运会上，藏宁同学一举夺得两项第一，我们班因此总分名列级部第一。领奖台上，他自豪地笑了。我特意召开了"我为班级争荣誉"的主题班会，大张旗鼓地进行了表扬，号召全班同学学习他刻苦训练、为班争光的精神。他接过盖有"奖"字的生字本，小脸激动得像红苹果，面对同学们的热烈掌声和羡慕的眼光，他兴奋地举起了小拳头。通过这一活动，解开了他心理上的一些"小疙瘩"，渐渐地走出了心理上的误区，大大地培养了他的自信心和对班级的责任感，增进了与同学的友谊。

从此以后，他进步得更快了。变得关心集体了，他主动擦黑板，帮同学值日；学习上力争上游，书写工工整整，课堂上积极举手回答问题；个人卫生明显好转，衣服整洁干净。从一个双差生变成了人人喜欢的上游学生。

教育启示

通过这一学困生转化事例，我们可以得到以下启示：

发现特长，抓住闪光点。辩证看待生性孤僻这一类学生，他们身上的特长和闪光点有许多，需要我们去做有心人，善于发现并抓住教育契机。

创造表现自我的机会。给他一次显示自我才能的机会，就能使他走出心理上的误区，培养他的自信心。

爱心恒久，有针对性。生性孤僻、脾气暴躁这一类学生缺的是沟通、亲情，教师要善于用自己的爱心打开学生心理上的视窗。

2006 年 6 月 2 日

让孩子生活在阳光地带

案例一介绍

为了纠正儿子的不良习惯,我和他坐下来以朋友身份进行了交谈,效果居然非常显著。这令我欣喜,给了我很大启发,将这一做法放到班级管理中怎样?需要说明的是,目前所教班级是我从一年级一直任教到现在,与孩子们关系融洽,常常以朋友相称,可班额大,短时间内不可能一一与同学们交流。怎么办?我思来想去,是呀,我们可以进行心语的交融啊!于是决定与班内的小家伙们也尝试进行一次"朋友对话",来一个书面的实话实说。一天下午放学前,把这一想法一宣布,同学们就报以热烈的掌声,很快得到了大家的积极回应。

教育对策与效果

面对一大摞同学们前一天晚上刚刚写好的《我把知心话儿说给老师听》《烦心事儿讲给您》……我感觉到,那里面浸润着孩子们对老师充满敬意的沉甸甸的信任!挑灯夜战,我翻阅着、圈画着,分门别类地做着标记,或注明家访,或注明谈心,或注明电话、书信……看来小家伙们的烦心事儿还真不少呢,在时刻困扰着幼小的他们。课间、午休、课外活动时间甚至放学路上,都成了我与孩子们独处的好时光,孩子们也愿意将心中的秘密说给我这个"大朋友"听。我暗自庆幸,无意中摸索到了一条走进孩子们心灵深处的奇妙捷径。

记得黄笑是这样写的:我害怕极了,双手捂着头,大哭着跌跌撞撞跑回家……"怎么回事?"赶紧调查、询问。原来是黄笑在放学路上被调皮的男生摘掉了帽子。因营养原因,她的头发连同头皮长得一块儿白、一小撮黑,相互交错着,母亲每次带她理发,都特意请理发师把发白的头发紧贴头皮理掉,这样头上只留着黑的短发,一簇簇,一缕缕,斑斑驳驳,所以只好常年戴帽子。日渐自卑的她遭遇此事后更是少言寡语。症结找到了,需要对症下药。我先是安慰她,拉着她的小手告诉她只要平时注意营养合理,保持健康体质,病情会慢慢得到好转的。然后教育她正确看待这件事。竞选班干部时，我特意提名黄笑为学习委员，并挑选两名与她住区相近的同学一路陪她。慢慢地，黄笑变了，日渐活泼了一些，我们真诚地祝愿她拥有健康、美丽、快乐！

教育启示

苏联著名教育家苏霍姆林斯基曾说过富有哲理的一句话："每个人都有一颗成为好人的心。"作为教师，首先应该懂得爱的艺术。因为爱是一种信任、一种尊重；爱是一种鞭策、一股激情；爱更是触及灵魂、动人心魄的教育过程。的确，"教育着是美丽的"，在爱中教育着就是享受幸福，因为有爱，孩子们心中才会是一片阳光灿烂。

案例二介绍

我们学校一直强调：卫生事关学校形象及学生良好习惯的养成，一定要抓好，抓实！因此，每天小扫除，每周大扫除，花费了大量的时间和精力，可等检查人员一走，卫生状况就大跌眼镜。一天早晨，我匆匆走进教室，咦？地上又有零零星星的垃圾，这可是昨天下午刚刚进行了一次大扫除啊！

教育对策与效果

我有点上火，便转身走到讲台前，本想来个下马威，可一抬头，迎接我的是一张张纯真、可爱的笑脸，我怎忍心打破这充满阳光的氛围呢？念头闪过，我边走边弯下腰捡起垃圾，有笤帚苗、小纸片、瓜子皮、铅笔芯……其中一块橡皮头是我从一个同学脚边捡起的，黑乎乎的、被揉得变了形的橡皮头大概早已成为这位同学的脚下玩具。满满的一大把垃圾在手中，或长或短，或黑或白。这一举动令孩子们非常吃惊，大家不再读书了，屏住呼吸，眼光一下子聚焦在我手中的垃圾上，教室里越来越安静，那才真叫鸦雀无声，连掉在地上的一根针都听得见！我环视一圈，平静地说："这是垃圾，是我们同学不经意但却是亲手扔在地上的，我能原谅你们这一次，可能是同学们一时疏忽，但不代表我会原谅你们下一次！因为同学们都爱这个大家庭，如果我们人人都能主动捡起地上的垃圾，并注意保持卫生，那会怎样呢？答案就在我们学校的警示牌上，不妨请大家自己去找找看吧！相信你们一定会读懂！"下课了，同学们在校园里寻找着，走过一面面警示牌，最后停在图书室窗外的牌前，或指点，或点头。孩子们兴奋地争先恐后地告诉我,他们找到了答案,那上面赫然写着:你扔掉的是垃圾,我捡起的是品质。

教育启示

这件事极大地震撼了同学们,也保护了他们幼小的自尊心,教他们自信、自爱、自立,用爱叩激学生的心灵深处,让爱的阳光浸润每一颗幼小的心灵,这是多么幸福啊!我和我的学生们徜徉在幸福地带……

案例三介绍

家庭教育是我们搞好教书育人的一个不可缺少的方面,搞好家访也是班主任义不容辞的责任。

我发现,一段时间以来,原本活泼可爱的邱明同学总是满面愁容,课堂上精力不集中,作业完不成,每逢课间就闷闷不乐地趴在位子上,不再跟同学嬉戏玩耍。

教育对策与效果

看到这些,我便抽空找邱明交谈,了解到她父亲嫌她是女孩,近期吵着闹着要离婚。我感到事态严重,晚饭后便打电话给邱明母亲,证实了这一消息。可能是出于一个母亲对孩子无私的爱,也可能是身为女性对传统家庭的看重,更可能是一位老师对学生的庇护,我觉得自己该做好这个工作。放下电话我便前去家访,听了孩子在校的表现,她父母一下子就傻眼了,他们没有想到自己会带给孩子如此大的负面影响。在交流中,话题始终围绕着家庭和睦对孩子健康成长的重要性以及父母与子女这种血浓于水的亲情。看来,对这年轻的父亲触动很大,他不时地说着:"谢谢老师,多亏您来家访。""感谢您及时提醒我,让我悬崖勒马。"踏着寂静的、孤独的灯光往家赶,心中忐忑不安,隐隐觉得自己触及了别人家的隐私而感不妥,可又安慰自己,为了学生嘛,值得!当然也可能会是人家可怜我大冷天往外跑才说出那些感激话。第二天,孩子告诉我,爸爸妈妈不再吵架了,还成了好朋友。我听着,只当是孩子安慰我良苦用心。几天过去了,偶然碰见这位年轻的母亲,她噙着泪水感激地说:"多亏您啊,刘老师,不光孩子愿意听您的,我们家长也愿意听您说话,入心入耳,您的的确确挽救了我们一个家庭啊!"看着活泼可爱的邱明又笑了,我为自己及时披星戴月入户家访而感到由衷高兴,我不敢说自己试图挽救了一个家庭,只能说通过自己的努力,替孩子保全了一个温暖的幸福的家,驱散了孩子心中的阴云!

教育启示

同年幼的孩子们在一起,我用心跟他们交流沟通,想到了自己该做的便立刻去做;我相信,这对孩子们来说是极为重要的,会影响他们一生。我情愿奉献,奉献一片阳光,让如鸟儿一样的学生们尽情享用!

信用教育从学校抓起

一、问题的提出

2001 年高考语文的作文题素材中,跋涉在漫长人生路的年轻人在渡船时为保平安,在对已拥有的"健康""美貌""诚信""机敏""才学""金钱""荣誉"背囊中做出"有弃有取,有失有得"的抉择时,年轻人抛弃了"诚信"。时至今日,"诚信"教育的重要性依然不容忽视。

不难看出,二十多年前已经在引导青年人如何来正确看待"健康""美貌""诚信""机敏""才学""金钱""荣誉",特别是"诚信"。可以说,这道作文题出得真好,时代感持续到现在,紧密联系了社会实际,其意义深刻而深远。

《辞海》对"信用"的解释,一是谓以诚信任用人;信任使用。二是遵守诺言,实践成约,从而取得别人的信任。

立信为要,中华五千年文明,在中国上至管束皇帝的"君无戏言",下至约束平民的"言必信,行必果",商鞅徙木立信,在我国可谓家喻户晓。许多类似"人无信不立"等先哲的名言老话代代流传下来,有关"信用"的典故举不胜举。中华民族作为信义之邦,新中国在包括核武器在内的许多重大问题上的说话算数,也是举世闻名。

《人民日报》评论员文章《信用是本 无信不兴》中指出,当前,不讲信用已成为一大社会公害。假冒伪劣产品充斥市场,合同欺诈现象相当严重。还存在金融诈骗、赖账拖欠、出口骗税、虚假介绍、考试作弊、剽窃抄袭、盗版侵权等种种不讲信用的行为。这些问题,严重影响了国民经济的健康运行和市场经济秩序,污染了社会风气,给国家、企业和人民群众利益造成重大损害。

出现这些问题,其中一个重要原因是道德规范不够。在计划经济转向市场经济的过程当中,人们长期形成的道德伦理受到巨大的冲击。即使是在特殊信任主义信用圈子内部,人们旧有的小农经济下的道德规范也受到了市场经济前所未有的影响,"金钱至上,认钱不认人"的现象普遍存在,邻里、亲戚朋友间的信任度急剧降低。整个社会信用关系处于一种新旧道德规范发生严重断层的状态之中，反映了道德基础在传统与现代两方面缺失的状态。另外近几年经济不景气、低迷，也使人们难以形成稳定的预期，行为特征往往会带有短期化的特点。

信用的培养是一个系统工程，涉及社会的各个层面，如法律、经济、教育、社会道德、个人知识结构等方面的问题，是一个系统的工程。必须全社会共同努力，充分运用各方面的政策和手段，维护正常的人际关系和经济秩序。

从一定程度上来讲，诚实守信和受文化教育的不同是成正比的。知识层次高，综合素质高的社会群体，其相应的信用度就越高，反之则越低。因此，加大教育投入，提高全社会群体的综合素质，也是提高社会信用度的一个有效措施。

二、学校教育的必要性

把信用意识教育作为全民教育的重要内容是培养信用的有效途径。信用教育的目的在于提高全民信用意识。信用意识增强有利于市场主体的成熟，而培育一个具有生命力的市场主体，则是发展社会主义市场经济的核心；有利于信用制度的建立；有利于提高对各种非信用行为的识别能力，使其无立足之地；由此可以提高全民的精神文明程度。

作为全民教育的重要一环，从幼儿园到小学、中学，直至大学，是学校教育时期。学校是人生的课堂，是非常重要的思维形成时期，可塑性强，一些信用的东西不去占领思想领域，非信用的东西就要去占领。所以，要从所有在校生入手，从历史角度开始培养优良的信用观念，重新构筑诚实守信的群体基础。在可能的情况下，把个人信用的有关知识纳入到小学生的学习计划中，使他们从成长伊始就能了解到信用在人生和社会中的重要性，使他们充分认识到，人格信誉是自身最宝贵的无形资产，是每个人的立身之本；信用年代里，信用是一笔财富，是衡量综合素质、综合能力的重要标志，必然有"信"者昌，无"信"者亡，不讲信用，不讲信誉，则是自毁长城，必然被淘汰。

就目前来说，在校园开展素质教育是一项功在当代、利在千秋的素质工程。当前教育体制改革的取向是素质教育，信用教育是其中内容之一。许多高校都认识到了这一点，据 2001 年 6 月 4 日《中国青年报》报道，就在北京大学筹备"信用中国论坛"的同时，复旦大学的师生也在展开一场大讨论：大学生以德立身要讲诚信。开设信用教育课，可以提高学生的道德修养和法治意识。越来越多的学校开始将信用教育作为素质教育的重要内容,越来越多的人认识到建立健全社会信用制度必须从我做起。这是一种可喜的变化,是值得全社会共同关注的新课题。

近年来,国家先后运用了一系列方式,对信用的培养起到了很好的推进作用。如无担保助学贷款的发放,是大学生从学生时代就亲自感受到金融工具的作用,就亲自感受到"有借有还、再借不难"的信用经济真谛。使他们懂得爱护名誉要从小时候开始,保持自己的信用从学生时代开始。

三、长远意义

今天的学生将是明天的社会主体,社会主体素质的高低将直接影响到社会秩序和发展方向。市场经济是法治经济、信用经济和契约经济,信用是人类文明的果实,是进入社会的通行证。纵观历史,横看世界,没有一个不讲信用的人能够长久立足;没有一个不讲信用的企业能够发展壮大;也没有一个不讲信用的国家能够兴旺发达。历史和现实表明,市场经济愈发展就愈要求诚实守信,这是现代文明的重要基础和标志。

随着社会主义市场经济的发展,法治建设的深入和新的信用服务、信用管理行业在我国的兴起,我们有理由相信,全社会的信用度将不断提升,诚实守信的社会风气将日益浓厚,社会主义市场经济体制将日臻完善,健康发展。

让我们树立信用观念,培养学生的信用意识,推动信用工程,人人珍视信用!

创设和谐教学氛围　培养学生创新能力

教师担负着育人的神圣职责,在教学中应积极为学生营造适宜的教学氛围,和谐、融洽的课堂教学氛围易于培养学生的创造性和积极性。

一、营造适宜培养学生创新意识的氛围

教学的基本组织形式是课堂教学,课堂教学有利于发挥教师的主导作用,经济有效地培养大面积人才,教师要具有营造良好课堂氛围的能力。课堂氛围是课堂中群体的心理状态,具有认知和情感的特征,时刻影响着学生的学习情绪。生动活泼的学习气氛,可以使学生情绪具有积极力量。让学生在宽松、和谐的环境下学习,学生才有充分表达自己的思想和感情的机会。因此,营造生动活泼的学习气氛是培养学生创新意识的前提。在课堂教学中,我注意了引人入胜的启发导入、扣人心弦的悬念设置、发人深思的巧妙提问、短小精悍的故事趣谈、生动形象的直观教学、形式多样的游戏练习以及多种形式的教学活动,有效激发了学生浓厚的学习兴趣,使学生产生了强烈的求知欲望。在教学中我始终注意为学生营造和谐、适宜的学习氛围,调动学生的学习积极性和创造力。

二、培养学生思维能力和创造力

发扬课堂民主,教师授课的主渠道是课堂教学。要最大限度地发扬课堂民主,调动学生参与学习的积极性,创设生动活泼的气氛,让学生愉快思考、主动探索、大胆质疑,敢于标新立异,学生在民主的气氛中学习,思维始终处于积极活跃状态,便于学生产生学习热情和兴趣。"兴趣是最好的老师",有了兴趣,学生学习的内在动机和学习的内在潜能,就可以全部挖掘出来,学生才能敢想、敢说、敢问,勇于创新。废除陈旧的"满堂灌"的教学模式,采用"引导式"教学法,科学地巧设问题,精心设置疑点,给学生一个自由发挥的天地,提供学生积极参与的思维空间。学生只有这样的环境才会产生最佳心态,显示出学生学习的主动性,从而诱发潜在的创造智能,使思维趋于活跃,使灵气得到升华,给学

生一个创新的空间,培养学生的创新能力。

三、教师认可学生的创新能力

在教学过程中,教师要承认每个学生都具有创新能力,因为学生是受教育者,是自我教育和发展的主体,学生具有自觉性、独立性和创造性的特点,创造性是学生主导作用的最高表现形式。在教学过程中,不少学生不满足于已有的结论和结果,思索出新颖的解题方法;在课外兴趣小组中,制作出精美的小作品、工艺品;在文艺活动中,自编自演的精彩的歌舞、小品等等。这些都是学生综合运用所学知识,发挥自己主观能动性的成果。因此,创造力是学生宝贵的综合性能力,教师要认可学生的创造力,并有意识地在教学中给学生提供创造的条件、机遇和氛围,老师要在扎扎实实地搞好基础教学的同时,激发学生的创造激情,发展学生的创造才能。

四、教师善于启发学生积极探索

教师在教学中深入钻研教材,熟练地掌握教材的整个体系,把握住重点、难点和关键点,全面了解学生,掌握他们的实际情况和学习中存在的问题,针对学生的具体情况,因势利导地进行教学。提出富有启发性的问题,以激发他们思考,开阔思路,活跃学习气氛。教师还可以通过复习、监测、考试和智力游戏,引导学生多思、善问,培养独立思考、认真钻研的习惯。还要使学生学会正确的思维方法,发展他们的逻辑思维能力。学生的学习态度、求知欲、兴趣爱好以及在教学中的活动等与学习主动性密切相关,教师从多方面入手,调动学生学习的主动性;培养正确的学习方法、学习态度和学习责任感,激发他们的求知欲;以丰富、深刻、新颖、具有吸引力的文化科学知识培养学生的兴趣爱好。让学生动脑、动口、动手,给学生活动和思考的机会。像《礼记·学记》上所说的那样,"道而弗牵,强而弗抑,开而弗达"。

五、树立正确的创新评价观

教师首先要明确评价的指导思想。评价的目的在于激励学生勇于创新。创新活动既是一种智力活动,更是一种精神状态。学生制作的"产品"无论大小、正误都是经过了自己一番绞尽脑汁,因此教师在评价学生的创造时,要留心观察每位学生参与创造活动的每个环节,要给予充分肯定和鼓励,使学生由此得到创造的信心和再创造的勇气,对不恰当的想法,教师要指导学生正确地思维创造,并指明下一步努力的方向,力戒有伤害学生自尊心的行为和语言,不要轻易给予否定,这样学生既能继续思考,又保护了学生的创新积极性和创造热情。因此说,教师在评价学生的创造时,要采取科学的方法、端正的态度,只有树立正确的评价观,才能正确评价学生的创造能力。

讲坛三尺终无悔

——教师风采纪实

矢志教书绿野堂

丹心挚爱润芬芳

讲坛三尺终无悔

华发青丝未丈量

　　刘桂英老师是山东省青岛西海岸新区青草河小学高级教师，年过半百的刘老师依然坚守在教学第一线，将满腔的教育热情无私奉献给热爱的教育事业，直至青丝变华发，始终堪当"人民教师"这一至高称谓。她秉承终身学习的态度，精益求精的工作作风，荣获"青岛市教学能手"、青岛市"优秀辅导教师"、"优秀科技人才"奖、"西海岸新区优秀教师"等荣誉称号，数篇论文发表于国家级核心期刊。她的优雅、真诚和多才多艺给学生和老师们树立了学习的榜样和育人的楷模。

一份初心　一生坚守

　　成为一名老师，是刘老师儿时的梦想，也是她毕生的钟爱。每当新学期开始，她都会精心挑选一套自己喜欢的正装，在开学第一天，以这种得体的着装来迎接同学们的到来。这种仪式感相伴她走过了三十多个春秋。

　　刘老师的课堂氛围始终洋溢着活力，和她的年龄完全不匹配。统编教材凸显了古诗文的重要，而这晦涩难懂的部分，却在刘老师的诗文吟唱中，变成最受孩子欢迎的知识领域。每到学古诗文的时候，孩子们仿佛来到了诗词殿堂；双声叠韵，平仄顿挫，古诗文的语言和韵律美在教室中回荡。孩子们也在声声吟哦中得其意境，悟其精神，乐享其学，沉浸其中。

　　"我特别喜欢学生，所以我非常愿意做的是小学老师。每当我站在讲台上看着学生一双双明亮的眼睛时，就感觉自己看到了生命中最纯粹可爱的东西，这让我真实地触摸到了教师职业的神圣和职责的厚重,而带给我的幸福也是无可比拟的。"每当刘老师交流到教学课堂,她的眼睛里也闪烁着孩童般的光芒和对教育事业的挚爱。

一项使命 一种担当

2005年初冬,担任班主任的刘老师深感不适,体乏无力。彩超检查后的结果,令人难以接受。刘老师在家人陪伴下去市级专科医院再次做深入检查,当会诊结果赫然摆在面前时,刘老师蒙了,她泪目婆娑,不舍可爱的娇儿,不舍恩爱的先生,不舍幸福的家庭,更不舍那群求知的学生们。漆黑的夜里她静静地坐在窗前,似一尊塑像,她回忆着曾经的美好,茫然着未卜的明天,就这样一直坐到了天亮……

天亮了,复活了些许理性的刘老师擦干眼泪,强做精神,先去商店为年仅十岁的儿子买下了足够他未来三年穿用的内衣外套,因为刘老师不确定手术最终结局,不确定自己是否能够顺利走下手术台,更不确定是否有缘继续陪儿子慢慢长大,一桩一桩牵挂涌上心头。让刘老师难以放下更是她的学生们,她彻夜忘我备课,离手术约定的时间尚有一周,刘老师坚持每天为学生授课,加大课堂容量,埋头批阅作文、日记,高强度的工作量使病中的刘老师越发虚弱。她咬牙坚持,一声不吭,坚韧地拖着病体,眼中有泪流向心里,硬是将课程进度赶超足足两周。忙完这一切,她长舒了一口气,整理好教科书和作业本,无限眷恋地驻足在办公桌前,泪流不止,转身离开,向手术室走去……

一腔豪情 一杆长篙

刘老师一腔豪情坚守三尺讲坛,兢兢业业数十载不厌教育。数十年时光酝酿出桃李满园,刘老师非常欣喜地看到教过的学生们一批又一批在成长进步中,当年的少先队员早已成为了国家女篮队员、省市优秀选调生;自豪于莘莘学子成为各行各业栋梁之材;自豪于当年那群稚声稚气的孩子们已经成为国旗班战士、国家部委的公务员、自主创业的企业家……撑一杆长篙,荡一叶扁舟,邀一轮明月,携一缕清风,刘老师在教育教学的道路上继续挥洒汗水,与学生同在,与爱同在。

长风破浪会有时,直挂云帆济沧海!刘老师奋进的身影激励着老师们砥砺前行,老骥伏枥,未来可期。刘老师传道授业解惑,经典引路,诗词为伴,无愧于这个伟大的新时代。

为未来培养出更多、更优秀的人才，是刘老师此生矢志不移的教育追求。

第二章　为　师

　　师者,传道授业解惑也。孔老夫子之所以被称为万世之师。就是因为他因材施教,才有了七十二贤和三千弟子,从此桃李满天下。

　　教书育人是传播知识的大工程。师者,人类灵魂的工程师,因材施教就是春播种子万颗、秋收桃李满园。我们教师所做的就是引领,点一盏明灯,竖一个路标,扬一面船帆,不让学生迷失方向。

　　本篇章重点阐述语文教学中值得借鉴的优秀教学策略:习得阅读策略,培养阅读素养;实用性阅读与习作表达多维建构的教学方法;三位一体的读写模式;读写相融,提升习作自信等,将阅读教学与习作指导高度融合。

　　为师,潜心研究,术业专攻,不断提高学生的阅读能力,增强习作兴趣,提升习作水平,使学生的阅读与习作能力得到同步发展。

贵州支教报告

记山东省青岛西海岸新区青草河小学支教贵州省
安顺经济技术开发区实验小学刘桂英老师

辛勤耕耘在云贵高原圣洁的讲台，默默守护着边区儿童教育，以爱唤爱，以志启志，黔行支教，情系安顺……历经短期支教，再续长期支教，用点滴平凡故事，书写着青岛支教者的奉献情怀。

——题记

各位领导各位同事：大家上午好！

结束了一个提升素养、远程研修、充实有序的学习型暑假，我们如期迎来崭新的学期。金秋送爽，百果飘香，我们将肩负新学期教育之责任砥砺前行。

今天我将与大家分享我的贵州支教工作，借此机会首先表达我对学校领导和同事们的深切谢意。咱们是一个团队，一个集体，援黔支教的日子里，是同事们分担了本该属于我去完成的教学任务和肩负的工作责任，一并感谢大家

（鞠躬）。

　　我简单梳理了贵州支教的工作历程：2020 年 5 月，我初次踏上贵州大地，圆满完成三个月的安顺短期支教，2020 年 8 月重回安顺，在云贵高原这片圣洁的土地上，又续一整年"东西部协作扶贫"支教之旅，而今圆满完成支教任务，在当地学校和教育局留下良好口碑。离开贵州前的一个月时间里，我连续接到安顺市组织部的三次邀约，希望我能长期留教安顺，区教育局领导也是再三挽留，我都一一谢绝，非常感激安顺各级领导对我工作的认可。今天我以"黔行支教　情系安顺"为题，从五个方面向在座的领导和老师们汇报我在贵州的支教工作：

讲坛三尺南飞雁

心手相牵绿映萍

异域冰寒春向暖

西江古寨海传情

结语：黔行支教行将远

一、讲坛三尺南飞雁

　　初到安顺是承担三个月的短期支教。我被分配到经开区实验小学，踏入学校，我便立即投入当地学校的教育教学当中，承担教导处工作，担任一年级 3 班的语文教学及体育与健康教学。孩子们对知识的渴望、对老师的敬慕都写在扬起的一张张稚嫩的脸庞上。夜灯下，我查阅书籍、精心备课，将青岛实施的高效课堂模式推广到安顺，让课堂每一分钟发挥其最高效能：师生双边积极互动、激励机制有效落实、学生的良好习惯日渐养成……孩子们的进步日有新表现。

　　教师节荣获"最美支教教师"称号，刘老师接受学生敬献的鲜花，拥抱学生，共同分享尊师重教的节日快乐。

　　课堂上，有了老师与学生爱的约定——圈圆手臂，以示拥抱鼓励的特定肢体语言。我总是毫不吝啬地将爱的拥抱奖赏给孩子们。校园里、操场上、校门大道边，孩子们一见到我这位青岛支教老师的身影，总是如鸟儿般，欢呼着、雀跃着、张开双臂奔向他们心中最爱的老师……爱的传递就是这么神奇。亲其师，信其道；尊其师，奉其教；敬其师，效其行。在有爱的教育里，孩子们的进取心如同施了魔法，朝向最理想的状态勇往前行。犹记得，每逢放学时，我带领孩子们走到学校门口，孩子们总是用无比自豪的语气向家长介绍：这就是我的老师，她是从青岛来的。所以,青岛支教教师在当地群众的心中占有很重的分量。

选择支教,教师便化为爱的使者。面对学困生,我如同慈母一般。罗银欣是一位学困生,针对个体学情分析原因,采用个别指导、家校合作、赏识鼓励的系列措施……点滴成绩的提高凝聚着老师的心血,课上循循善诱、课下悉心辅导……老师用耐心、爱心和恒心唤起孩子的上进心,培植孩子的自尊心,创造了又一个《灰姑娘》的现实版传奇故事。

家校合作,用爱点燃学困生心中的激情。引领学生亲其师,信其道;尊其师,奉其教。家访落实在平时,切实关注每一个学生,不良学习习惯要防微杜渐,倾注爱心于细节之处。

自卑怯弱的罗银欣从此喜欢上这位青岛老师:一到课间,就绕着老师转圈圈,给老师讲笑话,摸摸老师的手,捋捋老师的长发,甚至坐到老师的腿上……到期末统考,她从 18 分提高到 91.5 分,班级平均成绩 97.8 分,位列全区第一名,刷新了经开区实验小学建校以来班级平均成绩最高分的记录。再次令同行侧目的是,暑假后 10 月初的月考再次保持了全级部第一名的优异佳绩。转化学困生是教师必须履行的教育职责,提高整体成绩,抓好学困生是关键。教师要因材施教,需要专业知识做支撑,更需要教师兼具耐心、爱心、恒心,时时做个有心师者,正所谓:师者,传道授业解惑。

三十二年如一日,坚守三尺讲坛未曾倦怠,而今,撇家舍业化作一只南飞雁,来到贵州安顺,辛勤耕耘在云贵高原圣洁的讲台,默默守护着边区儿童教育,以爱唤爱,以志启志。

二、心手相牵绿映萍

还记得重回安顺的那一幕:2020 年 8 月新学期开学的第一天,安顺经济技术开发区实验小学二年级 3 班的教室里一片欢呼雀跃!

这是怎么回事呢?原来啊,随着上课铃声响起,同学们的目光不约而同聚焦在教室门口,大家都在猜测中期盼:我们的新老师会是什么样子呢?令孩子们做梦也没有想到,门口走进的就是他们日思夜想、上个学期曾经任教过语文学科的青岛支教教师刘老师。孩子们稚嫩的脸庞因为始料未及的惊喜而神采飞扬,我走向同学们,一一拥抱我深爱着的、牵挂在心头的安顺孩子们,能够重相逢的愉悦令大家分外激动,泪花泛在师生对视的目光里……

重回安顺,我惜时如金,夜以继日地埋头工作,随笔记录教育感悟,撰写教育教学论文,将更多精力投入教学传帮带的教研工作中。我和学校领导、老师们一同参与教研、积极开展教育培训活动,真正实现教师教学相长的成长目标,做到每周一个小主题,每月一个大主题,利用周例会分层与大家分享、交流、沟通。培训内容从师德师风到教育教学,老师们如同海绵般汲取营养,竞相进取。培训活动开展得如火如荼,每一次培训学习都是一支高效的强心剂、一种神奇的催化酶,令每一位老师醍醐灌顶,教育理念得以迅速提升。老师们共同钻研教育教学、打造高效课堂已经蔚然成风!

刘老师"送培送课"到兄弟学校——幺铺小学,严谨的课堂,精彩的讲座,令与会的老师们豁然开明、醍醐灌顶。

2020年12月我应许莹校长之邀"送培送课"到安顺市幺铺小学,课堂上,工整规范的板书设计、环环相扣的教学递进、惟妙惟肖的讲解示范、声情并茂的朗读引领、科学高效的精彩课堂……博得听课老师们的一致赞誉。专题讲座的会场上座无虚席,老师们踊跃参与发言,直面发问教育教学中遇到的困惑和疑虑,我结合教学实例逐一答疑,大家在互动中解疑释惑。老师们收获颇丰,意犹未尽,呈现出良好的研讨气氛。2021年3月按照安顺市教育局的培训安排,我送课到安顺市启新学校,四十分钟的课堂令孩子们受益匪浅(当时教研活动形式同课异构)。短短课前二分钟,我与学生制定简洁速达的课堂常规,要求学生心有纪律、学有规范,确保一节课有效展开。课堂伊始,我切实关注到每一个学生,有效提问、指导写字、课文朗读、个性表扬,把握教学中的每一个环节,将扎扎实实的教学活动落脚在课堂教学的每一个细节之处。随堂听课的教研领导和老师们赞不绝口。

在"送培送课"活动中,每一堂课都留给孩子们铭记在心的教育印记,每一次讲座都令与会的老师们豁然开明。忘我工作是安顺支教日子里的工作常态。我时时告诫自己，树立良好形象，不辱支教使命，将"青岛教师"这张招牌打造好。因经常"送培送课"到古寨屯堡，很多学生和老师们与我只是一面相见，每每分别，大家唏嘘不已，恋恋不舍，缘起萍水相逢，结心手相牵之情。

三、异域冰寒春向暖

贵州支教，衣食住行远比想象中的更加艰难。贵州属亚热带气候，安顺朋友们描述，冬无严寒，夏无酷暑，降水丰富。说"冬无严寒"那是没有享受过咱们北方入冬则统一供暖的满室温馨。贵州的冬季尽管时间比北方短一些，但比北方更冰冷，冷得令人难以承受，细雨伴着跟雪花一样密集的冰雹颗粒，极具绵绵长情地、全方位地抽打在脸上身上，寒气如利剑般刺透到骨子里。下了班走在马路上，总是会被冻得不由自主地小碎步跑起来，地面崎岖不平、湿滑有冰，一不小心就会跌个仰面朝天，冬天的安顺行路真得难！回到租住的房子里，没有一丝暖气。因为贵州没有统一供暖设备，家家户户没有安装空调。那么贵州人怎么取暖过冬呢？家家必备一张电炉桌，跟咱们家里的餐桌一般高，但它是四方形的，桌面中央有一个电磁炉，用来吃火锅，电炉桌的四个面可以烤腿取暖，烤到身体的哪个部位只是局部暖和，所以当地人的晚饭模式，围坐在桌子四周吃火锅，既解决晚饭又可以取暖。为此，我问过安顺的同事们："家中的每一处角落都是冰冷到伸不出手，你们晚饭后都干些什么？"他们说，要么围着桌子打麻将，要么晚饭后上床钻被窝，打开电褥子，迷糊到想睡就睡。贵州人的生活节奏、工作节奏比咱们北方人要慢好些，什么事也不着急忙慌，总是顺其自然，一副好脾气、好心态的做派。

如果大家以为来到贵州就可以吃到新鲜美味、价格实惠的各色蔬菜，那么事实会证明我们的确是想多了。贵州当地流传一段有关风土地貌的顺口溜：天无三日晴，地无三尺平，人无三文银。山多土地少，导致贵州的蔬菜种类数量极少，菜价却高得令人咋舌，是我们北方菜价的两倍还要高。折耳根（鱼腥草，极像北方的茅草根），一种草根，白色，可炒可凉拌。瓜藤尖（南瓜藤的嫩尖）等都被制作成菜桌上的一道佳肴。山上的蕨菜等是轻易不敢吃的，支教的老师几乎都有蔬菜中毒的经历。主食是米饭，要么就是把米饭砸烂做成粑粑，白面极少极少，当地人把白面称作灰面。

贵州的多雨让出门难时常横亘于眼前：绵绵细雨如丝，悠悠敲窗如鼓，崎岖的路面溪流纵横，雨伞的使用频如手机，没有哪一天是不下雨的。上班路上颤颤巍巍，唯恐哪一步踩不实就来个四脚朝天！飘逸的裙装在这儿断然派不上用场，每天睁眼就是运动服，别无二选！没有了车子代步，我在安顺支教，出门靠双脚，脚底打泡是常事，三个月就磨透了厚厚的运动鞋底。饮食的不适那就真的叫人无语：上桌吃饭，没有哪一样是不辣的，没有哪一样是不红的（无辣不欢）。即使跟饭店厨师千叮咛万嘱咐：做菜一定要微微辣啊！唉，依然会辣得你头皮发麻，眉毛直竖，两侧太阳穴左右开弓较着劲儿地突突直跳，面对满盘子的菜不得不吸溜着舌头摇头作罢！每逢此时，思家的念头潮水般涌上心间：想听大海的轰鸣，想品海鲜的美味，想要亲人的安慰，想念家乡的一草一木……无数个夜晚伴着雨声熬到天亮。

四、西江古寨海传情

远离家乡和亲人，习惯一身简装的我将大把的周末和假日等闲暇时间用于走访山区贫困孩子。来到古寨、屯堡，走入山村小学和村民家中，了解当地学生的生活及学情。古老的村落，碎石的山路，斑驳的城墙，历经风雨的石头老屋……我手把手地辅导留守儿童的功课，与留守儿童家的老人促膝交谈，教育孩子树立志向，用学习改变命运，用知识建设家乡，一对一的交流，的确能够点燃孩子们的求知渴望，增强学习劲头……就这样，我脚不停息地行走在山区村落间，逐家挨户寻找需要帮助的适学儿童，登记学生的联系方式及邮寄地址，为青岛爱心人士搭建帮扶桥梁，从青岛寄往贵州山区的服装、胶鞋、体育用品、各种学具，不断地送到需要帮助的孩子们手中……聆听着琅琅书声伴着袅袅炊烟从大山深处悠悠传出，我长舒一口气：感觉自己无论多么劳累，多么辛苦，一切付出，都值得！

刘老师走访山区贫困孩子，与留守儿童和家长促膝交谈，为青岛爱心人士和山区孩子搭建帮扶桥梁，将捐助物资送到孩子们手中。

支教,让我有机会站在另一个视角审视自己曾经的教育教学履历,我认为,最美的教育就是与孩子们一起徜徉在放飞梦想的知识殿堂,与孩子们一起跳跃在绿茵如毡的运动操场,与孩子们一起书写奇异梦想的五彩画卷。支教贵州的日子里写满了我和山区孩子们手拉手,一同学习的快乐时光。

结语:黔行支教行将远

或许有人不太理解我的支教旅程,偌大的年龄、已经晋升高级教师职称,还来如此艰苦的边区苦度时日,为的是什么呀?为什么能够下定决心远赴2400多公里、历时 12 个小时行程才能到达的贵州去支教呢?

16 年前支教初心未。作为一名教师,30~40 岁,正是教育战线上的前锋力量。2004 年,局里选派骨干教师远赴贵州铜仁支教,36 岁的我起意报名参加。可就在那年的秋季,我被诊断为癌症,手术、化疗、康复……涅槃重生后的我对工作和生活有了更深刻的认知:没有什么比生命更重要,没有什么比健康更具活力,没有谁比亲人更贴心,没有什么比工作着更幸福更踏实……碍于身体的无力而为,加上孩子年幼尚小,故贵州支教搁浅,未能成行的失望一直抱憾有余,支教贵州便成了心中的一个梦,我期待着,期待有远山那边的呼唤传来。

刘老师恪尽职守、任劳任怨,将满腔的教育情怀无私奉献给挚爱的教育事业。积极发挥传帮带的优良教学作风,参加教研活动,出示各级公开课,发表各级论文数篇,支教边区是刘老师不悔的教育抉择。

2020 年 4 月 28 日,青岛西海岸新区教育和体育局办公室向区内各学校发出了《关于做好赴安顺 陇南 菏泽支教工作的通知》的倡议。“扶贫支教”这个字眼唤醒了我当年的支教夙愿,深入学习文件中“青岛市教育局和西海岸新区对口支援和扶贫协作会议”的精神后,我决定积极回应心中的期许,为贵州支教尽一份绵薄之力。正所谓：三尺讲坛播真爱，兢兢业业数十载。三十二年的教育一线教学工作，直至青丝变华发，终将无悔于"人民教师"这一高尚称谓。播下奉献，播下希望，播下美好，一路走来，赢得远比金杯、银杯更珍贵的口碑，对得起我们作为教师的良知。

黔行支教是我此生不悔的选择，情系安顺，是最美的教育历程。在脱贫攻坚收官的最后一年里，我有幸参与其中，倍感荣幸。尽管地域的差异、气候、饮食、出行等困难数次挑战了我的承受极限，但最终圆满完成支教任务，这是我一生的荣耀和骄傲。心中有爱，支教路上方能稳健前行！

习近平总书记给复旦大学《共产党宣言》展示馆党员的回信是这样写的："心有所信，方能行远。面向未来，走好新时代的长征路，我们更需坚定理想信念、矢志拼搏奋斗。"作为教师必须走好教育的前行路程，坚定教育初心不改，矢志为教育而努力，将最美的教师身影印记在孩子们纯真的心灵深处。老师们，习总书记的铮铮教导犹在耳畔回响，我们作为教师当时刻铭记于心间，教学前行的路上必然不会迷失方向。

区委教育工委常务副书记，区教育和体育局于局长在 2021 年 8 月 20 日的读书班做了"弘扬伟大精神　勇担时代使命——在新的征程中加快推进教育体育高质量发展"的报告，我们展望新区教育，如同画卷，锦上添花。今天的新区教育，干事创业氛围浓厚，教育成为拼搏奋进、激情担当的火热之土；育人质量大幅跃升，教育成为全面发展、成长成才的优渥之壤；今天的新区教育，优质人才汇涌集聚，教育成为心之所向、名师辈出的聚才之地；改革创新活力迸发，教育成为青春韵动、时尚活力的创新之场；今天的新区教育，人民群众更加满意，教育成为服务民生、增进福祉的有力之源。

老师们，时光不负奋斗者，荣光属于实干家。新的学年，我们将继续深化教育教学改革，建立绿色质量监测体系，持续做好学生作业负担、校外培训负担有效"双减"工作。"双减"是党中央、国务院从为党育人、为国育才的战略高度，坚持以人民为中心的教育理念，保障青少年健康成长作出的重大决策。区局、各学校要上下联动，打出"组合拳"。开展"双减""五项管理"专项督导，推动政策落地落实。

老师们，我们肩负教书育人之重任，为教育而付出的所有精力和心血，都必将化作学生成长路上的奠基石，作为一名教师，人生也就有了浓重的色彩，工作也就价值非凡，生命也就光芒四射。长风破浪会有时，直挂云帆济沧海。

老师们,让我们精诚团结,携手努力,捧一颗赤诚爱心,为孩子们开启人生第一课,扣好人生第一粒扣子,点燃孩子们心中的五彩梦想;让我们在习近平新时代中国特色社会主义思想的指引下,在新区工委管委的坚强领导下,坚守初心、勇担使命,攻坚克难、砥砺前行,撑一支长篙,向青草更青处漫溯。为牵手筑起实现百年奋斗目标的教育发展之梦而努力工作!

谢谢大家!

于海之韵阶梯教室集会厅

2021 年 8 月 26 日

·写作指导方法研究·

构建三位一体的阅读习作模式

摘　要:《义务教育语文课程标准(2022年版)》(简称《新课标》)总目标中指出:"丰富语言经验,培养语言直觉,提高语言表现力和创造力,提高语言思维能力。"为了更好地完成小学生学习写景作文的教学任务,我们进行了专项习作教学研究。首先我们要明确"写景"这一概念,写景就是用语言文字,把人们看到的、听到的和接触到的自然景物具体生动地描绘出来,以此来烘托环境气氛,突出文章的中心或衬托人物的心情,抒发作者的思想感情。学生学习写景作文,不仅能提升写作能力,还能感受到生活中的真善美。教学中,学生习得写景方法,方能提升习作自信。首先进行阅读指导,学生在阅读中学表达,实现在阅读中习得方法,激发学生主动习作的内在动机,让习作成为学生自我表达的语言文字工具。其次抓住事物特征,观察要有法。想要写好景物,学会观察是关键。观察中了解要描写的景物特征,将观察所得作为丰富的素材供作文选择使用,学生写作便会言之有物,继而言之有序。再次善用修辞手法,使情景相融合。运用恰当的修辞手法,能够让语言更加生动形象,更好地描写出景物的独特之美。然后还要讲究结构完整,重点突出。文章首尾呼应、结构完整是一篇优秀佳作应当具备的基础条件,教师指导学生习作时要抓住文章结构这一训练重点,帮助学生践行在习作练习中。最后注意文章的抒情表达,锻炼学生写作思维能力。教师指导学生借鉴写作知识和写作技巧,字里行间流露真情实感,培养写作思维意识,真正掌握写作方法和写作技巧,不断提高写作自信、语言文字表达能力和写作思维能力。

关键词:阅读体系　观察有序　情景相融　写作技巧　语言思维能力

引　言:中华散文,源远流长。数千年的散文创作,或抒情,或言志,或状物,或怀人……莫不反映时代的变化和人们的思想情感。写景,主要是突出景物的特征,写出此景与他景的不同,向读者描绘出一幅独具特色的风景画。指导学生学写景物作文,是为将来写好散文打下基础。写景作文不仅能提升学生的写作能力,还能培养学生感受到生活中存在很多真善美,他们会用发现美的一双慧眼认识这个奇妙又精彩的世界。教师要鼓励学生走出教室,走进大自然,放飞心灵,观察一年四季各自独特的景物特色,与大自然中的花草鱼虫为伴,畅所欲言眼中之美景、心中之感想,如此以来,不仅会陶冶学生的情操,还能积累丰富的生活素材作为习作资料。撰写此文,用以探讨提升学生写景作文运用语言文字的能力,总结一套行之有效的良好习作教学方法。

一、阅读习法,三位一体

学生在阅读中学表达,实现在阅读中习得方法的学习目标,激发学生主动习作的内在动机,让习作成为学生自我表达的学习工具。

我们深知,指导学生通过阅读习得写作方法,是学生获取习作成功的有效学习策略之一。在教学中,我们要充分发挥教科书的功能,着力加强阅读指导,构建三位一体的阅读体系,运用教科书"精读""略读""课外阅读"三位一体的阅读体系。精读课文学习方法,略读课文运用方法,"快乐读书吧"使课外阅读课程化。将精读课文、略读课文和"快乐读书吧"各自承担着的不同的语言功能,作为发展学生语言能力的手段。教师充分运用课堂教学为载体,引导学生进行大量阅读实践,使课外阅读和课内阅读有机整合,共同促进学生阅读能力的提升,从而使学生在阅读中学会语言的表达方法,习得写作方法,继而做到真正意义上的同步推进学生听、说、读、写能力的持续发展。在日常阅读训练中掌握景物描写的表现方法。如统编版教材五年级上册第七单元围绕"自然之趣"这一单元主题,从不同角度描写了不同时间、不同地点的景物,或写山间傍晚的景色,或写夜泊枫桥的所见所闻,或许羁旅异乡风光;或描写春夏秋冬某一特定时间的精致;或描写大榕树的早晨和傍晚时的不同情景……本单元的课文通过生动具体的描写表现出景致的情趣。这一单元的语文要素是初步体会课文中的静态描写和动态描写,这是本单元习作训练的重点。学习中,教师要有意识地引导学生关注静态描写和动态描写的诗词、语句,指导学生反复诵读、品味和积累,学生在品鉴文本中习得写作方法,在仿写中进一步体会动静态描写和动态描写在文字中所起的作用。教师有针对性地指导学生进行习作方法的运用,学生在作文练习中体味表达方法的运用技巧,学而时习之,习作方法的掌握也就水到渠成。

二、抓住特征，观察有序

《新课标》关于写作教学板块指出："多角度观察生活，发现生活的丰富多彩，能抓住事物的特征，为写作奠定基础。写作要有真情实感，表达自己对自然、社会、人生的感受、体验和思考，力求有创意。"想要写好景物，必须学会观察。观察，即仔细察看客观事物或现象。在确定观察对象以后，要进行长时间、全方面、深入地观察，既要观察它的整体，又要观察它的局部，既要观察它的静态（颜色、姿态等）也要观察它的动态（生长过程、四季变化、刮风下雨等）。通过观察要描写的景物，学生可以在脑海中形成景物的大致轮廓，掌握如颜色、形状、气味基本信息。这样，学生写作时才会言之有物，有合适的素材可供选择。有了素材，学生的写作才会有着力点，写作信心自然也就有了，作文就等于成功了一半。所以说，学会观察很重要，世间万物，一切都可以成为我们的写作对象，只要我们用心观察。

教师要教给学生观察方法，指导学生用眼睛看、用鼻子闻、用耳朵听等，让学生全面了解要描写的景物特征。观察时，从不同的角度或选择不同的时间观察，发现它与其它景物相对比的独特之处。选好观察点，观察才会有序，以便作文时按一定的顺序写：或从上到下，或由内而外，或先写全貌再写部分……总之，要有一个基点，确定观察的顺序。如，部编教材二年级上册的《日月潭》，我们教学时就能发现，这篇课文运用了总－分－总的文章结构，通过描写日月潭在早上和中午两个时间段的不同状态，让读者感受到不同时间所呈现出的日月潭的美。这篇文章很好地运用了时间顺序，将日月潭的奇景描绘得生动形象，使读者有身临其境之感。学生描写景物时，可以借鉴这篇课文的描写手法与描写顺序，习得方法，化解习作难度。《美丽的小兴安岭》也运用了时间的顺序，但与《日月潭》不同，《美丽的小兴安岭》是按照春、夏、秋、冬的时间顺序描写小兴安岭的景色，读罢此文，四季景色各有独到之美，如同画卷展现于我们眼前，令人赏心悦目，心驰神往。

由此来看，尽管是同一个事物，从不同的方向和角度观察，观察结果是不尽相同的。观察景物时，教师要指导学生从不同的方面观察，多角度观察，争取观察得更加全面又具体，以便写作时写出他人未写过的内容，给人眼前霍然一亮的感觉。可以运用由动到静、从远到近等方法观察景物，观察角度越多，观察所得就会越全面。这样,写作思路才能更加清晰,内容条理而不混乱,写作过程顺畅自然,一气呵成的文章,景物描写是言之有序、言之有情的。教师务必认识到,切不可让学生为了写景而写景,而是要通过写景培养他们对写景作文的兴趣,指导学生在写景过程中认真思考,发现大自然的美。观察是写作的第一基本功,观察有序,还要详细记录,多积累,写作时才能胸有成竹,才能不断激发写作兴趣,进而爱上写作。

三、修辞韵美,景语含情

语言文字是人类社会最重要的交际工具和信息载体,我们小学语文课程担负着引导学生热爱国家通用语言文字的责任,在真实的语言运用情境中,通过积极的语言实践,积累语言经验,体会语言文字的特点和规律,培养语言文字运用能力。

统编版五年级下册《祖父的园子》选自萧红的自传体长篇小说《呼兰河传》。课文以儿童视角描写了园子中的景物,全文语言别具韵味,将感情蕴含在景与事之中。阅读教学时要引导学生聚焦描写景物的抒情化的语言,融入想象,体会思想感情,学习文字表达方法。如文中运用恰当的修辞手法,生动形象地描绘出园中景物的独特之美。习作教学中,我们指导学生采用多种写作法,运用拟人、比喻等恰当的修辞手法,突出景物的特点,使描绘的景物形象化,让其带有人的情感,赋予景物更多的内涵,这样就能做到文字蕴情,描写的景物美景及内涵便会更好地呈现于读者面前。还要指导学生抒发真情实感,只有这样,才能将景物描写得活灵活现,吸引读者乐于阅读。教学部编教材三年级上册的《铺满金色巴掌的水泥道》,可以先让学生认真阅读,找出喜欢的句子。比如"闪闪发光""亮晶晶"等短语,能更好地展现水泥道的美丽。"你瞧,这多像两只棕红色的小鸟,在秋天金黄的叶丛间,愉快地蹦跳着、欢唱着"这句话,巧妙运用拟人的修辞手法,将法国梧桐叶在水泥道中的场景描写得淋漓尽致,让读者也能体会到作者对这条水泥道的喜爱之情。情景相融,以期情感共鸣。描写景物往往离不开抒情,用夸张、拟人等修辞手法把感情渗透于字里行间,融于景物描写之中,使一切景物都含情,一切景语皆情语。

四、结构严谨,主题鲜明

文章结构完整,是指一篇文章中要有精彩的开头和能够升华主题的结尾,俗称"凤头豹尾"。好的文章开头,能够吸引读者深入阅读文章内容。描写景物的作文开头时,可以运用对比的手法、开门见山的手法、设置悬念的手法,运用诗词佳句或者歌词开头等方式,譬如文章开头引用诗句,语言简洁凝练,增加文章文采,为整篇文章起到画龙点睛的作用,引发读者阅读兴趣,一下子就能锁住读者的眼球,起到"回首百媚生"的良好表达效果。描写景物作文的结尾时,可以运用抒情法、总结法、照应开头法等,使作文结构更加严谨,内容更加丰富多彩,主题更加鲜明,与读者产生情感共鸣。

一篇文章做到首尾呼应,整体感呼之若出。我班玮琪在文章的开头这样写的:走进岁月的长廊,翻阅生命的相册,他们就像沙滩上的贝壳,有的"光彩照人",有的"美轮美奂",也许是童年的绿草地,也许是远方的鲜花开,也许是春天的鸟语呢喃……但对我来说,有生以来难以忘怀的美景莫过于……结尾处呼应开头:那一幕幕精彩的景致,织成回忆里的那张网,我徜徉其中乐此不疲,每每回忆,总会触及我心中最柔软的角落,勾起我无限的回味……

首尾呼应的文章,前有伏笔,后有照应,使内容更为完整,结构更为严谨;内容上能使含义更加深刻,情感表达更加强烈,主题更加突出,从而加深读者印象,提高表达效果。

五、积累素材,习作思维

教学中,我们首先应引导学生寻找适合自己表达感情的景物,一个风景点的景物是丰富多彩的,不能眉毛胡子一把抓,将它们全写进去,使文章非常芜杂,不知所云。应该根据情感表达的需要,选择能寓情的景物来写。写景作文离不开抒情,写景是手段,抒情才是目的,绝没有单纯为写景而写景的文章。

随着科学技术的不断发展,多媒体运用得越来越普遍。在写景教学中,教师可以借助多媒体的力量,寻找与教学内容相关的教学资源,通过多媒体的形式展示出来。运用这样的方式,学生不仅能借鉴范文中的写作知识和写作技巧,学会抒发真情实感,学生还可以准备摘录本,看到写景抒情的优美句子或短语,及时记录到本子上。随着时间的流逝,这些宝贵的财富会深深地印在学生的脑海中。读得多了,思得多了,悟到的情感内容也就多了,积累到一定程度,就会从量变转入质变。这样,不仅能积累丰富的写作素材,还能形成良好的借景抒情写作思维,学生自然能够真正掌握写作方法和写作规律,通过生动、细致地描写,把自己的感情由衷地表达出来。只有渗透了作者真实的情感,才能更好地表现文章的中心,起到它应有的作用。学生就能不断提高写作能力,写出吸引读者的情景并茂的优秀文章。

后记:

写景作文除了掌握上述写作方法外,我们还可以"以景物特点为线索""以景物功能为线索""以作者游踪为线索"……在写作中,我们鼓励学生根据需要合理安排写作顺序,运用恰当的写作方法,如此一来,条理分明、层次清晰的写景佳作就一定能在学生的笔下诞生。

刘桂英　266400

山东省青岛西海岸新区青草河小学

支教贵州省安顺经济技术开发区实验小学

参考文献:

1. 冰心,《冰心散文》,人民文学出版社,2022.

2. 老槐树下的孩子,《写景作文的五个要点》,2019-03-06. https://baijiahao. baidu. com/s?id=1627221775107584815

附录:

世界上没有一朵鲜花不美丽,没有一个孩子不可爱。因为每一个孩子都有一个丰富美好的内心世界,这是学生的潜能。——冰心

小学语文读写一体有效教学策略

摘　要:作文教学是小学语文教学中的一个重点,也是难点。《新课标》关于小学高年级作文教学目标中指出:"从阅读中学表达,注重写作过程中搜集素材、构思立意、列纲起草、修改加工等环节,提高独立写作的能力。"高效上好作文教学课,让学生乐于自由表达,喜欢抒发真情实感,是我们语文教师一直以来的殷切期盼。笔者从教三十多年,指导学生进行了大量写作训练,积累了较为丰富的习作教学经验,逐渐形成了独特的习作指导系列方法:新颖有趣的题目能够吸引读者眼球,修辞手法的巧用能够增强语感语势,脉络结构的完整使文章表达条理有序,注重细节描写突显人物个性,"凤头""豹尾"的照应点明文章主旨,本文将从五个方面就践行多年的习作指导策略进行详尽地介绍。

关键词:题目新颖　巧用修辞　理清脉络　细节描写　首尾呼应

引　言:提到写作文,不少老师和学生均表示有一定难度。在教学中,教师花了大量的心血指导作文,费了大量的精力批改作文,可学生依然怕上作文课,也怕动笔写作文。作文教学水平不高已成了长期困扰我们作文教学的一个严重问题。"一千个读者心中有一千个哈姆雷特",在作文教学中,一千个学生为什么就不能给我们一千篇源自生活的优秀文章呢?究其原因,我们走入了应试教育的误区,扭曲了学生对生活的正确认识,让本该丰富多彩的、充满灵气的作文变成了追求字数、僵硬呆板、充满套话空话的应试之作。

那么,作文是什么?作文是学生有感而发,是作者内心情感的自然流露,是一气呵成的文字杰作,这样的文章才会具有生命力和感召力,才能打动读者,才能引发情感共鸣。因此,指导学生写好作文要切实抓好平时习作指导,同时我们更要深刻认识到,指导学生完成高质量习作是每一位语文教师的教育职责,对于学生现在的学习生活以及将来的长远发展都具有非常重要的意义。

一、题目新颖有趣

要想写一篇优秀的文章,就要为文章选好题目。题目的主要作用是概括文章的主要内容,同时作为文章的线索和作者情感的出发点,是全文的"文眼";题目的作用还有表面意义和真实意义、指带意义与比喻意义、一语双关等多重含义,我们能够通过题目知道文章的主旨是什么。好的标题能够吸引读者的眼球,引发读者的阅读兴趣,题目是能够为我们的文章加分的,俗话说,"文好题一半",可见文章的题目在文章中的作用有多么重要。那么,怎样的文章题目能够吸引读者眼球又能激发读者阅读兴趣呢?我们学过的课文或读过的文章,题目往往采用名人名作效应,古诗名句和名胜古迹效应,以时间事件、文中语句、文章立意为题,甚至有的题目运用修辞手法也会有良好的效应。

以苏教版五年级语文课文和部编教材六年级语文课文为例:① 运用名人效应,如《海伦•凯勒》《诺贝尔》《我的伯父鲁迅先生》;② 运用名作效应,如《二泉映月》《月光曲》《司马迁发奋写史记》;③ 运用古诗名句,如《只见儿童多处行》《老吾老以及人之老》;④ 运用修辞手法,如《春光染绿我们双脚》《暖流》《去打开大自然绿色的课本》;⑤ 以名胜古迹为题,如《秦兵马俑》《埃及的金字塔》《音乐之都维也纳》;⑥ 以时间事件为题,如《难忘的泼水节》《开国大典》《草船借箭》《火烧赤壁》;⑦ 文章立意为题,如《爱如茉莉》《早》《谈礼貌》;⑧ 以文中句子为题,如《厄运打不垮的信念》《我不是最弱小的》。

文章的题目就是文章的彩头,题目选得好,读者自然就有阅读的欲望。反之,题目不吸引人,读者可能会一眼瞟过,即使文章内容写得相当不错,也不会点击你的这篇文章,看不到文章里面的精彩纷呈了。所以好的标题是抓住人们阅读欲望的重要因素之一。

二、巧用修辞佳句

阅读与习作互渗互补,相得益彰。阅读是写作的基础与借鉴,写作是阅读的升华和创作。阅读让学生感受语言之美,写作让学生运用语言之美表现生活之美,恰当使用修辞手法可以使文章语言生动形象,增强文章的表达效果。

修辞手法包括比喻、夸张、对偶、排比、用典、反语、设问、借代、反复等。在阅读教学中我们要有意识地引导学生领悟修辞手法在文本中的语言魅力,将所学所得践行于习作中。统编版五年级上册《少年中国说》是清朝末年梁启超(1873—1929)所作的散文,此文写于戊戌变法失败后的1900年,文中极力歌颂少年的朝气蓬勃,指出封建统治下的中国是"老大帝国",热切希望出现"少年中国",振奋人民的精神。全文尽用比喻、排比的修辞手法,如:少年智则国智,少年富则国富，少年强则国强，少年独立则国独立，少年自由则国自由，少年进步则国进步，少年胜于欧洲则国胜于欧洲，少年雄于地球则国雄于地球。文章不拘格式，恰当修辞手法，朗读语势铿锵有力，激情澎湃，具有强烈的鼓励性和进取精神，寄托了作者对少年中国的热爱和期望。

我们鼓励学生学文习法，习作时运用恰当的修辞手法增强文字感染力。学生小睿在《读书让生活更美好》一文的开头是这样写的："书是智慧的源泉，书是知识的海洋，书是童话的乐园，书是我们迈向成功的道路。"结尾处再次运用排比句式："读书让生活更美好，晨起书伴，沐我心田，读书让我穿越时空，领略异域风光无限，读书让我同边关将士并肩抗敌浴血奋战，读书让我笔下生花，亦学司马迁奋笔疾书叙写《史记》，读书真好。"排比句的合理运用，不仅增强语感语势，升华了主题，起到画龙点睛之妙用，还把作者的观点阐述得更严密、更透彻，更深刻，情感抒发得淋漓尽致。

我们还要鼓励学生借用阅读积累的好词佳句，为文章增添色彩。新月在《多彩的活动》一文，这样描述中国社科院名誉院长、国务院思政院士逢锦聚爷爷来到学校的热烈场面："逢爷爷健步向我们走来，频频点头微笑，同学们报以雷鸣般的掌声，《盛赞青草河》节目表演迅即拉开了帷幕，朗朗的稚嫩童声歌颂着崭新如画的青草河小学，伴着铿锵有力的非洲乐曲，小演员们入情入境地演绎着非洲人击鼓共舞的奔放生活……同学们身着节日盛装，载歌载舞，稚嫩的脸庞上洋溢着醉美的笑容。"好词佳句的使用，让文字披上了绚丽色彩，跃动着生命的脉搏，让读者与之共情同感，琴瑟和鸣。

三、叙事言之有序

一篇好的作文，在内容上要做到言之有物，详略得当，结构形式上要做到言之有序，叙之有理。

我们且把文章主题比作为人的灵魂，材料比作为人的血肉，那么结构就像人的骨骼，骨架好，身材就好，心态也好，反之，肉体就会被百病所缠令人疼痛难忍，心灵也倍受折磨，所以如何根据文章内容和题材的需要，把要说的话自然连贯、完整巧妙、周密有序地表达出来，对写好一篇作文来说至关重要。合理安排内容的先后和详略，条理清楚地表达自己的意思，既是语文课程标准的明确要求，也是学生作文学习中要达到的最基本要求。结构好的文章如模特身材产生婀娜多姿、令人赏心悦目的形体魅力，这样就容易在阅卷场上，以熠熠光辉吸引着评卷老师的双眸。从结构布局看,主要有以下三种形式。

画面组合。画面组合也叫片段组合,就是在题目允许的范围内选择几个生动典型的生活片段,故事情节或景物描写等,把他们有机组合起来,共同表现一个主题。统编版五年级下册第五单元是习作单元,以培养学生习作能力为单元教学目标。本单元语文要素是学习描写人物的基本方法,即选择典型事例写好一个人物形象是习作关键,《人物描写一组》共有三个片段组成,分别节选自小说《小兵张嘎》《骆驼祥子》《儒林外史》,《小兵张嘎》片段主要通过动作描写表现小嘎子的机灵,骆驼祥子片段主要通过外貌描写表现了祥子的生命力,《儒林外史》片段主要通过动作描写表现严监生的极度吝啬,从阅读中学表达方法,这几个片段分别运用不同的典型事例,从不同的角度具体表现人物特点。可见,几个生动典型的生活片段采用各有特色的细节描写,灵活巧妙选取的事例全是围绕同一个主题,只为突出文章主题。

尺水兴波。尺水兴波就是篇幅较短,情节发展却一波三折,情节发生亦跌宕起伏,其目的是达到吸引读者,引人入胜的效果,如统编版五年级下册第五单元的《人物描写一组》中的《两茎灯草》,情节发展一波三折,把严监生的形象刻画得入骨见血,淋漓尽致。尺水兴波的写法往往会巧设悬念,有欲扬先抑、欲抑先扬和误会法三种。

一线贯穿。打造一条贯穿全文的线索,才能让文章思路清晰,具有很强的条理性,依据文章的具体内容,线索既可以是实体的物又可以是感情的变化,这样才不会偏题跑题,才可以使文章脉络清晰。线索可有如下类型:一是特定"实物"一线串。以一个具体的实物来结构全文,将各种人或事集中到他的周围,以此巧妙地展开故事情节。如五年级上册《父爱之舟》,全文以"舟"为线索贯穿全文,表现父亲对"我"深深的爱,字里行间蕴含着浓浓的父子之情,细细品味"父爱之舟",别有一番滋味,令人感动不已。二是特定"事件"一线穿。以事件为线索是记叙文常用的线索安排方法,事情有起因、经过、结果。以"事件为线索"的作品构思别具匠心,富有艺术魅力,线索的安排就起到了事半功倍的良好阅读效果。三是特定"情感"一线穿。以作者的思想情感来行文达意,把思想情感灌注于文章之中,其发展变化就构成了文章的完整结构。

四、细节突显个性

《义务教育语文课程标准(2022 年版)》在"表达与交流"板块中指出:"写

作时考虑不同的目的和对象,选择恰当的表达方式。"要写好一个人物,就要抓住典型事例,采用细节描写加以表现人物特点。人物描写的基本方法可分为四种:外貌描写、语言描写、行动描写和心理描写。其中外貌描写包含肖像描写、衣着描写、神态描写。写人,可以直接写头发、画眼睛,使其栩栩如生,这叫直接描写;还可以通过间接的方法写人,如通过第三者的转述介绍某人,以写景状物来烘托某人等。

瑋琪在《有您,真好》一文开头这样对老师进行外貌描写:"您一头乌黑光亮的秀发彰显着健康与活力,缕缕长发听话得任由您做成各式好看又端庄的发式。高挺的鼻梁上架着一副精致的眼镜,慈爱的目光透过镜片将温情送达到学生们的心中。一张能说会道的嘴巴总能让课堂妙趣横生,引人入胜,悦耳动听的讲解总能令人回味无穷。"我们再来欣赏小睿一连串的动作描写,生动的语言让课堂情境栩栩如生地呈现在读者眼前:"老师经常会讲一些催人奋进的经典故事,同学们时而群情激奋,时而捧腹大笑,一扫学习的劳累。讲到《林冲棒打洪教头》一文,老师滔滔不绝描述故事情节,手执彩笔不停地在黑板上勾勒着人物交手的简笔画情境,讲到生动之处,老师手脚并用,做出林冲与洪教头武斗的各式打斗动作,课文里描写的故事情节就这样被老师活灵活现地展现在了我们的课堂上,老师讲得入情入境,同学们听得津津有味,教室里不时回响着阵阵会心的笑声。"痛快流畅的动作描写,可谓行云流水,刻画了老师授课时的神采飞扬,将人物个性特点表现得淋漓尽致。

五、"凤头"呼应"豹尾"

文章开头讲求开篇精美,开篇点题具有统领全文的作用。开头俗称"凤头""龙头",都是指开头应该不同凡响,应该有吸引力,能有引人入胜的开篇效果。一个开门见山的开头不但会使文章不兜圈子直奔正题,还会使阅读者省去曲折迂回的语言迷雾而直接进入作者的主题叙述。

有了好的开头,若再有好的结尾,那就拥有首尾呼应的良好效果。作文时,好的结尾,能够点明意旨,升华主题,呼应前文,强化形象。好的结尾要做到三个方面:一要简,即简明——态度分明、观点明确、中心明了。好的结尾应像"豹尾",短小精悍,刚劲有力。二要深,即深刻——启人心智、感悟升华、令人回味。正如谢榛所说:"结句当如撞钟,清音有余。"即结尾要言有尽而意无穷,有余味耐咀嚼。三要美，即优美——技巧得法、样式新颖、词句靓丽。李渔曾说："终编之际，当以媚语摄魂，使人执卷流连，苦难遽别。"统编版五年级上册《父爱之舟》开篇写道："是昨夜梦中的经历吧，我刚刚梦醒！"由"梦"开启作者对父亲的悠悠思念之情，寥寥几笔，扣人心弦，真挚情愫直达心中，让人不由得循文阅读故事的发展以及结果。结尾处："……醒来，枕边一片湿。"顿时泪流满面。结尾点明主旨，与开头呼应相照浑然一体。

学生仿照例文，《关爱有温度》一文的开头和结尾呈现这样的文字："那是一个冬日黄昏时车来车往的街头，天空中的火烧云格外的红，像一团燃得正旺的火焰，仿佛要把整个大地烧红，树木低垂着头，石头也冷冰冰伫立在那儿，天上的小鸟不时发出一声悲鸣，再也欢快不起来……一切了无生机，就在这凄冷的黄昏街头，蓦然走出了一只哆哆嗦嗦的流浪狗。"结尾处"陆天抱起流浪狗朵朵，穿过车来车往的街头，向家的方向走去。寒风吹来，阵阵松涛涌动，由远而近。陆天仰起脸，向夜空看去，马路两旁的树枝摇动着，枝条相互碰撞，发出婉转悦耳的和鸣，犹如海鸥低声鼓瑟。美丽的霓虹灯一闪一闪映亮了夜空，这夜色，让人内心溢满温情。陆天的心情顿时晴朗了起来。他为自己能够救助朵朵而舒畅。陆天这位充满爱心的少年，决心给朵朵一个温暖舒适的家园"。首尾呼应，升华主旨。学生学习得法，践行于习作中，成就一篇优秀佳作，这便实现了《新课标》中"感受语言文字之美，丰富语言体验，培养语言直觉，提高语言表现力和创造力，提高语言思维能力"的学习目标。

总结升成良策

本文阐述有关指导学生写好作文的方法共有五条：题目新颖有趣，吸引读者眼球；运用修辞手法，巧用修辞手法；借助好词佳句，凸显人物个性；理清脉络结构，叙事完整条理；文章开门见山，结尾升华主题。作文是有感而发，是作者内心世界的自然流露的文字杰作。学生掌握并应用以上写作方法，写作时将有法可循，有章可依，尽享写作愉快，那种文笔流畅、一气呵成的快感必将妙笔生花，使得一篇篇文章犹如一朵朵绽放的花朵，又如一杯杯自酿的美酒，更像一颗颗晶莹的珠宝，或芬芳四溢，或回味无穷，或光彩夺目，或警示鼓励……写好作文于人的一生至关重要，需要我们用合适的文字表达内心深处所要呈现的内容。因此，在教学中指导学生阅读习法，运用恰当的写作方法写好作文其意义深远,其影响巨大。

刘桂英　266400

山东省青岛西海岸新区青草河小学

支教贵州省安顺经济技术开发区实验小学

参考文献:

[1] 雷雨.中国小学作文主题生活作文教学研究[M].重庆,西南大学硕士论文,2009.

[2] 薛法根.让儿童获得作文的自由[J].江苏教育(小学教学版),2011,2:15-16.

[3] 冰心.冰心给孩子的写作课[M].北京,北京日报出版社,2019.

附言:

一个人的阅读史就是一个人的精神发育史。

读写相融 提升习作自信

摘 要:学,然后知不足;教,然后知困。教学中,我们通过实践与反馈,完善教学方式是我们不懈的追求。以写景作文为例,深入探讨教学策略,我们从中发现,写景作文需要源头活水激发学生的写作热情。写景作文是记叙文的一种,往往运用描写、叙述、抒情等表达方式,来表现作者对某些景物的赞美以及自身情感,是小学阶段学生主要学习的作文类别之一。教师在阅读教学中有意识地引领学生发现文本的景物美、语言美,从表达的视角入手引导学生领悟文本的表现手法,读写相融,教会学生观察生活,发现生活之美,鼓励学生学会评价作文、欣赏作文,帮助学生掌握写景类文章观察顺序及写作方法,最终实现提升学生习作水平、提高习作能力的双重目标。借用文学大师王鼎钧的话勉励我们:"只有对文字的爱,写作才有长久。"

关键词:观察生活 表达视角 多元评改 习作自信 有效提升

引 言:凭借多年的习作教学实践我们了解到,写景作文着实让小学生有些习作困惑和压力,但这又是小学阶段学生要学会的作文类型之一,所以,我们有必要深入探讨有关"写景习作"的有效教学策略。在中小学阶段写景作文主要分为两类,一类是游记性质的记叙文,往往是通过对景物本身和游人的描写(写游人主要是起侧面衬托的作用),来突出景物自身的特点及它带给人们的某种身心体验;另一类是即景习作,借景抒情为主的记叙文,它有些偏向于抒情性散文,在写作时往往不拘于某一特定的一景一物,而重点在于通过选取不同的景物,来表达自己此时此刻某种特定的情感,在内容的具体安排过程中,往往会产生情景交融、情景相生的艺术效果。即景习作重在指导学生掌握观察方法,写出它的变化特点,写出自己的观察所得,将情感融入其中。学生在写作时往往会把握不准,那么,日常教学中我们指导学生写游记作文时一定注意写作顺序,运用恰当的写作手法,展开丰富的联想,把自然现象或自然景观写得具体真实、细腻生动,这样写出来的作文才会活泼生动,有令人神往之感,从而深深地感染读者,给人美好的感受。

一、条理有序 写景有致

描写景物的文章，需要按照一定的观察顺序，预设先写什么后写什么，这样才能有条理有顺序地将景物之美展现于笔端，使文章结构清晰、景物有致地呈现于读者面前。

引导学生抓住特点仔细观察是关键，选材可以自然现象，也可以自然景观。学生写作时可以按照时间顺序或是游览顺序描写景物。抓住变化，展示形态。任何一种自然景物，都不是静止不动的，它每时每刻都处于运动变化之中。因此，我们在描写时，一定要抓住它的形态变化，这样写出来的景才会活泼生动，使人有身临其境之感。运用恰当的写作手法。为了把自然现象或自然景观写得具体生动，我们可以展开丰富的联想，在联想的基础上运用恰当的形容词和比喻、拟人等修辞手法，这样写出来的自然现象或自然景观才会具体、形象，从而深深地感染读者，给人美好的感受。那么写景作文的观察顺序有哪些呢？观察顺序一般分为时间顺序、空间顺序和地点顺序，其中，地点顺序分为定点观察和移步换景。

1. 时间顺序。时间顺序一般是按季节变化或一日的时间变化为顺序，季节的顺序按照春夏秋冬四个季节，一天的时间顺序一般分为早、中、晚等几个时段。按照这样的时间顺序来描写，随着时间的推移，描写的景物也会发生变化，令读者眼前美景不断，赏心悦目。如，同学们耳熟能详的《观潮》这篇课文，作者先写潮来前江面风平浪静，人们焦急盼望的情景；再写潮来时那雄伟壮观、惊心动魄的景象；最后写潮过后的余波奔涌。层层推进，牵引读者视线如观其景，内心涌动激情澎湃。再如，描写四季美景的文章《美丽的小兴安岭》，是按照季节的变化来叙写的。为了突显小兴安岭的美丽，文中有这样精美的描写：

"春天，树木抽出新的枝条，长出嫩绿的叶子……夏天，树木长得郁郁葱葱，密密层层的枝叶，把森林封得严严实实的……秋天，白桦和栎树的叶子变黄了，松柏显得更苍翠了……冬天，雪花在空中飞舞，树上积满了白雪……小兴安岭一年四季景色诱人，是一座美丽的大花园。"

学习文本写景有序的表现手法，按照季节景色的变化，描绘了四季美景的独特韵味，有新芽嫩绿之美，有枝繁叶茂之美，有翠色欲滴之美，更有冰天雪地之美，好一幅四季美色各不同的小兴安岭画卷。

2. 空间顺序。按照空间方位来观察的顺序，我们称之为空间顺序。我们一般把空间顺序分为从上到下,从左到右,从前到后,由远及近,反之亦可。

譬如下面这段文字,就是按照空间顺序来写的,既有从上到下的顺序,又有由远及近的顺序:

小鸟们三五成群地在蓝天白云下呼喊着:"春天来了,春天来了。"远处连绵起伏的群山苏醒了,它们转瞬间就换上了绿色的初春新裳,衣袂飘飘,迎接春天的到来。山脚下的大地从睡梦中苏醒来了,小草们纷纷从土里探出了初识凡间的俏皮脑袋,懵懂的眸子好奇地打量着这个新奇的世界,把这个好消息告诉了花儿峰儿和彩蝶儿……

由远到近的写作手法,具有承前启后的作用,会使读者对所描写的景物产生更加全面的认识,获得更完美的感受。

无论景物有多么繁杂,只要按照一定的顺序描写,便如同画卷,卷卷都有亮目之处。如这篇由远到近的作文,尽管文中描写的景物众多,就因为描写有序,读来如同美景就在眼前:渐渐地,慢慢地,雨越下越大。"咚咚——"地溅起了无数水花,像瀑布从天而降。过了许久,雨停了,我们到达了目的地——横店。踏入大门,映入眼帘的是外观青砖黑瓦的屋子,这就是根据张择端的《清明上河图》所建设的,走进去,像是步入连绵不断的画卷。远处的山峰,云雾缭绕,隐隐约约;近处的花草树木,朦朦胧胧,仙境神话。这一趟算是走遍了中国上下五千年。

按照由远及近的顺序描写,纷繁美景就在读者面前错落有致地展现出来,让人产生意欲游览之向往。

3. 地点顺序。观察的先后顺序通常分两种:一是定点观察,二是移动观察。定点观察,如站在公园某一角,对公园进行由远及近的观察;又如我们登上塔顶,按东南西北的方位顺序对塔下景物进行观察。另一种是移动观察,也就是移步换景,随着脚步的移动变换位置,一处一处地进行观察。如《参观人民大会堂》一文,作者就是按参观的顺序边走边观察,依次写了五处景物。首先描写大会堂正门的国徽和柱子,其次写中央大厅的天花板和地面,接着写大礼堂,然后写宴会厅以及会议厅。这样就有条理有顺序有重点地写下了作者在大会堂依次所看到的景物,景物虽多,但条理有序。又如我们学过的《参观北京颐和园》的短文,就是按照地点转换的顺序来写的。内容如下:北京的颐和园是个美丽的大公园,进了颐和园的大门,绕过大殿,就来到有名的长廊……走完长廊就来到了万寿山脚下……

二、依托文本 仿写得法

在指导学生写景类文章的教学过程中,对学生来说,怎样才能把景物的特点描写清楚显得尤为重要。这就需要教师以教材文本为范例,对学生进行写明白、写清楚的教学指导,以降低学生的习作难度,提升学生的习作能力。以统编教材为例,我们教学中指导学生关注单元的习作要素,结合课本内容呈现的写作方法,采取学生学过的构段形式,提醒学生注意把文章写得具体生动一些,这样就为学生搭建了具体的习作支架,为学生轻松地完成习作任务提供了方法上的支持与帮助。如即景习作重在指导学生掌握观察方法。要求学生观察一种自然现象或一处自然景观,写出它的变化特点,写出自己的观察所得,善用景物描述的写作方法,学会多元评改以求文质兼美。

统编语文教材编排了不少写景类的文章,譬如五年级语文上册第七单元的文章《四季之美》《鸟的天堂》《月迹》,这些文章从不同角度描写了不同时间、不同地点的景物,每篇文章表现出了景致的情趣,文质兼美,堪称典范,是学生学习和模仿的佳作。本单元的习作内容是"___ 即景",即景,就是眼前的,当下的景物。学生依托文本,习得方法,佳作频出。王乐欣同学笔下《夕阳即景》的夕阳西斜美景是这样的:

"夕阳斜照西山,天空中一群群染成红色的暮归鸟儿,急匆匆地朝窠里飞去。夕阳的照耀,群山环抱的树木穿上了别致的衣裳。湖面上,一缕缕金光撒向湖面,不甘寂寞的芦苇在微风中轻轻地摇曳着,湖面上荷叶田田,偶尔有一只两只的蜻蜓立于上面,悠然地随风而动,整个湖面便成了一幅嵌在玻璃框里的画。湖中的鱼儿欢快地畅游,偶有水泡冒出,一圈一圈的波纹顿时荡漾开来……湖的大小,好像是有心人为鱼儿、蛙儿设计的镜匣。湖岸四周杨柳依依,风中飘动的柳枝仿佛是姑娘的长发,柳枝绿叶片片,虽不甚浓密,那便是钻石点点,装点着姑娘长发上的发卡。"

这是一篇优秀的习作佳品,语言优美生动,如诗如画,仿写很成功,让我们不由得向小作者表示赞叹,童眼看世界,笔下妙生花,有序描写使夕阳西斜的美景立体地呈现于读者面前,字字句句流淌着小作者喜爱夕阳美景的情感,情感共鸣与此。

三、多元评价 习作自信

《义务教育语文课程标准(2022年版)》指出:"感受语言文字之美,感悟作品的思想内涵和艺术价值,能结合自己的经验,理解、欣赏和初步评价语言文字作品,丰富自己的情感体验和精神世界。"在写景类文章写作教学中,教师要注重对学生读者意识的培养,建立文化自信,让学生明白写文章的目的是和别人进行交流思想的,引导学生学会评价作文、欣赏作文,以帮助学生掌握写景类文章观察顺序及写作方法,这就需要学生对自己完成的文章进行修改和评价,或者是师生共同评价,学生在修改评价中能够规范使用语言文字,提高语言文字的严谨性,切实提高习作自信,提升习作能力。

1. 在自我修改中提升。

学生完成写作后,教师要鼓励学生先自我评价,自我修改。评价与修改的内容主要包括是否进行了认真观察,是否按照一定的顺序叙写,是否把景物的特点交代得清楚明白等,然后对写作中不满意的地方进行修改,使学生的写作水平在老师手把手的帮扶中逐渐得到提升。

教师在习作教学中要帮助学生养成既定习作目标,完成习作要求。初稿完成的作文,教师鼓励学生用心阅读揣摩,我们会发现存在着许多问题:标点的使用、词组的搭配、细节描写及修辞手法的运用、文章的结构方式等等。发现问题就要进行修改。评价与修改,使学生明白自己的写作是否符合要求,修改的方面有哪些地方,经过老师的指导,学生进行自我修改,文章文从字顺,语言规范严谨。如学生乐欣将落日的美景刻画得美轮美奂,语言如诗如画,深得读者喜爱,夕阳的美景犹如画卷徐徐展开:

夕阳西沉,夜幕降临。此时,皎洁的明月悄没声儿地溜了出来。西边的青山也随着夕阳的西沉而越发黛色沉沉,疏朗的稀星点缀在硕大的黑黝黝的天然屏幕上,池塘里的蛙声一阵接着一阵,倘若站立在池塘旁,你一定会欣赏到池塘的美轮美奂,不光秀色旖旎,还能听取蛙声一片。太阳终于完全落进了西山,日落即是一天的结束,又预示新一天的开始。徐志摩笔下的"我挥一挥衣袖,不带走一片云彩",用来形容此时的夕阳美景,实在是再贴切不过的精美绝句了。

修改后的文章结构严谨,诗歌一样的语言生动精美将落日的奇异美景生动形象地呈现于我们面前,恰当修辞手法的运用,引用名人名言为文章添彩增色。学生成功修改作文,自己成为习作的第一读者。在阅读中修改,在修改中品鉴,在品鉴中升华,写作能力的提升便是水到渠成。

2. 在他人评价中提升。

他人评价是指除去自我评价,主要是指教师,同学,家长等多个评价主体结合在一起的评价方式。教师、家长或者同学以读者身份,会有许多评价和建议,使学生能够充分考虑阅读者的意见、看法,触发学生写清楚、写明白的动机,使学生的写作更上一层楼。在学生完成初稿后,教师、同学、家长分别对学生的写作进行评价,站在不同的阅读视角提出建议和看法。教师评价的重点在于学生是否把游览的顺序、景物的特点写清楚;同学评价的重点在于是否文从句顺、语言生动;家长评价的重点在于阅读文章后是否有想去这个地方的冲动……这样对学生进行多元评价,学生依据评价进行有目标地改正,能促进学生习作水平的快速提升。

学生习作初稿完成后,我们进行班级评议,以王文君的《日落时》为例,显然初稿中存在许多问题:语言直白没有色彩、情感表达不够感染读者。有了多元评价,有了同学和老师的帮助指导,文章修改有指向目标又有文字质量:

"夕阳无限好,只是近黄昏",日出时,金光照耀大地的景象固然美,但那迟暮的落日,却有它独特的韵味……

太阳这个巨大的火球,正慢慢地从蓝蓝的天空移向西山,朵朵云彩相依相随着太阳的脚步,缓缓地变幻姿态,缓缓地跟人们玩着捉迷藏的游戏,直至消失;小溪依然欢快如歌,不急不缓,流淌出一天的恒定好心情;田间劳作的人们撸下裤腿儿衣袖儿,拍打拍打衣襟上的尘土,拎起铁锨锄头,带上泥土的芬芳,大步流星地朝向炊烟袅袅的村落走去。嘿,一只小鹿安然趴在夕阳斜照的草坪上,它是在欣赏日落的美景吗?的确是!金光普照大地,暖意融融,争相开放的花儿镶上了金边银边,一切安静了下来——连同那翩翩起舞的曼妙蝴蝶,也消失在了花丛中……

小作者巧用排比修辞手法,精美煽情的语言将美景描绘成巨幅画卷,尽显风采,令每一位读者心驰神往,叹为观止。由此看来,评价与修改很重要。教师要培养学生养成良好的习作评价与修改习惯,学生方能行远。

后记:

在写景习作教学中,教师心中有景有爱有耐心,要在会观察、写清楚、写明白、写生动等方面进行具体的教学指导,注重学生习作的自我评价与多元评价,在评价中提升品鉴意识,在修改中提高习作水平,如此便能帮助学生真正习得表达的技巧,增强学生习作的自信,学生的习作能力就会真正得到有效提升。借用文学大师王鼎钧的话勉励我们:"只有对文字的爱,写作才有长久。"

刘桂英　266400

山东省青岛西海岸新区青草河小学

支教贵州省安顺经济技术开发区实验小学

参考文献:

李军华,《琐事见真情,细节动人心—浅论〈项脊轩志〉的艺术魅力》,课外语文,2015,1:88.

王鼎钧,《春秋花果》,广西师范大学出版社,2020.

附言:

著名文学大师王鼎钧说:"文学好比一座金矿,天才是矿料,努力是开采。"

著名儿童散文家冰心说:"世界上没有一朵鲜花不美丽,没有一个孩子不可爱。因为每一个孩子都有一个丰富美好的内心世界,这是学生的潜能。"

如何在教学中落实 "读写一体化"

提　要:学生通过阅读积累文学内容,丰富文学底蕴,写作则是通讨文字叙述将个体的内在情感和思想感悟用书面形式表达出来,读写一体化是提高学生写作的有效训练措施。教师引导学生对文本中表达的感情、人生哲理等方法进行分析归纳,并设计一些迁移性的、具有发散思维的写作习题,让学生运用学到的写作方法,引领学生进入文本,进入文本中的情境,与文本中的人物产生情感共鸣……当学生从阅读中获得相应的写作方法,并加以借鉴运用后,学习便拥有了写作乐趣,学生们会在借鉴、迁移应用中不断有所综合,有所创造,学生们的习作水平也相应得到全面提升,在阅读教学中进行 "读写一体化" 训练得到有效实施。

关键词:熟读成诵　积累文学　写作乐趣 "读写一体化"

《新课标》第三学段目标提出:"在阅读中了解文章的表达顺序,体会作者的思想感情,初步领悟文章的基本表达方法。"

语文学科在提升学生语言表述能力、思维能力、丰富情感世界等方面有着举足轻重的作用。《新课标》第三学段目标提出:"在阅读中了解文章的表达顺序,体会作者的思想感情,初步领悟文章的基本表达方法。"学生通过阅读吸收、积累文学内容,丰富学生的文学底蕴,而写作则是通过文字叙述将个体的内在情感、思想感悟用一种书面形式表达出来,二者互相依存,因此 "读写一体化" 是有效提高学生写作的训练措施之一。

在阅读教学中,教师要善于引导学生对文本中所表达出来的作者观察事物、分析问题、表达感情、感悟人生哲理等的写作方法进行分析归纳,并设计一些迁移性的、具有发散思维的写作习题,让学生运用学到的写作方法,联系自己熟悉的生活和感兴趣的话题,引领学生进入文本,进入文本中的情境,与文本中的人物产生情感上的共鸣,努力使自己成为文本中的人物……如此进行写作训练,表达自己内心的独特感受。

以五年级上册第三单元教材为例,本着提高学生习作水平,我们确定研讨主题为"谈如何在教学中落实'读写一体化'"。本单元以"故事集锦"为主题的教学单元，包括成语故事、文学故事、神话故事和寓言故事。成语故事和神话故事在写作练习中侧重于续写故事和发挥学生的想象训练，我们以"成语故事"作为"读写一体化"的习作训练点。具体实施习作训练的教学活动是这样展开的：指导学生充分读懂《滥竽充数》这则成语，了解故事内容，达到熟读成诵的朗读熟知程度；在此基础上让学生充分感悟这则成语故事所要告诉我们的人生哲理，进而激发学生展开合理想象并进行发散思维，南郭先生只好逃走了，那么，他会逃到哪儿去呢？

教师适时引导学生联系文本，进行想象说话：我就是南郭先生，我会怎么做呢？学生先在小组内交流，然后小组内选派小组代表在班内进行集中交流，预设学生在交流中会有以下几种答案：① 南郭先生逃到别的国家去了，他执迷不悟，继续过着滥竽充数的生活；② 南郭先生放弃吹竽学着种田去了，并成了当地有名的种田大王；③ 南郭先生从此一蹶不振，他过着借酒浇愁、沿街乞讨的生活，日子过得穷困潦倒；④ 南郭先生报名参加吹竽进修班，他洗心革面，积极进取，潜心钻研吹竽技术，他的吹竽技术精湛高超，享誉世界，成为国内外非常知名的真正的吹竽专家……

教师适时点播，正面引导学生展开合理想象。教师指导学生重申《滥竽充数》的寓意：比喻并没有真才实学的人混在行家里面充数，或者是比喻拿不好的东西混在好的东西里面充数，教育人们不管干什么都要做一个拥有真才实学的人。

学生根据写作要求开始动笔写作。教师提出书面写作要求：展开合理想象，语言生动流畅，书写规范认真！为了让学生感悟习作的轻松，教师鼓励学生：手写我心，心想手写，营造良好的写作氛围，把更多的时间留给学生用于写作，教室里保持安静、舒适的学习环境，便于学生边思边想、边想边写、边写边改……

想象力丰富的凯睿在文中写道：战国时期，齐宣王喜欢听大家一起吹竽，南郭先生滥竽充数，每月得到了很多的俸禄。齐湣王继位以后，他不要大家一起吹，他要吹竽者们一个一个地吹，南郭先生只好逃走了。南郭先生走在回家的路上，边走边想，唉，我没有真才实学，不能在吹竽这条路上走下去了，我还是老老实实回家学着种田去吧。南郭先生回到农村以后，向当地农民虚心学习种田技术，承包了很多土地，雇用了很多有种田经验的农民，粮食得到了连年大丰收,成了当地方圆几十里非常有名的种田大户。齐湣王听说后,特意召见南郭先生,他把种田高产技术推广给了全国农民,全国粮食产量大增,南郭先生得到了齐湣王的封赏,从此,南郭先生和齐国人过上了民富国强的殷实生活……

　　班里文静又不善言谈的子晴在故事续写中是这样表述的:战国时齐宣王喜欢听大家一起吹竽,南郭先生由此有幸混了进来,每月得到了不少的俸禄,齐湣王继位后,他要演奏者们一个一个吹给他听,南郭先生无奈,只好逃走了。南郭先生走在羊肠小道上,他思前想后:我是去别的国家继续吹竽呢?还是去学点别的技术好呢?他又想,如果被人发现自己曾经因为不会吹竽而逃离朝廷那该多没面子呀!对,还是去学点别的技术吧。于是,南郭先生就报名参加一个二胡演奏班,他每天起早贪黑,风雨无阻地坚持练习。几年以后,南郭先生最终成为一名远近有名的二胡演奏家!这事儿越传越有神,齐湣王也说听了,高薪聘请了南郭先生,从此朝廷里边又多了二胡的演奏妙音!聆听者无不拍案叫绝,都夸南郭先生是全国最有名气的二胡演奏家!

　　平日班里写作文最困难的钧杰同学是这样写的:战国时齐宣王喜欢听大家一起给他吹竽,南郭先生混了进来,齐湣王继位后,他让演奏者一个一个吹给他听,南郭先生只好逃走了。南郭先生一边走在小路上,一边想,没有真正的才干是不能在行家里充数的,他决心要把竽吹好。于是,他四处求学,力求拜名师学艺,他有幸找到了一位吹竽高手教自己学习吹竽技术,他每天鸡鸣而起,勤学苦练,最终成为一名吹竽高手,连齐湣王都听说了南郭先生的吹竽技术是何等高超!乐声是何等美妙!于是高薪把他重新聘请回到朝廷,齐湣王称赞南郭先生的吹竽演奏达到闻竽即醉的美妙境界……到了晚年,这位南郭先生又收了许许多多的弟子,正可谓严师出高徒,弟子们一个个都非常有才艺。南郭先生功成名就,他不时告诫学生们,在生活中,在学习中,千万不要滥竽充数,更不能做滥竽充数的事情。一定让自己拥有真才实学,成为社会有用之人!

　　当学生从阅读中获得相应的写作方法,并加以借鉴运用后,学习中便拥有了写作乐趣,学生们会在借鉴、迁移应用中不断有所综合,有所创造,学生们的习作水平也相应得到全面提升。教师在阅读教学中进行"读写一体化"的训练得到有效实施。

习得阅读策略　培养阅读素养

阅读策略，顾名思义是阅读文章时所要运用的方法或技能，我们教师要通过阅读策略单元的教学，让学生不仅能够读懂文章，而且能够知道"如何读懂文章"，从而促进学生阅读理解能力的提升、独立阅读能力的发展，为学生终身学习奠定基础。

一、统编版语文"阅读策略单元"的编排特点

1. 各年级不同的编排内容，三年级是预测，四年级是提问，五年级是提高阅读速度，六年级是有目的地阅读。四个阅读阶段教学训练，梯状拔高，不断提升学生阅读能力。

2. 各阅读策略单元相对独立又有着内在的联系。

首先，统编版教材每个阅读策略的单元都有它们各自学习任务，单元中的每一篇课文也都承担各自的角色。精读课文从不同的侧面对学生指出了学习方法的策略，自读课文则提供阅读策略的练习，因此每个阅读单元都是独立的阅读单元，又自成体系。其次，阅读策略单元之间又有着内在的联系。

（1）阅读思维能力的培养贯穿所有的阅读策略单元的学习。阅读策略的学习和运用指向学生阅读思维的培养，培养学生边读边思考的阅读品质。

（2）它们呈现出层层深入，梯度递进的关系。学生前面年级阅读策略单元的学习为后面年级的阅读学习提供了铺垫和台阶，学习了三年级上册的策略阅读单元，学生学会了从题目、插图、情节等不同角度提出预测之后。四年级上册提出了阅读时尝试从不同角度去思考并提出自己的问题，预测的学习为提问的思考学习提供了铺垫。四年级学生的阅读策略提出了带着问题的阅读方法就为五年级的提高阅读速度提供了保障。而六年级有目的的阅读则需要学生运用各种阅读策略进行精读和略读。

鉴于以上的"阅读策略单元"内容安排提出以下教学建议。

二、统编版语文"阅读策略单元"的教学建议

1. 树立单元整组的教学意识。

从"导语页"到"阅读启示"到"课后问题"再到"语文园地",教学编写者将要实现的阅读教学策略及教学方法一一呈现出来。

（1）"导语页"会点明阅读策略。"导语页"会通过阅读提示导语和学习要求,明确地提出本单元的学习目标和要习得的阅读教学策略。

（2）"阅读提示"会点明任务和方法。

（3）"课后问题"提供学习的提示和示范。课后问题经常会出现课文中的小情境,释放了交流和表达的方法。

（4）"语文园地"总结学习方法,鼓励习惯养成。在语文园地这一个学习板块儿会鼓励学生们交流学习的内容和方法,并鼓励孩子们在日常的阅读当中不断地练习运用,使学到的阅读策略潜移默化成为自己的阅读习惯。

所以在备课的时候,教师要树立单元整组的教学意识。了解整组课文的内容及其内在的联系,了解每篇课文在单元教学中的位置和所承担的任务才能对教材有更深刻理解和研读。

2. 简化教学环节,突出策略学习。

（1）明确学习任务和要求。

（2）实践学习过程习得阅读策略。

（3）结合旁批和情景对话,交流总结。关注文侧的旁批和"小气泡",鼓励学生边阅读文本边关注旁批。

（4）适度迁移,落实策略实践。

有些精读课文后面会跟上一到两篇自读课文,有些单元会在课文学完后出现,有些单元甚至没有自读课文,这就要求我们在学完一种阅读方法之后,教师要有目的地寻找与本节课学习的方法一致的文章拿来给学生实践阅读,使阅读策略的运用由课内延伸到课外,由单篇引向整本书。通过以上方法的综合运用,学生就会有学习、有实践、有交流。

3. 提高阅读效果,需要综合运用多种阅读策略。

在阅读策略单元教学中,学生的主要学习目的是着重进行一种阅读策略的学习,但是想要实现更好的阅读效果,我们需要鼓励和指导学生综合运用多种学过的阅读策略对课文进行理解和感受。比如边读边批注,抓住关键的语句,

关注细节体会人物品质等策略。通过综合使用多种阅读策略,使学生更深入地走入文本,与文本对话,与文本共鸣。

4. 关注学生阅读素养的整体发展。

学生学习阅读策略是为了让学生更好地读懂文章,更深入地体会文章传递的思想和情感,达到阅读的目的。因此,除了阅读策略的学习,在教学中应该落实的语文训练不能丢,比如识字写字,对课文的内容和情感的理解和体会,也都应该在学习策略的同时加以落实。

三、统编版语文"阅读策略单元"的教学策略

1. 三年级的"预测"单元和五年级的"提高阅读速度"单元不建议课前预习。学生在没读过课文的情况下,能更大程度地发挥文本价值,阅读策略运用也更有效。

以三年级的"预测"为例,顺着故事情节一边读一边想,猜测故事的发生会是怎么样的。三年级的阅读策略单元有三篇课文:精读课文是《总也倒不了的老屋》,略读课文《胡萝卜先生的长胡子》《不会叫的狗》,针对这三篇课文的学习我们会有所侧重,《总也倒不了的老屋》重在学习预测的方法,引导学生从预习方法中获得新知,知道预测要有依据;《胡萝卜先生的长胡子》重在运用上一篇课文中习得的方法练习预测;《不会叫的狗》重在让学生学会独立预测。对学生的阅读方法指导由"扶"到"放",如此,学生运用习得的阅读方法可以在课外高效阅读,极大地提高阅读视野和阅读量,阅读能力自然得到提升。

教学本单元,我们可以借助文章的题目、文章的插图、文章的线索,结合生活经验和生活常识进行阅读预测。

在此基础上,我们也要引导学生进行阅读的对比,对比自己的预测和同学的预测,以此来验证预测的合理度,可以对比自己的预测和实际内容,以此来验证预测的准确度,还可以对比预测结局和文中的结局,感受作品的多元化。

2. 四年级的"提问"单元要充分尊重学生提出的问题。虽然本单元强调筛选出有价值的问题,但教师也要注意充分保护学生提问的积极性。

3. 五年级"提高阅读速度"单元中,要注意"提高阅读速度"不等同于"快速读",把握好阅读速度与阅读理解的关系,注意提高阅读效率。

4. 六年级"有目的的阅读"这个单元的学习,是对以往学习方法的一次综合、提升。要引导学生根据阅读的需要,自觉选用之前学到的阅读方法和已经

掌握的阅读策略。

与大家分享有关阅读策略教学的一段话,以此共勉我们今后的阅读教学:阅读策略单元的学习不是始于阅读策略单元,因为学生在之前的阅读中自然会用上阅读策略,阅读策略的学习也不终于阅读策略单元,因为阅读策略单元的学习目的不在于掌握相关的知识,而在于培养阅读习惯,形成阅读能力。

所以阅读策略单元的教学一定要着眼于学生综合阅读能力的提升,深入浅出,把阅读策略教得学生易懂、会用、乐用,从而促使学生阅读能力和素养的形成。

《我的心爱之物》习作教学之策略

附教师随堂作文——《绿龟 留在安顺的念想》

最快乐的事莫过于跟同学们同步进入到静心于写字习文的沉浸式学习氛围中！

这是极好的享受：全班同学一式地伏案而坐，满目都是书本文字，刷刷地落笔生花，如风吹丝竹般地轻柔滑过耳际，如晚间昙花绽放的芬芳沁人心脾，在我听来，简直美过世间最悦耳的音符。作为老师，我真的好喜欢这种课堂学习佳境，同学们能够沉下心，能够任思绪自由飞翔，能够做一个徜徉于学习中的自我，这对学生独立学习能力的培养而言，是尤为重要的，奠定基石，好习惯是会影响学生一生的。

习作课上，教师的悉心指导，学生的用心聆听，然后便是进入到教师与学生一同写作文的环节。老师埋头写作便是同学们效仿的最好表率，就我而然，课堂上的我常常陶醉于其中。我们的身心是静然的，思绪是悠然的，文字是传神的。老师随堂完成的作文自然会成为作文讲评环节最好的范文。

就拿我去年的一次习作课为例。

人教版小学语文五年级上册第一单元的习作题目是"我的心爱之物"，本单元的主题为"一花一鸟总关情"；其语文要素为初步了解课文借助具体事物抒发感情的方法，写一种事物，表达自己的感情。

如何指导学生写好这篇作文呢？

巧妇之炊得有米。我首先指导同学们明确写作内容和写作要求：选择你喜爱的一件物品进行描写，介绍它的样子，它是怎么来的，为什么会成为自己的心爱之物。记得要融入自己的情感，表达出自己对这件物品的喜爱之情。

明确了写作内容和写作要求，接下来就是研究习作方法：学生一定选择一件自己真正喜爱的物品，比如一个玩具、一本书、一个饰品等。选好物品，那就要梳理写作顺序：按照"描述物品—讲述来历—表达情感"的顺序进行作文提纲的梳理。

接下来就要关注写作技巧。在写作过程中,注意运用本单元所学会的写作技巧和方法,那就是借助具体事物抒发感情,这样才能使写出来的文章更加生动、有趣,才能与读者产生情感共鸣。

1. 使用比喻和拟人:通过比喻和拟人的手法,让物品的描述更加生动有趣,让读者如观其形,如见其物。

2. 注重细节描写:通过细腻的观察和描写,让物品的形象更加立体、饱满,栩栩如生,惹人喜爱。

3. 情感真挚:在表达情感时,要真实、自然,不要夸大其词或过于矫情,从内心流淌出的情感最能打动读者。

那么怎样帮助同学们定位习作主题和锁定写作思路呢?

1. 开头部分要起到吸睛的作用,如风头出场,华丽而夺目。可以是经典语言,引人入胜;可以描述与这件物品相关的奇异场景;也可以直接描述物品的不凡特点,吸引读者的注意力。

2. 描述物品:详细描写物品的外观、质地、功能等特点,让读者能够清晰地想象出这个物品的外形,留下深刻印象,让读者如观其形,如感其质,如闻其香。

3. 讲述来历:介绍这件物品是如何来到自己身边的,是买的、送的还是其他方式获得的。这部分可以穿插一些与物品相关的故事或经历,语言要简洁凝练。

4. 表达情感:重点描述这件物品为什么会成为自己的心爱之物,它给自己带来了哪些快乐、回忆或帮助。这部分要融入自己的真实情感,让读者能够感受到小作者对这件物品的喜爱,如果这份喜爱能够与读者产生共鸣,那么,就达到了我们习作的初衷,就是一篇成功的作文。

5 结尾部分:可以总结自己的感受,或者用一句富有诗意或哲理的话来结尾,让读者留下更为深刻的印象。

同学们拥有了写作文的法宝在手,思路犹如泉水奔涌,一支笔,一张纸,足以让同学们所思所想流淌于此。看着同学们笔走如飞地沉浸式创作,我按捺不住如洪水决堤的思绪。此时此刻,我的心爱之物一下子浮于眼前:它是一只绿龟,它在安顺,就是它,成就了我们支教贵州的一段佳话!于是,我伏案而作,与同学们一起挥笔而书,写下作文《绿龟　留在安顺的念想》,全文如下:

绿龟，留在安顺的念想

青岛西海岸新区青草河小学 刘桂英

去年新学期伊始，我再次回到贵州安顺，继续我的边区支教工作。

那天傍晚，细雨蒙蒙，我们支教的几位教师相约支医的大夫朋友，饭后一起走娄湖。

李大夫边走边说："刘老师，我们的支医工作即将完成，下个周就要离开安顺了，我想把绿壳小龟交给你养着，它是我在雨天上班路上捡拾的，很可爱的。""你那么喜欢，何不把小龟带回青岛。"李大夫解释道，飞机上禁止携带活物。看着李大夫有些不放心，我点点头，满口答应着："好的，没问题，我一定替你好好地养护这只小龟，你就放心地回青岛吧。"

李大夫将小龟的"龟池"——一个杯身矮矮的、肚子圆圆的、透明的大玻璃池，连同一大袋龟食交给我。带回到我在安顺的"家"，我将龟池小心地放置于电视柜旁，隔几天就投放几粒龟食，没事的时候我喜欢盯着绿龟，静静地观赏它，孤独的时光顿时添了些许乐趣，这只龟的确可爱，让人不由得顿生爱怜。

你瞧，小龟的个头跟鸡蛋一般大小，外壳是绿色的，花纹的线条清晰有规则，所以我喊它绿龟。

一身的绿，看上去格外养眼。它时常伸出乳白色的小爪子，悠闲地划动几下子，并不见得有几个水花出现。紧缩的脖子偶尔会探出一只脑袋，左右转动，查看情况，当它感觉环境安静又安全，便会把脖子使劲地努力地往外伸一伸，探一探，你会发现，绿龟的脖子出奇的长。它的眼睛极小，小得跟绿豆一般，却黑得出奇，亮亮的，特有神，很精明的样子；嘴巴却是尖尖的，我极少看见它吃食，我断定它是在我不在家的时候，或是夜深时刻，悄然吃掉东西，不然，投放的龟食怎么会不见了呢？

我与小龟建立了良好的感情。每天一下班，我必然蹲在龟池旁，静静地陪伴绿龟，我相信它内心一定是孤独的，它肯定有好些话想倾诉，因为这屋子里除了我，就是它了。它有时会趴在杯底的鹅卵石上；有时会漂浮在水中央，一动不动，我甚至怀疑它的生命是否还存在；高兴时它也会浮在水面上，小爪子拨动着水，沿杯壁畅快地游来游去，似乎在向我炫耀它的游技是高超的。

就这样，眼见着绿龟与我一天天熟络起来，它能在我盯着它的时候与我对视一小会儿，这是很难得的，我便会喜不自禁地用叉开的手指头，捏住绿龟的外壳,把它从龟池中提溜出水面,轻轻放在地板上,我鼓励绿龟:"来,走两步,走两步给'妈妈'看看。"嘿!原来自己内心已经认定了这个'儿子'了!我笑龟,更笑自己。

支教工作结束,返青的日子如期而至,如同李大夫一样,我将绿龟连同龟池和龟食,一同送到了贵州同事赵老师家,这样,绿龟便留在了安顺。

像传递一件信物,青岛支医的李大夫传递给了我,我又要传递给安顺的赵老师。赵老师郑重地向我承诺:"刘老师,你们就放心地回青岛吧,我一定用心养好绿龟,它是我们友谊纽带的传递,我会时常记住这是青岛朋友的托付,也会怀念我们曾一起工作过的日子,还有我们的欢声笑语……"赵老师的话让我唏嘘不已。

如今,我在青岛开始了新学期的教学工作,屈指一算,离开安顺已是两月有余,赵老师似乎懂得我的心思,近期拍摄了几段视频传与我:视频中,绿龟有了更大的龟池,它长得似乎更大了一圈,在水中活泼地游动着,伴着赵老师的语音传过来:"'儿子',快跟青岛刘妈妈打个招呼,问声刘妈妈可好啊……"非常感谢赵老师对绿龟的厚爱。

绿龟是我们贵州支教时偶然捡到的一只小动物,它成了我们共同的朋友,陪伴我们依次度过了异乡难忘的孤苦时光,给我们参与东西部携手扶贫的那段岁月增添了些许乐趣。

时常想起绿龟,想起安顺,想起支教日子里的苦与乐。

实用性阅读与习作表达多维建构教学法

一、教学法的定义

实用性阅读与习作表达多维建构教学法就是将阅读和写作有机结合，以读促写，以写促读，"读"与"写"成为学生写作的一体两翼。整合实用性阅读文本中有价值有实效的习作方法，引导学生分析实用性文本的内容和表达方法，并迁移到运用自己的生活语境中，学以致用，知行合一，实现实用性阅读能力和习作表达能力的培养，实现语言运用素养的有力支撑和多维协调。

实用性阅读与习作表达多维建构教学策略的研究，体现学生认知主体作用、实现阅读与作文多维融合，创设适合学生年龄特点和认知特点的读写相结合的实用教学策略，唤起学生写作方法迁移意识、参与意识和合作意识，促进学生文字思维发展。使学生在阅读文字、总结文本表达方法中产生渴求、探究、协作、交流等学习欲望，不断提高阅读文字和组织文字的能力、应用文字和驾驭文字的能力，文字思维能力和构建文本能力都能得到有效的发展。

实用性阅读与习作表达多维建构教学法的研究，激发教师阅读教学、习作教学的积极性和创新性，使教师通过关注实用性阅读与习作表达多维建构教学模式，提高读写一体化教学的实效性，全面提高教育教学质量，实现教师专业发展。实用性阅读与习作表达多维建构便是提高学生语言应用能力的有效教学法。

二、理论基础

课程标准一向是基础教育改革的第一依据、第一推动力，也是教育理念的风向标，高屋建瓴地指引着教育的发展方向。2022版《新课标小学语文拓展训练：阅读与作文》指出，《新课标》对学生的读写能力的培养提出了更新更高的要求，要培养学生"喜欢阅读，感受阅读的乐趣；能在阅读中揣摩文章的表达顺序，体会作者的思想感情，初步领悟文章基本的表达方式；根据需要搜集信息写作是运用语言文字进行表达和交流的重要方式,是学生认识世界、认识自我、进行创造性表述的过程;写作能力是语文素养的综合体现;写作教学应贴近学生实际,让学生易于动笔,乐于表达,表达真情实感;要培养学生的写作兴趣和自信心;在写作教学中,应注重培养学生观察、思考、表现、评价的能力;要让学生说真话、实话、心里话,不说假话、空话、套话;要为学生的自主写作提供有利条件和广阔空间,鼓励他们自由表达和有创意的表达"。

三、结构组成

(一)教学目标

实用性阅读与习作表达多维建构教学法的教学目标是转变教师传统教育观念,改变以往传统教学方式,优化教学过程,激发教师聚焦阅读与习作及多维构建教学方法的积极性和创造性,使教师关注语文读写相融的教学策略,引导学生选择实用性阅读相关文章,能够运用文章中的表达方式行文写作,促使学生从多角度揣摩作者写作技巧和表达方法,在语言文字融入自己的真情实感,在学而有效的写作中力求有创意有突破有新意。

(二)教学思想

实用性阅读与习作表达多维建构教学法是整合实用性阅读文本中有价值有实效可借鉴的习作方法,引导学生分析实用性阅读文本的内容和表达技巧,并迁移运用到自己的生活语境中,学以致用,知行合一,实现实用性阅读能力和习作表达能力的同步培养的教学目标,达到语言运用素养的有力支撑和多维协调。

学术思想、学术观点方面,探索小学语文实用性阅读与习作表达多维建构教学法的实施策略,创设适合小学学段、年龄特点和认知特点的写作情境,使学生真情实感地表达自己对自然、社会、人生的感受、体验和思考。

研究方法方面:通过实证研究法,交叉研究法,文献研究法,定性分析法的行动研究,在语文课堂教学中积累小学语文实用性阅读与习作表达多维建构的有效策略和教学方法,创造性地运用好 5R 笔记法为读写服务,实用性阅读为学生习作表达夯实基础,促进学生语言文字的阅读能力,提升语文核心素养。

(三)研究程序

实用性阅读与习作表达多维建构教学法是结合教学实践剖析习作教学现

状,分析学生阅读与习作调查数据,学习《新课标》关于"阅读与习作"教学要求和策略指导,确定研究主题,选拔骨干教师组成研究团队,践行教学法的实效性和应用性,在教学探讨中创新改革,在研究摸索中调整策略,不断完善,推陈出新,得到行之有效的"实用性阅读与习作表达多维建构"系列优秀教学法。

对教学内容的研究:根据不同的阅读内容创设有助于学生自主习作的练笔情境,通过阅读文本,分析写作方法,提炼写作技巧,总结读与写方法迁移的实效性教学策略。

对课堂教学形式的研究:设计符合学生阅读水平、有助于学生自主习作的学习情境,引导学生通过借鉴、思考、交流、练笔等形式,获得语文读与写相结合的基础知识、基本技能、基本思想、基本经验,提高阅读文字和组织文字的能力、应用文字和驾驭文字的能力,从而总结出小学语文教学中阅读与习作相融合的实用性教学法。

(四)教学策略

实用性阅读与习作表达多维建构教学法将阅读和写作有机结合,以读促写,以写促读,"读""写"成为学生写作的一体两翼。整合实用性阅读文本中有价值有实效的习作方法,迁移运用到自己的生活语境中,学以致用,知行合一,实现实用性阅读能力和习作表达能力的培养。

实用性阅读与习作表达多维建构教学法实现阅读与作文多维融合,创设适合学生年龄特点和认知特点的读写相结合的良实用教学策略,唤起学生写作方法迁移意识、参与意识和合作意识,促进学生文字思维发展。使学生在阅读文字、总结文本表达方法中产生渴求、探究、协作、交流等学习欲望,不断提高阅读文字和组织文字的能力、应用文字和驾驭文字的能力,文字思维能力和构建文本能力都能得到有效的发展。

实用性阅读与习作表达多维建构教学法激发教师阅读教学、习作教学的积极性和创新性,使教师通过关注实用性阅读与习作表达多维建构教学模式,提高读写一体化教学的实效性,全面提高教育教学质量,实现教师专业发展。实用性阅读与习作表达多维建构便是提高学生语言应用能力的有效教学法。

四、教学模式的作用和意义

实用性阅读与习作表达多维建构教学法在实践教学中产生良好教学效

应,收获丰硕教育成果。通过优秀教学法的推广,引导广大教师转变教育观念,优化教学过程,转变教学方式,全面提高教育教学质量。

自 2018 年 2 月实施至今,主持人刘桂英老师带领研究团队潜心研讨,践行课堂教学,教学策略得到有效实施。主持人刘桂英的论文《如何在教学中落实"读写一体化"》发表于《汉字文化》2019 年第 11 期,并荣获"中华教育科研优秀作品"一等奖;《读写相融 提升习作自信》发表于《文渊》2021 年 10 月刊,荣获《文渊》编辑部国家级一等奖;《构建三位一体的读写模式》发表于《科学与技术》杂志社 2022 年第 18 期。团队成员紧紧围绕主题观点积极撰写论文,数十篇论文均已发表在国家级刊物,从实践到理论,团队成员教育理念和教育素养得到极大提升。

主持人刘桂英老师作为青岛优秀老师,通过东西部协作青岛名师支教贵州示范讲学活动、送培送课到校活动等形式,将"实用性阅读与习作表达多维建构教学法"推广运用到贵州省各地区学校小学语文课堂教学中,手把手传授给贵州苗寨和青岛乡村的老师们,让更多的孩子们搭上"读写多维相融"的高速列车,驰骋在学习中华语言文字的阳光大道上。2020 年 12 月 11 日刘桂英老师送培送课到安顺幺铺小学,精彩的课堂得到与会老师们的高度赞誉,两场读写专题讲座座无虚席,现场与贵州的老师们悉心切磋,解疑释惑。2021 年 3 月,刘桂英老师再次受邀送培送课去安顺经济技术开发区启新学校,生动高效的课堂赢得师生盛赞……数次送培送课,课题成果和教育经验在贵州安顺得以迅速推广。2021 年 11 月 16 日,姜静老师送培送课到青岛乡村小学,再次将教育理念植根于老师们心中,为广大师生的课程教学与学习提供有力的指导,学生建立习作自信,提高习作兴趣,提升习作水平。

实用性阅读与习作表达多维建构教学法在东西部联合开展,从贵州推广到以青岛西海岸新区青草河小学为圆心的周边兄弟学校,辐射范围广,推广力度大。其研究意义非凡,研究成果显著,跨越山海几千里,携手研究育英才。数篇论文的发表,多次送培送课,引领教育同行在习作教学中借鉴并引用,在东西部教育教学中得以有效实施和推广,乘着脱贫攻坚收官最后一年的东风,更具有新时代的教学研究意义和研究价值。

附典型案例:

1. 课堂实录片段:

学习《少年闰土》一文,教师引导学生阅读文本,画出文中描写闰土外貌的语句深入思考:闰土外貌描写中,哪一处让你印象特别深刻?紫色的圆脸(因为健康,长时间地接受日晒)、一顶小毡帽(衬托出了一个孩子的可爱)、一个明晃晃的银项圈(醒目,体现了父母对他浓浓的爱意)。教师指导同学们关注作者鲁迅描写人物外貌的写作方法:鲁迅先生抓住了人物的主要特点——一张紫色的圆脸,一顶小毡帽,一个明晃晃的银项圈,就把一个质朴、健康、可爱的少年形象展现在我们眼前了,这种写法就是抓外貌特点。美好的相识,注定愉快地相处,接下来请同学们自由朗读课文 6—16 自然段,看看闰土给我们讲述了哪些新鲜事,可以用列小标题的方式去写一写这几件事(雪地捕鸟、海边拾贝、看瓜刺猹、看跳鱼儿)。如果让你选择跟闰土一起去做其中的一件事,你会选择做什么?(生自由交流,深入学习文本,体味典型事例表现出的人物特点)

教师总结写作方法:闰土的形象和性格特点立体地呈现于我们读者面前,这源于作者鲁迅能够抓住人物外貌特点和典型事例融入文字,使闰土这个人物形象从文本中栩栩如生地走入读者心中。

2. 迁移写作:

同学们,让我们动笔写一写我们身边熟悉的一个人:学着鲁迅先生描写人物的写作方法,抓住人物外貌显著特点,选择一两件有代表性的典型事例体现人物的性格品质,使这个人物形象立体化地呈现于读者眼前。

3. 学生习作展示:

漂亮优雅的美术老师

青岛西海岸新区青草河小学 503 班　朱子月

指导老师:刘桂英

我有一位和蔼可亲的老师,她漂亮优雅,能写会画。

她那弯弯的眉毛下有一双含情脉脉的眸子,秀美的鼻子精致有形,唇如胭脂的嘴巴一张口便是光洁闪亮的牙齿,她总是笑口常开。和颜悦色的脸庞写满了亲切慈爱,她的头发柔软顺滑,她穿的每一件衣服总是时尚新颖。她就是我们的美术老师,也是我们曾经的四年级语文老师。

美术老师现在教我们的美术课,她非常耐心,非常细心,她画的作品很完美,常常震撼到我们。每当我们的作品有点小问题的时候,老师就会帮助我们用心修改,还会在修改的时候轻言细语地告诉我们为什么要如此修改。一学期以来,在美术老师的指导下,我们的美术作品设计得别开生面,一幅幅作品美观大方,充满艺术元素!

美术老师总爱穿不同风格的裙子:有连身的,有半身的,有长袖的,也有短袖的。她的裙子不仅款式多样,而且风格从不单一:有的简单朴素,让她看起来十分温柔可亲;有的俏皮可爱,彰显着老师的公主少女情怀;有的端庄大方,穿出知性教师的涵养有范,让人十分喜欢。

我们的美术老师每天衣着光鲜,总是笑眯眯地为我们讲述美术课的奇妙世界。美术老师性情温和,是出了名的好,每当上美术课时,老师都会带着闲逸、愉快的心情引领我们走进生动有趣的美术课。记得有一次,老师在上课时展示了几幅作品,一边为我们讲解着,一边在黑板上教我们画着,同学们的赞叹声不绝于耳。

这就是我们漂亮优雅的美术老师,她像辛勤的园丁,为我们"修枝剪叶",让我们在阳光下更灿烂、更健康地茁壮成长;她像明亮的路灯,照亮我们前行的道路,让我们前行中不会迷失方向;她像远航巨轮,带领我们在知识的海洋里乘风破浪,勇往直前。老师,感谢有您,我们永远爱您!

4. 教师评语:

作者用优美如诗的语言向读者展示了美术老师的外貌俊美、性情温和、慈爱有加和精心教导的特点。结构上采用总分总,主体部分语言丰满,叙述细腻,每一小部分都列举具体事例用于表现美术老师的鲜明特点,字字句句包含着作者对老师深深的喜爱。是一篇写人的成功佳作。

引导学生创作优美的诗歌作品

——读冰心的《繁星》 写自己的《繁星》

诗歌是世界上最伟大而又神奇的东西，它能唤醒沉睡的灵魂，诗歌是一种独特的艺术形式，它以简洁的语言表达深刻的情感和思想。对于学生来说，创作优美的诗歌作品不仅可以培养他们的想象力和表达能力，还可以提升他们的审美意识和文学素养。本文将探讨如何引导学生创作优美的诗歌作品。

一、培养学生的诗歌欣赏能力

在引导学生创作诗歌之前，首先要培养他们的诗歌欣赏能力。通过让学生阅读优秀的诗歌作品，了解不同的诗歌形式和风格，培养他们对诗歌的兴趣和理解。可以选择一些经典的诗歌作品，如人民教育出版社小学语文第七册第三单元，其人文主题就是诗歌：诗歌，让我们用美丽的眼睛看世界。本单元的语文要素：初步了解现代诗的一些特点，体会诗歌表达的情感。本单元共四课，体裁均为诗歌，分别是冰心的《短诗三首》，艾青的《绿》，苏联作家叶赛宁的《白桦》和戴望舒的《在天晴了的时候》。

以第一篇诗歌《繁星》为例，《繁星》是冰心的第一部诗集，诗集收录了诗人1919年冬至1921年秋所写的164首小诗，最初发表于北京的《晨报》。《繁星》是冰心在印度诗人泰戈尔的《飞鸟集》的影响下写成的，用作者冰心的话说，就是将一些"零碎的思想"收集在一个集子里。在艺术上，《繁星》诗歌篇幅短小，语言高度凝练，以三言两语抒写内心的感受和思考。

二、激发学生的创作灵感

激发学生的创作灵感是创作优美诗歌的关键。可以通过以下几种方式来激发学生的创作灵感。

1. 观察与感知：鼓励学生观察周围的事物，感知自然界的美丽景色、人物的情感和社会的变迁。可以组织户外写生活动，让学生亲身感受大自然的美丽，或者观看一些优秀的艺术作品，如绘画、音乐、鉴赏等，以激发他们的创作灵感。

以人教社小学语文第七册第三单元的《繁星》为例，本课包含三首小诗。第一首小诗：

《繁星》（七一）

这些事——

是永不漫灭的回忆／

月明的园中／

藤萝的叶下／

母亲的膝上／

作者紧扣"回忆"一词展开。第1—2行点明了"这些事"是"永不漫灭"的回忆。第3、第4、第5行运用三组结构相同的短语，营造出具体的情境，一方面将回忆的场景具象化，另一方面为回忆的内容留下了想象的空间，体现了诗人对母亲的依恋和母爱的温馨。

《繁星》采用中国古典诗词和泰戈尔哲理小诗之长善于捕捉刹那间的灵感，特别是在语言上，清新淡雅而又晶莹明丽，明白晓畅而又情韵悠长，时而婉转优雅，时而高昂激越。没有华丽的词语，却能流露出深深的感情，诗人冰心把一篇篇文章浓缩成一首首优美的诗，朦胧的诗意，留给读者无限的遐想，让人感受到诗人细腻的情愫，并给读者留下深深的思考。

2. 领悟与仿写：通过一些有趣的写作形式，如填空诗、联想诗、仿写诗等，让学生在多种形式中感受到写作的乐趣，激发他们的创作欲望。可以设置一些创作的限制条件，如规定使用某种特定的诗体或者使用特定的词语，以增加学生的创作难度和挑战性。如仿写冰心的诗歌《大海啊》。

《繁星》中第二首小诗（一三一）

大海啊／

哪一颗星没有光／

哪一朵花没有香／

哪一次我的思潮里／

没有你波涛的清响／

短短的几句，却勾勒了一幅清幽、明丽、自然和谐的图画。而且，作者的想象力是这样的神奇美妙，那冷冷的夜空中无情感的星星尚能互相赞颂，更何况是作为万物之灵的人呢？作者十分含蓄地抒发了自己对"人类之爱"的追求。书中歌颂母爱的诗也很多，神圣的母爱深深地植入冰心的心灵中，成为她一生歌颂的永恒主题！

3. 情感与表达：鼓励学生表达自己的情感和思想，让他们将内心的感受转化为诗歌的形式。可以通过一些情感引导的活动，如写一篇关于家乡的诗歌、写一封给母亲的信件等，让学生从自己的生活经历中寻找创作的素材。

以《繁星》第三首小诗为例：

> 母亲呵 /
> 天上的雨来了 /
> 鸟儿躲在它的巢里 /
> 心中的雨来了 /
> 我只能躲到您的怀里 /

多么情真意切，短短几句让我们领悟到：母亲是我们心中的依靠，是遮蔽风雨的臂膀。母爱如水，母爱的温柔时时包围着你。诗集中歌颂自然的诗也同样充满了哲理与美感。

冰心的《繁星》这本诗集以母爱、童真和对大自然的歌颂为主题。母爱是伟大的，自然是美好的，而童心是纯洁的。《繁星》里充盈着许多精美，而富有哲理的小诗，每一首都宛若夜空中的繁星，荷叶上的露珠，晶莹纯净，清新隽永，有着独具特色的艺术美感，而且想象丰富，富有创造性，令人迷醉其中，给人一种美的享受。

三、教授诗歌写作技巧

在学生具备一定的诗歌欣赏能力和创作灵感之后，可以教授他们一些诗歌写作的基本技巧。以下是一些常用的诗歌写作技巧。

1. 修辞手法：教授学生一些常用的修辞手法，如比喻、拟人、排比，让他们在创作中灵活运用，增加诗歌的表现力和艺术性。

2. 韵律与节奏：介绍不同的诗歌韵律和节奏，如五言绝句、七言绝句，让学生了解不同韵律和节奏对诗歌的影响，培养他们的写作感觉。

3. 结构与布局：教授学生一些诗歌的结构和布局方法，如抒情诗的起承转合、叙事诗的时间顺序，让他们在创作中有条理地组织诗歌的内容。

四、提供创作平台与反馈机制

为了让学生有机会展示和分享自己的诗歌作品,可以提供一个创作平台,如学校的诗歌创作社、诗歌比赛。通过参与这些活动,学生可以与其他创作者交流和互动,从中获得更多的创作灵感和经验。同时,建立一个有效的反馈机制也是非常重要的。老师可以定期组织诗歌分享会,让学生互相欣赏和评价彼此的作品。通过互相的反馈和建议,学生可以不断改进自己的创作,提高诗歌的质量。

五、引导学生创作优美的诗歌作。

培养同学们的诗歌欣赏能力,激发他们的创作灵感,教授诗歌写作技巧,并提供创作平台与反馈机制。只有在这样一个全面的引导下,学生才能真正发挥自己的创作潜力,创作出优美的诗歌作品,学生才能够在诗歌创作中展现自己的才华与魅力。

学习了冰心奶奶的《繁星》,同学们懂得了恰到好处的意象运用,也成为本诗集的一道亮丽的风景。在诗集中诗人歌颂了深蓝的大海,闪烁着的繁星,飞溅的浪花,晚来的潮水,嫩绿的芽儿,淡白的花儿……流星、大海、山影、晚霞,无不包含着温柔的情思,散发着生命的气息、诱人的芳香。这些意象的成功运用,寄托了诗人无限的情思,带给读者美的享受和心灵的陶冶。《繁星》情至深,语至美,还有淡淡的忧愁,值得一读再读。

从诗歌中同学们了解作者赞颂母爱,赞颂人类之爱,赞颂童心,同时她也赞颂大自然,尤其是赞颂她在童年时代就很熟悉的大海,自然激发同学们的生活热情和创作热情。

在老师的精心指导和学生们的琅琅读书声中,学生在读中展开想象和联想,感受到诗人对母亲的依恋和对母爱的赞颂,感受到诗人对大海的挚爱之情,品味到诗歌之美韵,联系自己的生活感悟、学习诗人的诗歌特色进行诗歌创作。同学们踊跃参与,创作诗歌,潜心修改,建立目录,规范格式,注明作者名字、学校和班级。

附学生部分诗歌作品,分别以《大海》《老师》《母亲》《有些事》为主题,共二十首:

繁星(其一)

青岛西海岸新区青草河小学 404 班 孟凡瑞

大海啊！

哪一片浪花没有欢笑？

哪一枚贝壳没有花纹？

哪一次我的甜美梦乡里

没有你波光粼粼的衣袂？

繁星(其一)

青岛西海岸新区青草河小学 404 班 刘昕玥

大海啊！

哪一片沙滩没有嬉戏？

哪一次波涌没有故事？

哪一次我的脑海里，

没有你波涛汹涌的轰鸣？

繁星(其一)

青岛西海岸新区青草河小学 404 班 吕若瑄

大海啊！

哪一只海鸥没有双翼？

哪一片珊瑚没有色彩？

哪一次我的梦想里，

没有你飞翔的身影？

繁星(其一)

青岛西海岸新区青草河小学 404 班 付子怡

大海啊！

哪一只海鸥没有双翼？

哪一条鱼儿没有水花？

哪一次我的脑海里

没有你奔向远方的波涛？

繁星（其一）

青岛西海岸新区青草河小学 404 班　逄朝然

大海啊！

哪一只海鸥没有双翼？

哪一片珊瑚没有色彩？

哪一次我的回忆里

没有你斑斓的光芒？

繁星（其二）

青岛西海岸新区青草河小学 404 班　李雅萱

老师啊！

满目的慈爱，

清秀的字迹，

细心地教导，

小心地陪伴着我们成长。

繁星（其二）

青岛西海岸新区青草河小学 404 班　逄浩钦

老师啊！

天上的太阳升起了，

鸟儿展翅高飞，

心中的太阳升起了，

我紧皱的眉头舒展开来。

繁星（其二）

青岛西海岸新区青草河小学 404 班　王培杰

老师啊！

工整有序的板书，

孜孜不倦的教书，

慈爱深邃的目光，

您是我们辛勤的园丁。

繁星（其二）

青岛西海岸新区青草河小学 404 班　王钰

老师啊！

哪一粒种子没有泥土的呵护？

哪一株幼苗没有甘露的滋润？

哪一次我的成长经历里

没有您悉心教导的身影？

繁星（其三）

青岛西海岸新区青草河小学 404 班　孟凡瑞

母亲啊！

东方的太阳升起来了，

鸟儿拍拍翅膀飞起，

心中的太阳升起来了，

我感受到了晴空的辽阔。

繁星（其三）

青岛西海岸新区青草河小学 404 班吕思远

母亲啊！

天上的太阳升起来了，

鸟儿迎着春光飞翔了，

心中的太阳升起来了，

我战胜了一个又一个困难。

繁星（其三）

青岛西海岸新区青草河小学 404 班　王佩瑶

母亲啊！

天上的太阳升起来了，

鸟儿张开翅膀展翅飞翔，

心中的太阳升起来了，

我的心中温暖得如阳春三月。

繁星(其三)

青岛西海岸新区青草河小学 404 班　郝一蔓

母亲啊！

天上的乌云来了，

松鼠跳到它的窝里，

心中的乌云来了，

我只愿接受你的爱抚。

繁星(其三)

青岛西海岸新区青草河小学 404 班　封和睿

母亲啊！

天上的阴霾来了，

小狗躲到它的被窝里，

心中的阴霾来了，

我只躲到你的怀里。

繁星(其四)

青岛西海岸新区青草河小学 404 班　于露

这些事——

是我最美好的回忆：

宁静的小区，

楼前的树荫下，

母亲的怀中。

繁星(其四)

青岛西海岸新区青草河小学 404 班　金梓琪

这些事——

是最温馨的回忆：

月明的院落，

茉莉的清香，

母亲的关爱。

繁星（其四）

青岛西海岸新区青草河小学班 404 班　张珈畅

这些事——

是永不漫灭的回忆：

清秀的板书，

鼓励的话语，

满眼的慈爱。

用知识陪伴我们长大。

繁星（其四）

青岛西海岸新区青草河小学 404 班　王媛

这些事——

是永不消失的回忆：

夜晚的溪边，

叮咚的溪水，

母亲的怀里。

繁星（其四）

青岛西海岸新区青草河小学 404 班　付裕程

这些事——

是永不漫灭的回忆：

春光满园的学校，

错落有致的教学楼，

慈爱温和的老师。

繁星（其二）

青岛西海岸新区青草河小学 404 班　吕思远

这些事——

是童年的美好回忆：

一碧如玉的草坪，

温暖和煦的阳光，

飞驰炫酷的轮滑，

清脆如铃的笑声。

指导学生尝试创作诗歌教学初探

——学习《少年中国说》随堂练笔写诗歌

散文是文学体裁的一种,形式较为多样化,可以吟咏、朗诵。《少年中国说》是梁启超(1873—1929)所作的散文,写于戊戌变法失败后的1900年,文中极力歌颂少年的朝气蓬勃,指出封建统治下的中国是"老大帝国",热切希望出现"少年中国",振奋人民的精神。

人民教育出版社小学语文第九册课文《少年中国说》是梁启超先生原作《少年中国说》的节选,原文有13个自然段,课文仅仅是第10自然段中的一部分,根据内容层次,重新分为了三个自然段。

文字语言特点是高度凝练、概括,气势宏大,感情饱满。文章多为四字一句,而且押韵,处运用反复、对偶、比喻、排比等修辞方法,具有强烈的鼓励性。大量地引用了典故,使文章具有较强的说服力和感染力,具有强烈的进取精神,寄托了作者对少年中国的热爱和期望。读起来铿锵有力,朗朗上口。

课文《少年中国说》,只是节选原文的一小部分内容,因为课文是以"故"一词开头的,"故"在这里是因此、所以的意思。在"故"之前,作者对比了"老朽"与"少年"的不同气象和担当,顺势就有了"故"后面的议论、想象和强烈的抒怀。

课文第一自然段,以"故今日之责任,不在他人,而全在我少年"开篇,紧接着是一大段酣畅淋漓的排比句式,论述了少年对于创造一个新兴中国的无比重要性。这一段语言形式简单,意思浅白,几乎没有文言文的痕迹。第二自然段全部是四字一句,而且押韵,比喻、排比手法运用自如,读起来气势如虹,呈现的艺术形象多姿多彩,且都充满朝气,令人振奋,即使不能完全明白每句话的意思,也能通过节奏、音韵感受到字里行间蕴含的强烈情感和精神力量。最后一段,正好依托上一段的情感氛围,借着已经昂扬的气势,将情绪情感推到高潮、顶峰,如振臂高呼,快意抒发,"美哉……""壮哉……",将对少年中国的向往和中国少年的赞美表达得淋漓尽致。

课文三个自然段中,第二自然段运用的是文言句式,四字一句,写了"红日初升""河出伏流""潜龙腾渊""乳虎啸谷"等七种充满生机和力量的事物形象,语意十分凝练,学生理解起来有一定的困难。学习时,除了鼓励学生结合注释自主理解外,教师还要根据学生实际提供必要的帮助,引导学生抓住事物形象想象画面情景,或引导学生查阅有关资料,加深理解。

课堂教学我们要完成三个学习任务。

1. 识字学词。

识字学词虽然是常规性学习目标,对于这篇文章来说,能读准每个字的读音,理解每个字词的意思,显得尤为重要。生字新词集中在第二自然段,其中"翕、鳞、硎"三个字没有出现在认字表中,但这几个字与"惶、履"等字一样,只有做到会读明意,才能更好地读懂句子,想象画面,体会情感。鼓励学生自主识记、理解生字新词,积极练习书写,主动丰富积累。

2. 朗读积累。

课文语言高度凝练、概括,气势宏大,感情饱满,读起来铿锵有力,朗朗上口。课堂上要重视多种形式的朗读实践和体验,如个人读、分自然段合作读、分前后半句合作读、齐读、对照图片形象读,读出连贯,读出气势,直至熟读成诵。

3. 方法习得。

学习《古诗三首》时,已经实践了借助查阅相关资料深入理解内容、体会情感的学习方法,本文的学习,继续鼓励学生根据需要,积极主动地熟练查阅相关资料,结合资料做批注,促理解。

《少年中国说》讴歌了祖国未来的英姿及其光辉灿烂的前程,对肩负着建设少年中国重任的中国少年寄予无限希望,鼓励他们奋袂而起,投入改造中国的战斗中去。豪迈爱国热情和浩然正气特别能够点燃学生的报国之志和学习热情。

教师在指导学生完成第三个学习任务的基础上,提出了一个有些挑战性的学习任务,那就是创作诗歌。对于五年级的学生来说是有难度的,但是努力一下,还是有奇迹出现,有新作呈现。

诗歌创作,要求形象生动传神,创造优美意境,思想内容深刻,语句高度凝练集中,概括性强,优美形象生动,韵律节奏鲜明界,高度集中地反映社会生活,凝聚着作者强烈的思想感情,富于想象,语言凝练而形象,有鲜明的节奏感。诗歌作为文学体裁,以抒情为主,或叙事,或说理,想象丰富,也是世界上最古老、最基本的文学形式。

同学们在朗读感悟文本中感受诗词节奏之美,韵律之明快,已经具有尝试创作诗歌的学习能力和写作欲望。于是,教师顺势引导,提供平台,让学生有小试牛刀的创作机会,我们当堂以《秋之歌》为题进行写作,可以四字一句,也可以运用意思浅白的白话文。创作完成,我们鼓励学生声情并茂朗诵老师和同学们自己的新作。

附:教师和学生当堂诗歌创作新品:

秋之歌

作者 刘桂英

朗诵 宋雨蒙

眺望东方,红日初升。

丛林沾霜,枫叶炽腾。

沙鸥成行,高歌引朋。

远山苍茫,叠峦奇峰。

天高气爽,深秋耘耕。

九州炎黄,五谷丰登。

秋之歌

作者 刘桂英

朗诵 宋雨蒙

我爱秋天

爱那绵绵悠长的云天一色

爱那点点成片的秋霜初凉

我爱秋天

爱那累累硕果的沃田原野

爱那行行南飞的鸿雁和祥

我爱秋天

爱那呢喃入心的秋日思语

爱那碧空盈目的气清朗朗

我爱秋天

爱那奇花初胎的中国少年

爱那朝气蓬勃的书声琅琅

秋之歌

作者 刘思瀚

朗读 刘思瀚

我爱秋天

爱那清晨乡间新鲜的空气

爱那树上熟透了的累累硕果

我爱秋天

爱那草尖上的点点露珠

爱那大地上落叶铺成的地毯

我爱秋天

爱那风中裹着的泥土清香

爱那挂满笑容的农民伯伯

我爱秋天

爱那早起背着书包上学的学子

爱那放学时落霞与孤鹜齐飞的画卷

秋之歌

作者 刘雨婷

朗读 刘雨婷

我爱秋天

爱那孤鹜相伴的晚霞

爱那空中翱翔的雄鹰

我爱秋天

爱那红满枝头的枫叶

爱那丛林脚下的清脆

我爱秋天

爱那丰收在望的田野

爱那金黄成片的稻子

我爱秋天

爱那绿草掩映的小溪流

爱那清晨琅琅的读书声

秋之歌

作者 刘明轩

朗读 刘明轩

我爱秋天

爱那红日东升的朝霞

爱那振翅南飞的大雁

我爱秋天

爱那红彤彤的苹果

爱那金灿灿的鸭梨

我爱秋天

爱那山坡上的蒲公英

爱那丛林里的枫叶

我爱秋天

爱那波光粼粼的大海

爱那一碧如洗的蓝天

秋之歌

作者 董昕雨

朗读 董昕雨

我爱秋天

爱那金黄落叶在地下铺成的小路

爱那金色落叶在脚下发出的每一声脆响

我爱秋天

爱那清晨原野上如梦一样的云雾

爱那清晨草地上若雪一样的白霜

我爱秋天

爱那晚间的秋风瑟瑟

爱那夜空中的点点繁星

我爱秋天

爱那霞光中披着金色衣衫的崇山峻岭

爱那晨曦中红日照亮了整个世界

·习作指导教案汇集·

《＿＿即景》习作教学设计

【教材分析】

本次习作是半命题作文,要求学生根据自己观察的对象,把题目补充完整。"即景"的意思就是眼前的、当下的景物,这就要求所写的景物是较短的时间内所见,且有一定变化。

教材首先明确了习作内容,然后提出了习作要求:一要按照顺序写景物,二要写出景物的动态变化,最后提出修改要求和建议。教材配有插图,有远景,有近景,有动态,有静态,既能开拓学生的思维,又能激发学生的写作灵感。

【教学目标】

知识目标:观察某种自然现象或某处自然景观,重点观察景物的变化,写下观察所得,并把题目补充完整。

能力目标:能按照一定顺序描写景物,写出景物的动态变化。

情感目标:结合观察记录单,初步按照习作要求写出喜爱的景物,完成习作。

【教学重点】

能按照一定顺序描写景物,写出景物的动态变化。

【教学准备】

学生提前观察一种自然现象或一处自然景观,重点观察它的动态变化,填写观察记录单。

观察记录单

(备注:记录当时、当下所看到的景物)

观察时间		观察地点		观察的自然现象或自然景观	
观察顺序				景物的变化	

【教学过程】

一、习作导入

谈话导入:同学们,本单元的主题是"四时景物皆成趣",通过学习本单元的课文,我们初步体会了景物的动态描写和静态描写。大自然的变化让我们感受到世界的奇妙和美好:朝阳喷薄而出,夕阳缓缓西沉;林中百鸟争鸣,园中鲜花怒放……本单元学习之初,我们已经完成了观察记录单。这节课,让我们用手中的笔、用文字描绘景物的变化吧!

二、习作要求

1. 板书"＿＿＿即景",引导学生正确理解"即景"的意思。

点拨:即——当时,当下;即景——当时或当下所看到的景物,短时间内的景物变化。

2. 如下面的写景内容就是"即景":

(1)写春天黎明时天空颜色的变化,或写秋天黄昏时归鸦回窠的情景,就是即景。

(2)写含羞草遇到外界刺激就轻轻闭合上的变化过程,就是即景。

3. 学生继续阅读教材第2、3自然段,师生归纳本次习作的具体要求:

(1)按照一定的顺序描写景物。

(2)注意写出景物的动态变化。

设计意图:

引导学生解读教材,初步明确写作对象及习作要求,为下面的习作活动作铺垫。

三、习作指导

合作探究:同学们,你准备写什么?怎么写?让我们借助观察记录单一起交流一下吧!(板书:习作指导)

(一)探究任务

结合观察记录单讨论:怎么将题目补充完整?按怎样的顺序描写景物?怎样写出景物的动态变化?

提示:先分小组讨论,然后各小组派代表在班级交流分享。

(二)探究活动

1. 补题目。

(1)这次习作的观察对象是"一种自然现象或一处自然景观"。全班交流:生活中哪些是自然现象? 哪些是自然景观? (板书:自然现象　自然景观)

预设:

①"自然现象"指的是刮风、下雨、打雷、起雾、日出、日落等现象。

②"自然景观"就是指大自然的景色,如山水田园、荷塘湖泊等。

(2)引导学生读教材中已经补充好的四个题目。思考:你发现了什么?

预设:雨中、日落是自然现象;田野和窗外是指观察的范围。

教师相机点拨:可以把观察到的自然现象或自然景观(即观察对象)补充到题目中去,也可以把观察范围补充到题目中去,但所写内容必须是观察到的自然现象或大自然的景色。(板书:补题目　观察对象　观察范围)

(3)组织学生说一说自己的观察对象,想一想可以补充哪些题目。

如晨曦中的公园、雨后的池塘、傍晚窗外天空的云、夕阳斜照的水面、风中的落叶、公园即景、池塘即景、窗外即景、夕照即景、落叶即景。

设计意图:

题目是文章的眼睛,一个醒目、诗意的题目往往能够吸引读者眼球,此环节引导学生在题目上下功夫。

2. 按顺序(板书:按顺序)。

结合教材内容,说说"按顺序"写,可以按怎样的顺序呢?

预设:由近及远的空间顺序。(板书:空间顺序)

点拨:除了可以按由近及远的顺序,还可以按由远及近的顺序。空间顺序还有由上到下、由下到上,由左到右、由右到左,由前到后、由后到前,由中间到两边等。

预设:还可以按时间顺序写。比如写观日出,可以按"日出前、日出时、日出后"的顺序来写。(板书:时间顺序)

设计意图:

关注写景顺序,文章才会言之有序,描写出的景物才能层次分明、清晰自然。学生才会养成有条不紊的叙事好习惯。

3. 写动态变化(板书:写动态变化)。

(1)提问:如何才能把景物的动态写得更加鲜活生动呢?

回顾《月迹》第2段:

我们看时,那竹窗帘儿里果然有了月亮,款款地悄没声儿地溜进来,出现在窗前的穿衣镜上:原来月亮是长了腿的,爬着那竹帘格儿,先是一个白道儿,再是半圆,渐渐地爬得高了,穿衣镜上的圆便满盈了。

① 思考:作者抓住月亮哪方面的变化来写月亮升高这一过程?

预设:作者抓住月亮形状的变化写出了月亮慢慢升高的动态过程。

② 追问:作者是怎样把月亮升高这一动态过程写得更加鲜活生动的?

预设1:作者在写景物变化时,运用了"先""再""渐渐地"这些表达承接关系的词语,使月亮升高的过程更清晰。

预设2:"溜""爬"两个动词极其精妙,运用拟人的修辞手法,把月亮当作人来写,这样写使月亮的动态变化更生动。

(2)练习:这段文字抓住了景物哪方面的变化?是怎么把景物的动态变化写得鲜活生动的?

回顾《四季之美》第1段:

春天最美是黎明。东方一点儿一点儿泛着鱼肚色的天空,染上微微的红晕,飘着红紫红紫的彩云。

预设1:这段文字抓住了春天黎明天空颜色的动态变化。

预设2:作者运用"一点儿一点儿、微微的"等叠词和"泛、染、飘"等动词写出了天空颜色变化的过程,十分细腻、鲜活。

预设3:作者运用"鱼肚色、红晕、红紫红紫"等表示颜色的词语生动地写出了天空颜色的变化。

(3)师生共同归纳写出景物动态变化的方法。

点拨并相机板书关键信息:可引导学生抓住景物的特点,从景物的形状、颜色、数量、气味、大小、长短、疏密、粗细、明暗、冷暖、声音、神韵等方面来描述景物的动态。在描绘过程中,可以运用动词、叠词或表示承接关系的词语,还可以恰当运用修辞手法,这样可以将景物的动态变化写得更加鲜活生动。

设计意图:

动态描写可以从不同角度刻画景物的即时特点,赋予客观事物运动感、生命力、变化感,丰富景物的多样性,实现景物的动态表现。

（三）交流分享

（1）引导学生结合课前自己填写的观察记录单,交流分享。

交流提示:

① 你观察的对象是什么?

② 在你观察的景物中,哪些是有动态变化的?

③ 你会抓住它的哪些方面来描述?

④ 你想拟什么题目? 按什么顺序写?

教师巡视,及时发现学生拟题不恰当或所写景物不恰当的地方,讨论更改,使文章从题目到所写内容均符合习作要求。

（2）引导学生结合观察记录单,构思文章结构。提问:开头写什么? 结尾写什么? 中间呢?

提纲范例

习作提纲
→题目:××即景
→开头:交代描写的是什么景。

教师点拨:注意描写所观察的景物的动态变化应是文章的主体段落。

（四）方法小结

写作前,引导学生再次明确习作对象及要求,并简单总结习作方法。

过渡:同学们,这节课我们明确了本次习作的对象及要求,也梳理了补充习作题目、按照一定的顺序描写景物,以及写出景物的动态变化的方法。还交流分享了自己观察到的景物和写作思路。快根据你的观察记录单或习作提纲,把自己观察到的景物用文字介绍给大家吧!

设计意图:

这一环节先从写作要求中提炼关键词,然后结合教材内容,引导学生掌握补写题目,梳理写作顺序和写动态变化的关键点。其中,写出景物的动态变化,是本次习作指导的重点,课文就是学生学习习作方法很好的范例。另外,教师要及时发现问题,并组织学生讨论、解决问题。

四、习作练笔

1. 课件出示习作要求,教师布置写作任务。

（1）把习作题目补充完整。

（2）按照一定的顺序描写景物。

（3）注意写出景物的动态变化。

（4）语句通顺，400 字左右。

2. 学生结合自己的观察记录单或列好的提纲进行习作。

3. 教师关注到写得比较精彩的习作，为下节课的讲评、修改做准备。

4. 结束语：请课上习作没有写完的同学课后继续完成，完成的同学可以读一读自己的习作，并尝试修改。

【板书设计】

习作指导：

【教学反思】

在这节习作课中，我先出示了几个体现优美风景的图片，引起学生的兴趣。然后通过写作方法指导，让学生明白怎样进行写作，从而消除他们在写作上的畏难情绪。在教学过程中，我充分发挥学生之间、学生和教师之间的探究精神，让学生通过展示自己的作品，发现作品中的优点和不足，从而指导学生进行修改，让自己的作品更完美。

美中不足的是，在教学过程中，我对学生的鼓励性评价较少，希望在今后的教学中有所改进。

《＿＿即景》评改指导教学方案

【教学目标】

能力目标:根据评价标准,初步修改典型习作。

情感目标:拓展作文思路,自主修改习作,积累动态描写精彩语段。

【教学重点】

能按照一定顺序描写景物,写出景物的动态变化。

【教学准备】

学生已完成自己的习作。

【教学过程】

一、习作导入

1. 谈话导入:在同学们的笔下有笼罩校园的雾孩子,有顽皮地吹拂落叶的风娃娃,有夕阳斜照下的大海,还有晨曦中的公园……让我们交换习作,互相欣赏一下吧!(板书——习作:即景　评改指导)

2. 小组内互读习作,初步评价习作,得出评价标准。(板书:梳理评价标准)

(1)让学生互相读读小组内同学的习作,议一议谁的习作写得好,好在哪里。

预设1:小明的习作能按顺序描写景物,描写的内容具体,还能恰当地运用比喻、拟人等手法。

预设2:小丽的习作抓住景物形状、颜色、声音等的变化,写出了景物的动态变化,还写出了自己独特的感受。

(2)启发学生思考:就本次习作而言,好作文的评价标准是什么?

点拨:引导学生结合习作要求和同学的习作,总结出本次习作的评价标准,即按一定顺序描写景物、写出景物的动态变化。

预设：

《＿＿＿即景》习作评价表★	
评价内容	评价等级
1. 是否按一定的顺序描写景物？	☆☆
2. 是否写出了景物的动态变化？	☆☆☆☆

备注：前一项内容比较基础，分值为 2 颗星；后一项内容是本次习作修改的重点，分值 4 颗星，共计 6 颗星。

设计意图：

谈话导入自然进入本节课的学习，引导学生梳理本次习作的评价标准，紧扣本次习作训练重点，可为后面的习作评价和修改作铺垫。

二、评改指导

1. 探究任务

对典型习作进行评价和修改，明确修改方向，学习修改方法。（板书：明确修改方向）

提示：全班评价、讨论，发现问题，并提出修改建议。

2. 探究活动

（1）出示典型习作一，全班讨论，提出修改建议。

典型习作一：《雾中即景》片段

到了上午，雾就更白了，更浓了。清晨，淡淡的雾在校园里飘着，像轻纱笼罩着整个校园。我站在远处看，同学的身影朦朦胧胧的，教学楼亮灯的窗口也像罩了层纱。空气湿漉漉的。浓雾很淘气，藏起了太阳的利剑，太阳刚露了一下脸就躲进了云里。眼前只有这白色的雾，像牛奶一样，分不清天和地，更看不清人影。道路两旁的路灯眨着它们那黄水晶般的大眼睛。中午，太阳探出半个脑袋，雾一下子淡了。

① 边评价边思考：你觉得这段文章好在哪里？又有什么问题？

《雾中即景》习作评价表★	
评价内容	评价等级
1. 是否按一定的顺序描写景物？	★☆
2. 是否写出了景物的动态变化？	★★★★

预设：本片段语言描写较生动，能恰当运用比喻、拟人等修辞手法，写出了雾的动态变化，但顺序有些混乱。

②追问：如果按照什么顺序来写，就更清楚了？

预设：写雾的变化过程，可按照时间顺序，先写清晨的雾，再描述上午的浓雾，最后写中午太阳出来后雾变淡了。这样写作思路就清晰了。

③师生共同修改典型习作一。

预设：

清晨，淡淡的雾在校园里飘着，像轻纱笼罩着整个校园，空气湿漉漉的。我站在远处看，同学的身影朦朦胧胧的，教学楼亮灯的窗口也像罩了层纱。道路两旁的路灯眨着它们那黄水晶般的大眼睛。太阳刚露了一下脸就躲进了云里。渐渐地，雾更白更浓了。浓雾很淘气，藏起了太阳的利剑，让人们的眼里只有像牛奶一样的白，分不清天和地，更看不清人影。中午，太阳探出半个脑袋，雾一下子淡了。

④教师小结：可以根据所写景物的特点，回顾观察顺序，看看是否把变化过程写清楚了。（板书：按一定顺序描写景物）

（2）出示典型习作二，全班讨论，提出修改建议。

典型习作二：《月夜即景》片段

晚上，我走出家门，发现今晚的天空干净得很，没有一丝云。一轮月亮把小区照得亮亮的，似乎星星也暗了许多。月光下的小池塘更亮了，水里能看见圆圆的月亮，偶尔有小鱼儿探出头。出来散步的人很多。

①边评价边思考：你觉得这个片段少了点什么？

《月夜即景》习作评价表★	
评价内容	评价等级
1. 是否按一定的顺序描写景物？	★★☆
2. 是否写出了景物的动态变化？	★☆☆

预设：这一段按从上至下的空间顺序描写了天空、月亮、小池塘、散步的人，有动态描写，但没写出动态变化。

②引导学生思考：这样的月夜，哪些景物是有动态变化的？追问：怎样描述出月亮和小池塘的动态变化？

问题1预设：月亮和小池塘有动态变化。

追问预设:可以写月亮是怎么一点点升高的。描绘它一开始照到小池塘时,是什么样的场景;描绘随着月亮升到半空中,又是怎样的场景。描绘鱼儿探出头来之后,小池塘又有什么变化。

③ 引导学生思考:描写动态时,用什么词语能使画面更准确、鲜活?"散步的人很多",要如何描写?

预设1:描写动态时,用动词、叠词等词语能使画面更准确、鲜活。

预设2:"散步的人很多",可以写他们是绕着池塘走的,还享受着银色的月光。

④ 师生共同修改典型习作二。

预设:

晚上,我走出家门,发现今晚的天空干净得很,没有一丝云。月亮慢慢地爬上楼顶,把小区照得亮亮的,连平日里亮闪闪的星星似乎也暗了许多。月光下的小池塘更亮了,像一面镜子。走近池塘,能看清池塘里粼粼微波中颤动的圆圆的月亮,好像伸手就可以触到它。在我凝神遐想的时候,水里的圆月悄悄地挪移了,依然是那样颤动,池塘里楼群的阴影也挪移了,整个池塘也成了一个人间的圆月。偶尔有调皮的小鱼儿探出头,荡起的水纹一圈圈扩散开来,让这圆月微微动起来。池塘边的小路上,出来散步的人很多,他们绕着池塘边走边聊,享受着这银色的月光。

⑤ 小结:抓住景物的特点(形状、颜色、数量、声音等),来描述景物的动态变化。同时,恰当运用动词、叠词,表示承接关系的词语,修辞等方法,能将景物的动态变化写得更加生动。(板书:写出景物的动态变化)

设计意图:

习作完成后,结合典型习作(可以从学生作品中选取典型片段),指导学生根据本次习作要求对其进行评价和修改。让学生在评改活动中,明确修改方向,学习修改方法。

三、习作分享

1. 互评互改,分享习作。(板书:评改、分享习作)

提示:小组成员之间阅读、评价、修改习作,并推荐佳作或精彩语段在班级分享。

(1)指导学生按照本次习作的评价标准(按顺序、写出动态变化)和修改典型习作的思路,再读一读自己的文章,看看是否写出了景物的变化,对写得不满意的地方进行修改。提示学生关注书写规范和标点符号等。

（2）教师巡视,相机指导。

（3）学生修改习作后,以小组为单位进行交流,说说发现了什么问题,是怎么改的。小组推荐佳作或精彩语段,在班级交流分享。

2. 教师小结:同学们,按顺序写,要写好事物之间的衔接;写出动态变化,不仅要有动态描写,也要有形态等方面的变化。这样的文章才是一篇优秀的写景文章。接下来,让我们一起欣赏一篇佳作《日出即景》吧!

设计意图:

通过相互评改,能引导学生审视自己和同学的习作,在交流中反复修改,巩固学到的评改方法。而习作分享活动,能丰富学生的阅读面,扩宽学生的写作思路,帮助学生得到一些习作的灵感。

3. 师生合作,简单分析范例,教师对这篇范例进行整体评价。

（1）批注:

① 交代时间和要写的景物。

② 描写夕阳西照的韵味美景。

③ 运用比喻、拟人的修辞手法,把夕阳斜照的景物变化写得生动形象。

④ 结尾点明主题,表达自己对夕阳斜照美景的喜爱之情。

（2）总评:作者抓住夕阳西沉的瞬间变化,用生动优美的语言描绘自然之美,令人赏心悦目。观察有序才会描写有致,文笔如此细腻生动,源自作者有一双发现自然之美的慧眼。作者善于引用名人名句,为作品润色增光,值得借鉴效仿。

设计意图:

引导学生学习优秀作品,帮助学生扩大阅读面,同时在赏析活动中,让学生进一步感受写景文章的写作特点。

四、布置作业

1. 继续修改、完善自己的习作。

2. 有条件的话,选择同学的习作中打动自己的风景进行观察和欣赏。

【板书设计】

习作：＿＿＿即景

评改指导

梳理评价标准　明确修改方向　评改、分享习作

↓

☐ 按一定顺序描写景物
☐ 写出景物的动态变化

【教学反思】

　　评改指导课是在学生习作完成后,结合典型习作(从学生作品中选取典型片段),指导学生依据本次习作评价标准,对典型习作进行评价,群策群力,提出修改建议,有了评价标准和修改指导策略,学生对自己的作文进行全面修改,包括词句段和标点符号的正确使用,学生在评改活动中,明确修改方向,学习修改方法,提升习作自信,提高作文水平。

【佳作赏析】

夕阳即景

青岛西海岸新区青草河小学 503 班王乐欣　指导老师:刘桂英

　　"夕阳无限好,只是近黄昏",日出时,金光照耀大地的景象固然美,但那迟暮的落日,却有它独特的韵味……

　　太阳这个巨大的火球,正慢慢地从蓝蓝的天空移向西山,朵朵云彩相依相随着太阳的脚步,缓缓地变幻姿态,缓缓地跟人们玩着捉迷藏的游戏,直至消失;小溪依然欢快如歌,不急不缓,流淌出一天的恒定好心情;田间劳作的人们撸下裤腿儿衣袖儿,拍打拍打衣襟上的尘土,拎起铁锹锄头,带上泥土的芬芳,大步流星地朝向炊烟袅袅的村落走去。嘿,一只小鹿安然趴在夕阳斜照的草坪上,它是在欣赏日落的美景吗?的确是美到了极致!看,金光普照大地,暖意融融,争相开放的花儿镶上了金边银边,一切安静了下来——连同那翩翩起舞的曼妙,也消失在了花丛中……

　　夕阳斜照西山,天空中一群群染成红色的暮归鸟儿,急匆匆地朝窠里飞去。夕阳的照耀,群山环抱的树木穿上了别致的衣裳。湖面上,一缕缕金光撒向湖面,不甘寂寞的芦苇在微风中轻轻地摇曳着,湖面上荷叶田田,偶尔有一只两只的蜻蜓立于上面,悠然地随风而动,整个湖面便成了一幅嵌在玻璃框里的

画。湖中的鱼儿欢快地畅游,偶有水泡冒出,一圈一圈的波纹顿时荡漾开来……湖的大小,好像是有心人为鱼儿、蛙儿设计的镜匣。湖岸四周杨柳依依,风中飘动的柳枝仿佛是姑娘的长发,柳枝绿叶片片,虽不甚浓密,那便是钻石点点,装点着姑娘长发上的发卡。

夕阳西沉,夜幕降临。此时,皎洁的明月悄没声儿地溜了出来。西边的青山也随着夕阳的西沉而越发黛色沉沉,疏朗的稀星点缀在硕大的黑黑的天然屏幕上,池塘里的蛙声一阵接着一阵,倘若站立在池塘旁,你一定会欣赏到池塘的美轮美奂,不光秀色旖旎,还能听取蛙声一片。

太阳终于完全落进了西山,日落即是一天的结束,又预示新一天的开始。徐志摩笔下的"我挥一挥衣袖,不带走一片云彩",用来形容此时的夕阳美景,实在是再贴切不过的精美绝句了。

【教师评语】作者抓住夕阳西沉的瞬间变化,用生动优美的语言描绘自然之美,令人赏心悦目。观察有序才会描写有致,文笔如此细腻生动,源自作者有一双发现自然之美的慧眼。作者善于引用名人名句,为作品润色增光,值得借鉴效仿。

《我想对您说》教学方案

【教材解析】

本次习作的内容是以书信的形式说出想对父母说的心里话。教学时,教师不但要指导学生写出真情实感,说出最想对父母说的话;还要让学生了解和把握书信这一传统表达方式的格式和内容表述上的特点,认识到在电脑和手机频繁使用的今天,书信仍有不可替代的作用和便于内心交流的长处。通过本单元课文的学习和写作训练,学生既体会到了父母对自己的爱,认识到该用什么方式去对待这种爱;也能认识到书信表达的长处,并能运用书信表达自己的思想和感受。

【教学目标】

知识目标:了解书信的格式、内容和书信表达的好处,激发写书信的兴趣。

能力目标:根据习作提示,选择自己感兴趣的内容进行写作,能写出最想对爸爸妈妈说的话,表达自己的真情实感。

情感目标:感受父母的爱,与父母沟通情感,建立良好的亲子关系。

【教学重点】

了解和把握书信的特点,学会运用书信表达自己的情感。

【教学难点】

写出真情实感,表达出最想对爸爸妈妈说的话。

【课前准备】

教师准备:制作多媒体课件。

学生准备:回忆生活中父母与自己相处的具体事件,积累素材。

【课时安排】

1 课时

【教学过程】

一、新课导入

1. 师:同学们,我们学习了本单元的三篇父母之爱的课文。通过学习这几篇课文,我们对父母之爱了解得更加深入了一层,为了让同学们从自己的身边小事入手再一次体会父母对自己的爱,所以,老师安排了本次习作。今天我们就来写一写父母对自己的爱,写一写我们想对父母说的话。

2. 引导学生了解书信,激起学生运用书信表达思想感情的兴趣。

思考:在电脑和手机发明使用之前,人们用什么来传递信息和交流思想感情呢?

明确:书信。在我国,人们用书信来传递信息和交流思想感情的历史相当悠久。书信是人们用来表达见解和进行思想交流的一种重要方式。利用书信,我们能更好地表达对父母的爱和对父母的理解,说出我们的心里话。当父母收到书信,捧读我们的一颗赤子之心时,他们的脸上,一定绽放着笑容,他们的心里,也一定涌动着温暖的热流。

设计意图:

让学生明白书信是人们日常思想交流中的重要方式,引发学生想要学会运用书信交流的愿望,激发学生学习用书信形式表达情感的积极性。

二、明确要求

1. 教师引导学生阅读课本,了解具体的习作要求。

(1)阅读第一自然段,明白这次习作是要我们和父母“谈心”,即和父母说一说心里话。

(2)结合口语交际活动,先在小组内交流自己想对父母说的话,然后教师点拨。

(教师出示习作提示。)

◇ 可以回忆你们之间难忘的事,表达你对他们的爱。

◇ 可以讲讲你对一些事情的不同看法,让他们了解正在长大的你。

◇ 可以关注他们的生活,向他们提出建议,如劝他们改掉一些你认为不好的习惯等。

(3)阅读第三、四自然段,明确是以写信的方式和父母谈心。

（4）师生共同探究习作要求。

2. 学生结合口语交际中的训练和习作要求确定自己的写作内容。

设计意图：

学生阅读课本，了解具体的习作要求，明确用写信的方式传递信息，交流感情。

三、了解书信

1. 了解书信的格式。

导语：书信是一种向特定对象传递信息、交流思想感情的应用文书。书信的使用在我国有着悠久的历史。我们给亲戚朋友写信，不仅可以传达自己的思想感情，而且能给收信人以"见字如面"的亲切感。随着科技不断进步，电话、电报、手机短信、微信等交流信息的手段相继出现，书信也变了形式，那就是电子邮件。现在电子邮件这一新的书信形式被越来越多的人运用。

（1）了解书信的格式。

明确：书信一般由六个部分构成，即称呼、问候语、正文、祝福语、署名、日期，它们有着不同的格式要求。① 称呼。写一封信，先要把收信人的称呼顶格写在第一行，然后再在后面加上冒号，表示有话要说。② 问候语。问候语要写在称呼的下一行，空两格。它可以独立成为一段。③ 正文。正文一般分为连接语、主体文、总括语三个部分。每一个部分开头都应另起一行，空两格落笔。④ 祝福语。祝福语是表示致敬或祝贺一类的话，如"此致""祝"等。应独占一行，空两格写。注意在写与"此致"或"祝"相配套的"敬礼""健康"等一类表示祝福的话语时，一般要另起一行顶格写。⑤ 署名。写完信之后，在信的右下角写上发信人的姓名。在署名的前面一般要加上合适的称谓，如"你的同学""你的好友""您的学生"等。⑥ 日期。日期写在署名的下一行，居于右下角。

（2）书信结构简图。

×××（称呼）：

（问候语）

（正文）

（祝福语）

×××（署名）

× 月 × 日（日期）

2. 运用书信表达对爸爸妈妈想说的话

设计意图：

学生明确书信的正确格式,知道可以把对爸爸妈妈最想说的话在书信的正文中表达。学会用书信表达情感。

四、指导思路

1. 教师展示《慈母情深》中的句子,体会写法。

（1）出示句子:背直起来了,我的母亲。转过身来了,我的母亲。褐色的口罩上方,一对眼神疲惫的眼睛吃惊地望着我,我的母亲的眼睛……

（2）学生读一读,想象一下,你的脑海中出现了怎样的画面？哪些词语打动了你？

教师小结:要想把父母的爱写得具体、感人,我们就要对父母的外貌、语言、动作、神态等进行描写,做到言之有物、言之有情。

2. 学生进行写作,教师巡视指导。

设计意图：

回顾《慈母情深》中的句子,体会写法,习得方法,用于写作,选取典型事例,通过细节描写表现人物品质。

五、习作点评

1. 教师投影几篇典型的习作初稿,师生集体评议、修改。

评议重点：

（1）书信格式是否正确；

（2）正文表达是否通顺明白,情感是否突出；

（3）哪些优点可以借鉴。

2. 学生自己尝试修改习作。

修改重点:（1）改正错别字、错用的标点；（2）改正不通顺的语句；（3）看看哪些地方需要补充,哪些地方可以删去。

3. 小组交流自己的习作,互相修改评分；推选佳作进行朗读展示,教师点评。

（1）点评重点:① 书信格式规范；② 正文选材精当,叙事具体；③ 情感真实感人。

（2）佳作欣赏：写给老师的一封信

句段赏析：

① 您"一词蕴含着"我"对老师的感激之情。

② 总述老师对"我"的人生路上的影响。

③ 具体讲述老师在学习上给予"我"的帮助和鼓励。

④ 述说老师为"我"付出很多，表达"我"感激之情。

⑤ 结尾抒发爱妈妈的感情，升华了情感。

4. 自我完善修改。

设计意图：

此环节指导学生习作中以书信的形式写出了老师对"我"的悉心教育，表达了"我"对老师真挚的感激之情。信中，小作者以小片段的形式写出了老师对"我"思想上的指引、作文上的指导，条理清晰，结构完整。

六、课堂小结

同学们，生活中，父母对我们的爱，学习中，老师对我们的教导，我们一刻也不会忘记。但有时我们的心中除了感激之外，还会有其他的想法，而有些话当面又不好表达。今天我们学习运用书信这种形式与父母交流，是不是就能很轻松说出心中想说的话？请同学们利用这种方式，向父母向老师表达一下你的心里话吧！

七、作业布置

讲习作仔细修改，认真誊写到信纸上，交给父母和老师。

【教学反思】

"我想对您说"是部编版第九册第五组教材的作文题。本组教材选编了三篇父母之爱的课文。通过学习这几篇课文，学生对父母之爱了解得更加深入了一层，为了让学生从自己的身边小事入手再一次体会父母对自己的爱，进行了本次习作教学。执教本课后，我进行了反思：

对于作文来说，事前列提纲是防止跑题的法宝。课堂上由老师引导学生列提纲。提纲只画出一个大的框架，不填内容。这样学生在写作文的时候就有章可循，只需要把框架补充完整，就会完成一篇血肉丰满的习作。完善要求，自主习作。教材中明确提示我们要对爸爸或妈妈说,那么说些什么呢?教材中给出了三个示例做引导。鉴于此我在课上引导学生从自己的实际生活入手补充了两个更具体的,如:爸爸阻止你参加足球训练,这时你想对爸爸说些什么?妈妈逼着你去上美术辅导班,而你不愿意去,因为你对美术不感兴趣,也没有画画的天分,那么你又想对妈妈说些什么?以此为例,启发学生结合自己的实际生活情况,打开思维,找准说的话题。引导学生把平时积累的素材巧妙运用、加工,体现了习作的生活性和灵活性。

指导学生在说的时候注意用词的准确,表情达意的准确。让自己的习作既能够说明白自己的观点又能够说服爸爸妈妈,让他们欣然接受。这是本次习作的难点。这一难点处理得过于草率了。在下一次执教本节课的时候一定要注意弥补。

习作完成后的修改。习作完成后指导学生对照评价标准进行修改这一环节,学生先是在老师指导下一同评价并对典型片段提出修改建议,然后自己修改,互评后再自己修改。我觉得以后的教学应该放手让学生自主完成,这样做,学生能够既见识了别人的习作,又更深刻地认识到自己的不足,评价修改中不断提升习作能力和鉴赏能力。

【佳作赏析】 写给老师的一封信

老师,我想对您说

青岛西海岸新区青草河小学 503 班王乐欣　指导教师:刘桂英

敬爱的老师:

您好!

提笔为您写信,分外激动。

我是第一次用书信的形式表达我对您的感激。感谢您在我成长路上的悉心教导。您就是我人生中的指航灯,为我照亮学习前行的道路;您就是炽热的蜡烛,燃尽自己,照亮同学们;您就是辛勤的园丁,用知识哺育着祖国未来的花朵;您更是一艘远洋巨舰,带领我们在知识的海洋里畅游⋯⋯

夜深人静的时候,月光如流水一般,静静地泻在一片片碧叶和花瓣上,薄薄的乳雾浮在空中,一切都笼罩在轻纱里。月儿悬在半空中,悄悄地溜到窗户旁,透过窗子看到了我的老师依然伏在桌子上。灯光下,老师的银发显得如丝般晶莹剔透,您专心致志为同学们批改作业,翻过一本又一本。老师,您的眼睛患有严重的飞蚊症呀,您得竭力睁大眼睛、反复眨巴着眼睛才能看清字迹⋯⋯

老师,所有的身体不适都没能让您停下批改作业的红笔,您一笔一笔地描绘出同学们五彩缤纷的未来,老师,您对我们的期望就印记在一个个鲜红的对号里。

记得刚开始学写作文,我很不入门。一写作文,心里就直犯嘀咕:"作文,作文,叫人头疼!"写起来总是"东拉葫芦西扯瓢"!就像一团乱麻,理也理不清。而您看见了,一声声鼓励响在耳边:"不错不错嘛!只是语言有点儿生硬,如果能写出真情实感就更好了!"随后,您笑眯眯地提起红圆珠笔,说:"让我来帮你修改一下吧!"您利用课间时间,一字一句斟酌批阅,告诉我,文章要首尾呼应,构段方式采用总分结构会让文章内容更清晰……改完后,我仔细阅读,文章生动流畅,老师的批改为我的文章润色增彩。看着红红的批语,我深深感知,字字句句凝聚着老师对我的悉心指导,对我的爱。

作文课上我总是会得到您的关心。您拍着我的肩膀,说:"乐欣,写景作文,要注意观察顺序,写出的作文才会言之有序;写人的作文,事例要典型有代表性,写出的文章才会有真情实感,才会与读者产生共鸣。"有了老师的耐心指导,我的作文水平大大地提高了。

老师,同学们常常称赞您为了教书呕心沥血、不辞劳累,这的确是我们有目共睹的。可谁曾想过,老师背后默默地付出。老师,您恪尽职守,用行动教会了我们一个道理:即使平凡的脚步也能走完伟大的行程。感谢您,老师,是您手把手把我领上人生的正确道路。

春蚕到死丝方尽,蜡炬成灰泪始干。这就是对您教育生涯的真实写照吧。

祝您

身体健康!

您的学生:乐欣

2022 年 1 月 19 日晚

【教师评语】小作者以书信格式感恩老师对自己的教育,正文开门见山,用生动流畅的语言表达写信给老师的目的。书信主体部分用两件具体事例描述老师的悉心施教:夜深人静月光下,老师呕心沥血伏案工作;作文辅导不辞劳苦,字字珠玑浸润老师的耐心教导。全文如诗如歌,如泣如诉,感人肺腑的语言流淌着对老师教育的感恩。

《漫画的启示》教学方案

【教材解析】

习作《漫画的启示》是部编版五年级下册第八单元的一次习作,是一次特殊的看图作文。说它特殊,一是写的依据是一幅漫画;二是不是一般地把作者所要表述的图意写下来,而是要写出自己的思考。《新课标》强调淡化文体意识,倡导自由表达,强调写想象作文,要展开想象的翅膀。想象作文是生命的创新,但也要做到内容具体,表达真情实感,不说假话空话。要注重主观感受,注意写作的个性化。

指导学生写这次习作,首先要让学生明白漫画同故事图画的不同之处,明白漫画的特点。其次,要引导学生看懂图意,体会作者的用意。习作的内容不是侧重写画面内容,而是侧重表达自己的看法和想法,写出自己的真实感受,鼓励学生展开想象,并进行联想,最终写出自己的独特见解和体会。最后,要引导学生从不同的角度联系生活实际去表达自己的看法和想法,叙述自己的思考。

【教学目标】

知识目标:了解漫画和其他图画有什么不同,把握漫画的特点。

能力目标:仔细观察图意,体会画家用意,可从不同的角度联系生活实际去表达自己的看法和想法。养成修改自己习作的习惯,并能主动与他人交换修改习作。

情感目标:明确漫画作文的要求,激发学生写漫画作文的兴趣,初步掌握漫画作文的写法。

【教学重点】

初步掌握漫画作文的写法;引导学生观察漫画,体会画家的用意,学会从不同角度联系生活实际去表达自己的想法和看法,写清自己的思考。

【教学难点】

引导学生观察漫画,体会画家的用意,学会从不同角度联系生活实际去表达自己的想法和看法,写清自己的思考,初步掌握漫画作文的写法。

【课前准备】

教师准备：制作多媒体课件。

【课时安排】

1 课时。

【教学过程】

一、激趣导入

1. 出示几幅画，让学生用心欣赏，并找出漫画与普通画之间的异同。

国画：中国的传统绘画形式，是用毛笔蘸水、墨、彩作画于绢或纸上。

油画：以用快干性的植物油调和颜料，在画布、纸板或木板上进行制作的一个画种。

水彩画：用水调和透明颜料作画的一种绘画方法，简称水彩。

漫画：用简单而夸张的手法来描绘生活或时事的图画，一般运用变形、比拟、象征的方法，构成幽默、诙谐的画面，以取得讽刺或歌颂的效果。所以欣赏漫画时，我们不能光用眼看，而要用心看，努力思考漫画的深意。

2. 这个单元我们徜徉在生活这本大书中，捡拾了许多生活给予的馈赠。漫画，也是其中不可或缺的一项馈赠。今天，让我们一起来欣赏华君武的漫画《假文盲》，看看它又能给我们什么启示。

设计意图：

采用图画对比的形式，让学生明确漫画是一种艺术形式，用简单而夸张的手法来描绘生活或时事的图画，达到幽默诙谐、讽刺或歌颂的效果。

3. 板书课题——漫画的启示。

二、欣赏漫画

1. 这是漫画家华君武的一幅漫画。请同学们仔细观察，看看画家都画了些什么？

2. 同学们能透过画面想象画外画家没画出来的内容吗？

出示图画指导：这可能是在什么时候？什么地方？画上有哪些人？周围还会有哪些景物？面对母子，那几个男性角色是什么态度？这位母亲又是什么表情？她会说些什么？

设计意图：

看图就要这样，仔细观察画面后，展开联想透过画面看到画外的东西。学生采用有顺序的观察方法欣赏漫画，让漫画也变得有血有肉起来。

3. 剖析漫画。

（1）交流漫画《等着乘凉》。

① 谁能说说图上画的是什么？

A. 树低矮，枝叶稀少，树干较细。说明树是刚刚栽种的。

B. 一人靠着树，树干变得弯曲。

C. 一把铁锹：说明这棵树刚刚被栽上。

② 这幅画的可笑之处在哪里？

树下那个人不想着给小树浇水，却坐在树下等着乘凉，真是可笑！

③ 作者画这幅画是想讽刺什么？

《等着乘凉》是中国著名漫画家华君武的一幅作品。该作品带有强烈的讽刺性和幽默性，深刻讽刺了那些想不劳而获、坐享其成的人。

④ 说说自己欣赏漫画后的感受。

人生活在社会中，固然需要依靠社会创造的财富来满足自己的需要，但是每个人如果都不肯付出自己的心血和劳动为财富的创造尽职尽责，那自我满足就会是无源之水、无本之木，个人对社会的责任和贡献是社会对个人的尊重和满足的基础和源泉。

（2）交流漫画《假文盲》。

① 谁能说说图上画的是什么？

A. 一个妇女抱着孩子正在看着站在"母子上车处"的那些人。

B. 提示牌上的文字写着此处为"母子上车处"。

C. 图中人物衣着为冬季穿戴，可见天气寒冷。

D. 漫画标题：假文盲。文盲是指不识字并且不会写字的成年人。假文盲是指明明识字却装作不识字。

② 这幅画的可笑之处在哪里？

看到"母子上车处"文字提示后装作看不见，假装自己是文盲，真是可笑！

③ 作者画这幅画是想讽刺什么？

《假文盲》是中国著名漫画家华君武在一九八九年的一幅作品。该作品带有强烈的讽刺性和幽默性，深刻讽刺了那些不讲文明、不讲秩序、毫无同情心和廉耻心的人。

④ 同学们，生活中还有哪些类似"假文盲"的现象呢？当我们看到这些"假文盲"现象时，你会有什么想法呢？请同学们畅所欲言，把你独特的感受说出来。

设计意图：

观察漫画，得到警示。文盲固然可怕，但"假文盲"更加可怕，因为他们是"真自私"！社会上某些人缺的不是文化，而是公德心！这就是画家给我们的警示，也是我们从漫画中得到的启示。

三、学习写作

1. 总结漫画作文的要点。

第一：仔细观察图画，把握画面内容。在观察的基础上，可用几句话概括一下图画的内容。

第二：展开合理想象，丰富画面内容。展开合理想象，是把习作写具体的关键。

第三：要写出自己的真实看法和想法。针对四位男子站在"母子上车处"的不文明行为，你有何感想？当不少旅客纷纷指责这种不良行为时，你有什么看法和想法？在简略地记叙事情之后，思考一下：生活中有这样的假文盲吗？可以把这些看法和想法以议论的形式写下来。

2. 明确习作要求。

（1）观察：看看漫画画的是什么内容，可笑之处在哪里？

（2）思考：借助漫画的标题或简单的文字提示，联系生活中的人或事，思考漫画的含义，获得启示。

（3）撰写：先写清楚漫画的内容，再写出自己的思考。

（4）写完后，同学互换习作读一读，看看从漫画中获得的启示是不是写清楚了，再根据同学的建议，认真修改。

3. 独立构思,完成初稿:学生选择自己最感兴趣的漫画,运用学到的习作方法,独立构思,并完成习作初稿。

设计意图:

学生明确漫画作文的要点,按照习作的具体要求,在老师的指导下独立构思,完成习作初稿。

四、赏析范文

1. 出示范文:漫画《不值得帮助的人》的启示。

2. 范文赏析。

① 文章开头简明扼要引入漫画和看漫画的感受,引出下文。

② 从外貌、动作等方面对漫画中的人物进行了具体描写,想象合理,描写生动。

③ 发表看法,揭示漫画主旨:做人要有感恩之心。

④ 联系生活实际,揭示社会上的现象,深化主题。

⑤ 结尾总结全文,发出呼吁,突出文章中心。

总评:小作者由画面到生活,用流畅的语言写清楚从漫画中得到的启示,表达了漫画蕴含的意义:做人要有感恩之心,助人者,方能得到人恒助之的道理,结尾处总结全文突出观点,使文章的主题得到了升华。

设计意图:

在结构安排上体现了"引漫画—描画面—发评论—联实际—总观点"这一思路,使得文章条理清晰,中心明确。文中运用细节描写和人物外貌、神态、动作、心理等的描写,生动地再现了场景和漫画中的人物形象。

五、读文修改

1. 学生反复朗读,运用修改符号修改习作。

要求:

(1)一读,读出语句是否通顺,有没有错别字。

(2)二读,读出用词是否准确,有没有写出自己看到了什么,听到了什么,想到了什么?

(3)三读,读习作中是否有丰富的想象。

(4)再读,看习作的结构是否合理。

2. 在自己修改的基础上,互相交流,合作修改。

在小组内读一读自己的习作,对照要求互相评一评,改一改。

3. 学生独立修改。

4. 誊写作文。要求:认真书写,誊写清楚。

【教学反思】

本次习作的关键是指导学生读懂漫画的内容,明确作者创作这幅漫画的意图和想要传达的道理。在教学中,我引导学生仔细观察教材中的两幅漫画,讨论从图中能读出哪些内容,再进一步引导学生思考,作者想要表达一种怎样的态度;接着让学生联系自己的生活实际,交流从中获得的启示,然后让学生自主选择一幅漫画,写清楚漫画的内容和从漫画中获得的启示;完成以后,我鼓励学生互相交流修改。学生的习作超出老师的预期,文章结构合理,能从漫画中得到启示,并联系生活实际写出自己独到的感想。

【佳作赏析】

《不值得帮助的人》漫画启示

青岛西海岸新区青草河小学 503 班王乐欣　指导教师:刘桂英

趁着寒假有时间,我大量阅读课外书。今天,我无意翻阅到了《父与子》整本漫画。虽然漫画的内容简单易懂,但它所表达的情感贴切生活,正所谓来源于生活,感动于生活。有些漫画令我捧腹大笑,有些漫画让我感动流泪。让我感触最深的是书中《不值得帮助的人》这幅漫画。

一天,一位父亲和他的儿子在街上散步,看见一个年轻人正在吃力地拉着一辆车,父子俩就决定去帮助这个年轻人。有了父子俩的帮助,年轻人拉车轻松多了,不必费多少力,车子就能快速前行。这个年轻人见有好心的父子俩帮自己推车,心想:既然有人帮我推车干活,那我就不用再费力气去拉车了。于是,他点燃一支香烟,悠闲地坐在车上,父子俩却在卖力地为自己干活。推车的父子俩一直用尽全力来推车,却感觉车子越来越重。父亲感觉不对劲,走到车子前面一看,这才发现年轻人不但一直没有拉车,反而坐在车上安享自在。父亲火冒三丈:这个家伙太无耻了,太不要脸了,我要狠狠地教训他一顿。这位父亲是这么想的,也是这么做的。于是,将那个年轻人从车子上一把拉下来,劈头盖脸就是狠狠地一顿揍猛。

漫画中的这个年轻人,没有感恩之心,那么他也就不配得到别人的帮助。

其实,生活中我们时常遇到这样一些人,他们极像漫画中的那个年轻人,不懂得感恩,却只知道索取。总认为别人帮助自己都是应该的,为了自己的利益,一味地索取,这样的人必然会遭到人们的厌恶和唾弃。

这幅漫画告诉我们,不管是在学习中,还是在生活中,我们始终要有一颗感恩的心,真诚对待帮助过自己的人,自己才能得到更多人的帮助。吃水不忘挖井人,人生才能走得更久远。

【教师评语】小作者在结构安排上体现了"引漫画—描画面—发评论—联实际—总观点"这一思路,使得文章条理清晰,中心明确。文中运用细节描写和人物外貌、神态、动作、心理等描写,生动再现了场景和漫画中的人物形象。由画面到生活,用流畅的语言写清楚从漫画中得到的启示,表达了漫画蕴含的意义:做人要有感恩之心,助人者,方能得到人恒助之的道理,结尾处总结全文突出观点,使文章的主题得到了升华。

《那一刻，我长大了》教学方案

【教材解析】

这是部编版教材五年级下册第一单元的习作，本次习作教材由两部分组成：文字和插图。文字部分引导学生围绕"那一刻，我长大了"进行思考和选择材料，对学生习作和修改提出了具体要求。插图部分配合文字内容引导学生回忆自己的成长经历，寻找成长中让自己受到感触的那个时刻。

【教学目标】

知识目标：在习作中记录自己成长过程中印象最深的事情，把事情的经过写清楚，还要把自己受到感触、感到长大的那个具体时刻写详尽，记录当时的真实感受。

能力目标：学生养成修改习作的习惯，并能主动与他人交换修改习作。

情感目标：知道自己的成长离不开家庭、学校、社会，学会用恰当的方式感恩老师、感恩父母、感恩社会。体验"长大"的自豪，理解"长大"的内涵。

【教学重点】

在习作中记录自己成长过程中印象最深的事情，把事情的经过写清楚，还要把自己受到感触、感到长大的那个时刻写具体，记录当时的真实感受。

【教学难点】

在习作中把受到触动的那个时刻写具体。

【课前准备】

教师准备：制作多媒体课件。

【课时安排】

1课时。

【教学过程】

一、激趣导入

1. 从出生到咿呀学语、蹒跚学步，再到长成一个朝气蓬勃的少年，长大仿佛就在一瞬间。在这一瞬间里肯定有一个又一个成长的故事让我们难以忘记，今天我们就一起来分享一下。

2. 板书课题——那一刻，我长大了。

3. 翻阅影集、日记、成长手册……回忆一下自己的成长历程，有没有某一个时刻、某一件事让你突然觉得自己长大了？这节习作课我们就根据自己的体会，联系生活实际写一写成长中的自己。

二、确定选材

1. 研读材料。

（1）今年我过生日，妈妈给我切蛋糕的时候，我发现她的眼角出现了浅浅的皱纹……

（2）今天爷爷走了很远的路，给我买了一双心爱的球鞋。接过爷爷递来的球鞋，我感觉手上沉甸甸的……

（3）三年级的时候，第一次在全校开学典礼上发言，我很紧张。看到同学们鼓励的目光，我又有了信心……

2. 小组交流：你从上面资料中的哪些地方可以看出"我"在那一刻长大了？结合文中插图，联系自己成长的切身经历，你还能从哪些地方看出一个人在那一刻长大了？

3. 分享交流：

（1）品德方面：看到出现皱纹的妈妈，懂得了关心父母；看到为自己操劳的爷爷懂得了关爱老人；看到生病还坚持上课的老师，懂得了尊敬老师；得到同学帮助的那一刻，懂得了关爱同学；获得同学掌声的那一刻，我对自己充满了信心，也懂得了要欣赏和鼓励别人；帮助低年级的小同学修好文具盒，那一声谢谢让我感受到助人后的愉悦……

（2）学习方面：课堂发言受到老师表扬的那一刻，懂得了要努力学习；克服困难，独立解决疑难问题的那一刻，懂得了要学会独立思考；读书交流会上得到同学们掌声的那一刻，懂得了要主动探索新知识…………

（3）能力方面：学会了一项新技能，为自己感到自豪；放学了，爸妈没来接我，独立回家的那一刻，内心充满了喜悦；晚上自己在家没有感觉害怕，得到爸妈赞许的那一刻内心非常激动……

（4）友情方面：原谅朋友过失，看到朋友激动表情的那一刻，我真正感受到对待朋友要宽容;把自己的钢笔借给朋友,听到谢谢的那一刻,我懂得了要帮助别人……

4. 独立思考:回忆自己的成长历程,寻找让自己觉得忽然长大了的某一个时刻、某一件事情。

5. 小组交流:小组同学互相介绍让自己觉得忽然长大了的某一个时刻、某一件事情。

设计意图:

引导学生拓宽思路,回忆成长历程中,令自己印象深刻的那一刻,那一刻是自己成长中顿悟的一刻,为本节课的习作准备生活素材。

三、写作指导

1. 小组交流:怎样根据要求写出感人的文章?

2. 全班交流,教师评议并小结,并板书。

(1)印象最深刻的,感觉到自己长大了的事情是什么?

跟妈妈学包饺子、照顾生病的妈妈、为大家表演节目、一个人走夜路……

(2)怎样把这件事的经过写清楚?

经过清楚就是要交代清楚。记事记叙文的"六要素",即要把事情发生的时间、地点、人物,事情的原因、经过、结果交代清楚。其中,要详细写事情的经过。

例文:

星期天,我写完作业,在收拾书包时,见书桌上乱七八糟,平时都是妈妈帮我收拾,今天我就自己收拾吧!首先,我将不经常看的书整理好,整齐地放到书架上。然后,把妈妈给我买的资料按语文、数学、英语的顺序,摆放在随手可以拿到的地方;把各色圆珠笔放到笔筒里。最后,找一块抹布,浸水、拧干,轻轻将桌子上灰尘擦干净,将台灯擦干净。书桌整理好了,一看,哈,书桌好像变大了!坐在整理好的书桌前,这一刻,我感觉自己真棒,我长大了!

(3)运用什么描写方法、修辞手法把瞬间写具体?

例文:

"孩子要管教好,这清白的梅花,是能玷污的吗?"训罢,便用刀片轻轻刮去污迹,又用细绸子慢慢抹净。

作者运用语言描写、动作描写,以及反问句式表达了外祖父对梅花图的珍爱。这样的写作方法十分值得我们借鉴。

（4）怎样表达出自己的真实感受？

例文：

我念中学的时候，全家到了杭州。杭州有一处小山，全是桂花树，花开时那才是香飘十里。秋天，我常到那儿去赏桂花。回家时，总要捡一大袋桂花给母亲。可是母亲说："这里的桂花再香，也比不上家乡院子里的桂花。"

于是，我又想起了在故乡童年时代的"摇花乐"，还有那摇落的阵阵桂花雨。

叙事和抒情相结合，说真话，诉真情。这样的写作方法同样值得我们借鉴。

3. 指导命题：

（1）可以用"那一刻，我长大了"作为习作的题目。

（2）可以根据选取的材料进行命题。

（3）可以根据自己最深的感受对习作进行命题。

（4）可以把自己受到的教育或启发作为习作的题目。

设计意图：

咀嚼文本，回顾表现手法，借助从中掌握的写作方法，指导学生根据选取的材料进行命题立意，为新文创作打下基础。

四、定题创作

1. 这次习作，写一件自己成长过程中印象最深的事情，要把事情的经过写清楚，还要把感到自己长大了的"那一刻"的情形写具体，记录当时的真实感受。题目自拟。

2. 列提纲。

（1）印象最深刻的，感觉到自己长大了的事情是什么？

（2）怎样把这件事的经过写清楚？

（3）运用什么描写方法、修辞手法把瞬间写具体？

（4）怎样表达出自己的真实感受？

（5）打算拟什么题目？

学生佳作欣赏：《那一刻，我长大了》。

（1）写法赏析。

① 开门见山。设置悬念，激发了读者的阅读兴趣。

② 细腻的细节描写，将真实的感受倾注笔端。

③ 语言生动流畅。字里行间体现出"爸爸"工作的艰辛和对女儿满满的关爱。

④ 直抒胸臆,写出自己从"这一刻"走向成熟,为父母为家庭要有担当。

（2）总评：

文章选取小作者跟随"爸爸"出车救援事故车辆的事件作为素材,记录"爸爸"全力以赴拖回事故车辆的艰辛,赞美"爸爸"对待工作的恪尽职守。文章语言流畅生动,就像一杯清茶,品尝过后,余味不绝。小作者目睹"爸爸"的救援工作,将所见、所闻、所思、所感进行细致描写,感受真实,感情真挚,感人至深。

五、自主修改

1. 学生反复朗读,运用修改符号修改习作。

要求：

（1）一读,读出语句是否通顺,有没有错别字。

（2）二读,读出用词是否准确,有没有写出自己看到了什么,听到了什么,想到了什么？

（3）三读,读习作中是否有丰富的想象。

（4）再读,看习作的结构是否合理。

2. 在自己修改的基础上,互相交流,合作修改。

在小组内读一读自己的习作,对照要求互相评一评,改一改。

3. 学生独立修改。

六、布置作业

誊写作文。要求：认真书写,清楚表达。

【教学反思】

《那一刻,我长大了》是部编版语文第十册习作一的内容。这一习作题要求学生选择成长过程中印象最深刻的事情,把事情的经过写清楚,还要把自己受到感触、感到长大的那个时刻写具体,记录当时的真实感受。怎样使学生在习作中能把受到触动的那个时刻写具体是本次习作教学的关键所在。

从教学环节来看,从交流到习作,从选材习作到赏析评价,再到反思修改作文,完成实现作文教学的一课一得,关注学生习作能力和修改能力同步提高的问题,有利培养学生完成习作和修改习作的能力,激发学生的习作兴趣。

从师生互动上看,课堂对话适度点拨,引导学生积极思考,有效调动学生的习作热情。学生能按教师的教学流程思考并回答问题,课堂气氛融洽,师生配合良好。

从评价修改来看,运用个人修改、小组交流、全班评价、修改誊抄等方式引导学生修改自己的习作。培养了学生修改习作的习惯,提高了学生修改习作的能力。

在教与学的过程中,我力求联系学生的生活实际,激发学生的学习兴趣,增强学生的情感体验,改进教学活动,使教学过程充满情趣和活力。我认为自己还重视与学生的对话,努力做到将自己融入孩子们当中,注重以动情的言语将学生的心拉近,让学生感受自己的成长离不开身边亲人的关爱和呵护。

【佳作赏析】

那一刻,我长大了

青岛西海岸新区青草河小学503班邵明佳 指导教师:刘桂英

阳光洒下来,映着阳光,汗珠格外晶莹。那一刻,我蓦然意识到,我长大了!

那是一个清晨,我早早地起了床,为的是能和爸爸一起去上班。这个决定让我激动了好长时间,因为这样我才有机会体验爸爸开车的感受了,这是我盼望已久的事情。

如愿以偿地坐上了爸爸的大车,这是一辆道路救援车。我坐在卧铺上,副驾驶的位置我是断然不敢坐的,记得爸爸曾经讲过,"小孩子尚未成年,坐副驾驶位置会被警察叔叔抓走的。"

我挺直腰杆坐在车座上,一边看着窗外的风景,一边跟爸爸说着话,爸爸总是以温和的语气与我聊着天,这让我更加惬意随车出行的好心情。没过多久,爸爸就到达了目的地。

泊好车,爸爸麻利地跳下车去,左右前后端详了好一会儿,镇定地查看现场,他决定用车上的钢丝绳固定在事故车辆的凹凸地方。只见他先是将钢丝绳放到需要固定的位置,把钢丝绳用力环绕几圈,使其固定得更为结实,然后将吊车的钩子缓缓抬起一小段,查看钢丝绳的固定系数是否承载得了损坏的车辆。看来情况令人还比较满意,于是老爸就跳上了自驾的车辆,慢慢地将车子发动起来,试探着加一加油门,确认可以正常行驶了,爸爸便放心地沿着马路前行。在车辆的牵引下,事故车也缓缓地跟随前行,每逢路口,每逢拐弯处,每逢与其他车辆交会时,爸爸总是小心翼翼地观察着反光镜,小心翼翼地操作着方向盘,小心翼翼地控制着油门……我不由得侧目望向爸爸,只见爸爸的额头上布满了密密匝匝的汗珠,目光直视前方,神情极其严肃……看着爸爸一丝不苟地工作,我大气不敢出,终于到了修理厂。爸爸跳下车,把吊绳缓缓放下,麻利地解开钢丝绳,麻利地收好钢丝绳,详尽地告诉修车工人事故车的损坏情况,就让他们动手修理了。

看到爸爸一顿忙活,终于可以喘口气了,我便连忙跑到爸爸身边,询问爸爸是否干完活了,爸爸说道:"这个活是干完了,马上又有新的活要干了!"爸爸满脸的汗水,满手的油渍,满身的疲惫,令我满是心疼!泪水,在我眼中打圈圈!

这时爸爸问我:"你饿吗?我们去吃饭吧。"我跟随爸爸身后,来到饺子馆,爸爸点了两份饺子,我是有些饿了,狼吞虎咽就吃完了一盘饺子,爸爸马上就把自己盘中的饺子拨给了我一些,我连忙说不用,爸爸这才停手。阳光洒下来,映着阳光,爸爸额头上的汗珠格外晶莹。

我亲爱的老爸,工作如此辛劳,心中依然装着女儿,眼中依然慈爱有加。这一刻,我发现老爸太伟大了,这一刻,我发现自己长大了,这一刻,我发誓再也不惹爸爸生气了。

老爸,谢谢你的关爱,让我羽翼渐丰,谢谢你的付出,让我不再懵懂无知。从今往后,我将要用行动追求优异的学习成绩,用渐丰的羽翼为父母遮风挡雨,用坚实的臂膀撑起家庭的美好未来,因为,我长大了!

【教师评语】文章选取小作者跟随"爸爸"出车救援事故车辆的事件作为素材,记录"爸爸"全力以赴拖回事故车辆的艰辛,赞美"爸爸"对待工作的恪尽职守。文章语言流畅生动,就像一杯清茶,品尝过后,余味不绝。小作者目睹"爸爸"的救援工作,将所见、所闻、所思、所感进行细致描写,感受真实,感情真挚,感人至深。

·低年级语文教学研究·

低年级识字教学初探

《义务教育语文课程标准(2022 年版)》中明确指出,识字是阅读和习作的基础,也是低年级语文教学的一个重点。抓好这一环节的教学,将为今后的阅读与习作打通道路;我们从中可以看出加大识字量对提高学生的语文能力是尤为重要的。因此在教学中针对低年级学生加大识字量进行了初探。

一、加大识字量的必要性

小学生长于记忆,让他们大量接触语言文字规范的作品,形成对祖国语言文字的感性认识,对发展小学生的大语文能力是至关重要的,也是符合小学生的心理需求的。小学语文课文大多明白如话,只要多读就可以理解其内容。要达到多读书这一根本目的,关键问题在于识字量的大小。长期以来因学生识字量不足,给阅读和习作带来了很大的障碍,成了名副其实的"拦路虎"。针对小学阶段出现的这种普遍现象,在低年级开展大量识字、提前识字是非常必要的,必将对学生今后的学习起到极为重要的铺垫作用。

二、采用多种形式教学识字

(一)辨形识字

小学低年级识字教学中,就音、形、义三者而言,字形是最费时的。针对这一问题,以"遵循规律、提高效率"为基本精神改革字形教学。

一是汉字自身的规律。汉字尽管字形各异,但是总离不开 28 种基本笔画、百余个偏旁部首、八条笔顺规则、七种基本结构。同时汉字 80% 是形声字和合体字。在一个合体字中的某一部分不单为这字所有,而是许多字所共有的。

二是学生的认知规律。如先入为主、从已知到未知、思维的具体性、形象性等。遵循这些规律,在字形教学中,首先将基本笔画和偏旁部首分组归类,适当集中,为学生及早自主识字打好基础。

三是分析字形的规律。结合合体字的教学及早地让学生掌握独立分析字形的方法。在合体字的教学中,凡学生第一次见面的部分,都作为教学重点,或彩笔标出,或通过多媒体的直观形象在学生脑海留下正确、深刻的印象,当这一部分在另一个字中出现时,则拿来整体记忆。我们可以借助媒体、卡片、图像进行直观形象识记,重在基础,着眼能力,使本来很费时的字形教学变得省时而高效。

(二)激趣识字

在人的一生中,小学学段是一个良好的记忆时机,早读又是一天中的黄金记忆时段,通过朗读、开火车读等多种形式,形成表象识记;然后引导学生自己分析字形进一步巩固记忆,加深印象。在学生学习过程中,鼓励的话语时时刻刻响在他们耳边,充分调动其学习积极性。如"今天你们的眼睛可真亮,老师相信,只需一会儿,你们就可以学会好几个""瞧,今天你们坐得可真端正,识字也肯定很快"。还通过争夺"小红星"、争当"识字大王"、自办"识字报"、举行朗读比赛等种种赏识手段,给学生创造体验成功的机会,使他们在成功中找到了自信,在赏识中学会了奋发,给识字注入了新的活力。

儿歌朗朗上口,生动有趣,一旦记住便永久难忘。平日教学中注意抓住字的特点编一些通俗易懂的儿歌,如教学"碧"字,编成"王老头,白老头,同坐一块大石头"。如此一编,易学易记,妙趣横生。

低年级学生的形象思维能力比抽象思维能力要强得多。所以,识字教学与具体的事物和形象相结合,利于学生识记。如用手遮目"看",竹毛制成"笔"。通过这样的描述,在学生头脑中建立直观印象,达到了既认形又明意的效果。

(三)循序识字

小学生的特点是活泼好动,但精力容易分散。因此在识字教学中应采用多种方法调动学生的学习积极性,使学生学得轻松、学得愉快。在具体实际教学中,教师要充分利用每周两个语文早读的自习时间,巩固识字效果。当然教师应时刻提醒自己做一个有心人,如利用闲暇、睡前小结前一阶段学习情况,哪些生字学生掌握得不够扎实,哪些生字还需要有重点地抓,都要做到心中有数。这样就可以充分利用每个早读、每个闲暇,不至于事倍功半。

识字教学还要注意面向全体激发兴趣,如采用优等生领读,不但激起优等生的学习热情,使之成为领头雁,也大大调动了学困生的积极性,给他们一把椅子或搭一座桥,使其充满自信心。遇到难认难识的字,先请优等生认读,在基本掌握的基础上,再请学困生认读。就这样,因材施教,循序渐进,在充满情趣的学习过程中,人人获取了识字学习乐趣和成功感。

（四）游戏识字

爱做游戏是小学生的共性。教师利用这一点将游戏融于识字教学中,如字图对号"贴膏药"、组字游戏"补补丁"、改错游戏"找地雷"、复习巩固"打扑克"等,学生既识了字,又玩了个痛快。

教师还可以自制各种型号的卡片,便于游戏中识记生字、生词,如生字卡片、词语卡片、短语卡片,小学生的好奇心特强,变幻的卡片大大激活了他们的学习热情,使他们对识字充满乐趣,也乐于接受这项学习。

三、充分利用环境识

要加大识字量,还需良好的识字环境。如学校、家庭、社会环境。

一是学校环境。校院内环境优雅、文化氛围浓为学生识字创造了良好的条件。宣传栏、壁报、黑板报、画廊等一切带有汉字的标志物都是识字的活教材。学生对于校内环境中的字能识能懂,在潜移默化中受到熏陶。

二是家庭环境。家庭是学生最熟悉、亲切的环境,家庭中衣食住行、日用品以及装饰品,可谓司空见惯,各种物品的商标、包装、说明书等,电视节目、课外书、挂历等都是识字的好教材,看看听听问问是最好的学习方式,长此以往,识字的乐趣与生活能力会与日俱增。

三是社会环境。上学、放学的路上,节假日里乘车船,探亲访友,进商店逛市场,以及参观访问等见到标语、广告、门牌琳琅满目,社会环境是识字的大课堂,多动手多动脑做个有心人,没有学不会的字。当小学生对周围环境的字都认识,能读会讲、自豪感和求知欲会油然而生。

每次识字之后,教师可以考虑变换方式、进行游戏识字。如学习"烟"字,为扩大词汇,请同学们在放学回家的路上观察牌子,或回家阅读课外书,看谁找的词汇最多,优胜者加盖梅花印一枚,第二天的早读学习是可想而知的。学生们跃跃欲试,那高高举起的小手,那期待的目光会使老师目不暇接,唯恐漏下哪一个同学。学生在轻松愉快的学习中加大识字量,而且获取了大量词汇,将课内识字延伸到课外。

四、注重交流积累

1. 利用晨检进行识字交流。

交流内容包括识了几个字、什么字、在哪儿识的、用什么方法记住的、你是怎样记住的,让每一个孩子都能动口说一说;通过读读、问问、听听、想想等形式互相启发、促进,激发兴趣,锻炼能力,巩固识字成果。

2. 动手编辑手抄。

鼓励学生把平时识的字以手抄报的形式展示出来,教师精心指导、设计报头、选择内容、安排版面,通过涂涂、写写、画画,激发兴趣,展示才华,全班展览展评,优者在班内宣传栏展出,供同学们参观学习,提高识字层次。

3. 检查评比识字。

教师有计划地分步进行注音识字测验,评选出“识字大王”和“识字进步优胜者”,使学生及时了解自己、同学的识字成果及差距,树立身边榜样,比学赶超,共同提高。

全方位改革、多渠道识字、多形式激励,实现了识字教学中的“多、快、好、省”的目标,学生受益匪浅,夯实了读写基础。

抓好低年级写话教学的探讨

低年级小学生处于语言发展的最佳时期,教师如能针对小学生的年龄特点,遵循其语言发展规律,运用科学、合理的教学方法正确加以引导,有意识地将说、看、读、写有机结合起来,将为低年级学生的作文起步打好良好基础。笔者就近些年来对低年级学生的作文提前起步训练谈点粗浅的看法。

一、从头抓起,培养学生的说话能力

"儿童是用形象、色彩、声音来思维的。"因此,教师在教学中选择直观的内容、生动活泼的教法,引导学生饶有兴趣地主动投入学习中来,积极思考、勤于动口。这样,他们的语言才会如涓涓溪流,流出心田。

语言的积累、运用,关键是词语的积累、运用。鉴于此,在拼音教学中教师要注重引导学生积累词汇,学说一句完整的话。如:教学第一个单韵母"a"时,教师首先出示富有儿童情趣的彩色图片,教学发音,让学生明白"a"是"啊"的音,教师示范组词"是啊"。小学生的特点是活泼好动、喜欢动口,出于好奇心,他们会说出好多词语,如"好啊""走啊""笑啊"等等,有些同学可能说得不着边际,但教师要及时肯定其大胆发言的积极性和参与意识。经过一段时间的训练和积累,学生的词汇渐渐丰富起来。在教学音节时,教师有意识地引导学生组词、用词说句。如:教学"bā"这个音节时,先让学生懂得"bā"就是"八"的音,然后,引导学生组词、说一句完整的话,学生会说出"八个""我有八个布娃娃""老师有八个学生"等语句,在此基础上,鼓励学生积极动脑、勤于动口,不断练习用音节的四声组词、说话。

这样,既丰富了学生的词汇,又便于理解字义,语言的练习在生活实践中随时随处可以进行;既牢固地掌握所学知识,又使语言得到训练,说话能力得到不断提高,头脑中建立起词句的概念。

当然,在识字、造句中训练说话也不失为一个良好措施。教学识记生字时,可以让学生说说如何记住某一个字,或说说某类字的构字规律等等。如《乌鸦喝水》中的生字"渴"、"喝"的教学,教师先请同学们观察它们的偏旁部首,提出疑问:"借助部首你想怎样记住这两个生字?"学生经过认真思考后会这样作答:人需要水时就是"渴"了;有了"口"就能喝水,自然就是"喝"。教师有意识地联系日常生活,并在学习生活中为学生创造说话的机会,学生的说话能力就会得到不断提高。

扩词、造句也是训练学生说话能力的有效途径,如课文《教师要的是葫芦》中用"可爱"一词造句指导时,教师先让学生读读文中原句"多么可爱的小葫芦啊!"老师出示这样的两个句子"小弟弟很讨人喜欢""教师家养了一只小鸡",请学生读读两个句子,启发学生:"可爱"这个词加在这些句子的什么地方能使句子更生动、更精彩?学生自然会说出"可爱的小弟弟很讨人喜欢""教师家养了一只可爱的小鸡"的句子。培养学生的说话能力还有很多途径,如看图说话、阅读教学,只要教师精心引导,经过这样由易到难,循序渐进的训练,注意发展学生的求异思维,学生就能够由说一句完整的话逐步提高到说一段话,为日后的写作打下坚实的基础。

二、喜爱读书,引导学生读好书、好读书

读好书、好读书是提高作文行之有效的好方法。古人云:"熟读唐诗三百首,不会吟诗也会吟。"说的就是多读书对写作的帮助。小学生长于记忆,让他们大量接触语言文字规范的作品,形成对祖国语言文字的感性认识,是符合小学生的心理特点的。教学中,多采用朗读、吟诵、表演等方法,引导学生喜爱读书,产生读书兴趣。读书贵在坚持,指导学生不仅要读好教科书中的课文,还要读好适宜年龄特点的课外书籍。学生每读一篇文章或一本书,都要求他们讲述文章中的主要内容,鼓励学生大胆质疑,敢于发表自己的看法。特别是那些名句、名篇,要求学生反复诵读,甚至背诵。

在学生养成良好的读书习惯的同时,指导学生读好书。让学生明确哪些书能读,哪些书暂缓读,哪些书不能读。这样,学生就能充分汲取适于自己的知识营养,拓宽视野,不至于写作时无话可说,无从下笔,"读书破万卷,下笔如有神"讲的就是这个道理。

三、善于观察,留心身边的人和事

叶圣陶在《文章例话》的"序"中说:"生活就如源泉,文章犹如溪水,泉溪

丰盈而不枯竭,溪水自然活活泼泼地流个不停。"

小学生的作文也不例外,教师要引导学生关注现实,热爱生活,有计划、有组织地开展学生喜闻乐见的丰富多彩的实践活动,尽可能扩展学生的生活空间,接触自然,深入社会,让沸腾的社会生活、奇异的自然景物映入学生的脑海,丰富学生的感性经验。让他们在社会、学校、家庭的生活实践中观察、认识、体验,在平凡中发现不平凡,在平淡中寻找新奇,开拓视野,增长见识。如果学生题材库存充裕,随手拈来,写作时就有话可说、有事可写、有感而发,自然就能写出有真情实感的作文来。

四、动手写作,重视评讲再指导

学生具备了一定的说话能力、养成了善于观察、喜爱读书的好习惯,为其写作打下了良好基础。指导写作时,围绕英文中的五个"W",先指导学生按"谁干什么"的句式,写简单的句子;继而引导学生写出含有时间、地点、人物、事情等四要素的句子,可以引导学生写出许多不同的句式,如:时间、地点、人物、干什么;人物、时间、地点、干什么;时间、人物、地点、干什么等等。在此基础上指导学生看图写话。

作文评讲是习作的再指导,是习作指导过程的再延伸。对于低年级小学生来讲,作文评讲显得尤为重要。小学生往往对生活的认识是肤浅的,描述是粗糙的,评价是模糊的。组织评讲时,一方面组织学生欣赏优秀习作,有意识地引导他们向写得好的同学学习,吸取他人的长处,弥补自己的不足;一方面组织"找金子"和"大扫除"活动,"找金子"活动,即在教师批改的基础上寻找自己或别人写得好的词汇、句子以及写得好的片段,并适当做记录;"大扫除"活动即找自己或他人习作中的"垃圾";两项活动相得益彰,就能促使学生不断吸取精华、去其糟粕,提高鉴赏能力。

低年级语文互动式教学模式初探

课堂是学校教学的主渠道,也是学生进行学习的主阵地。面对活泼好动的低年级小学生,教师应顺应其天性,在课堂教学中让学生充分动起来,确保学生的主体地位,充分发挥学生的主体作用。我们可从以下几个方面实践。

一、营造适宜的课堂氛围

民主和谐的课堂氛围不仅有利于学生自主学习,还能促进其思维最大限度地活跃起来,积极参与学习过程,敢于发表不同意见。学生在这样的环境中学习,会产生愉快的情感,思维始终处于积极、活跃状态,敢想、敢说、敢于质疑问难,勇于大胆创新。

我在课堂教学中提倡:答错了允许重答;答不完整的允许自己或同学补充;没有想好的允许再想;不清楚的问题允许发问;不同意见允许争论;教师错了欢迎学生指正或批评等等。学生在这种和谐民主的气氛中发言,没有被同学取笑的苦恼,没有被老师批评的忧虑,学习活动自由主动,充分享受发表不同意见的乐趣。

当然,教师要注意倾听学生的不同意见,以中肯的态度给予指导与表扬。

二、培养学生的参与意识

在实施素质教育的过程中,学生是学习的主体。教师的职责在于充分发挥学生的主观能动性,让他们主动参与到教学的每一个环节中去,注意引导学生观察、思考、操作。

汉语拼音的音节拼读是重点又是难点,学生不易短时间掌握。鉴于此,教学中引导学生动脑想一想,动手拼一拼,动口读一读。练习中,我把本节课刚刚掌握的字母卡片分发给学生,学生自己手中持有已经学过的字母卡片,老师口述音节,如:ma,接着发问,"我的朋友在哪里?"学生迅速动脑、动眼、动口查找自己的卡片,学生找到相应的卡片后,会手举卡片,边跑边说:"你的朋友在这儿。"学生初步掌握音节的拼读方法后,老师一定把时间还给学生,请学生自己用已准备好的卡片自由拼读音节,教师巡回给予指导,欣赏同学们的杰作,一旦发现学生的新创造,教师及时给予表扬、鼓励。

学生在预习课文时会发现这样那样的疑难问题,教师要大胆放手让学生主动参与,以小组为单位展开讨论,互相交流,寻求解决问题的方法。不能在小组内解决的问题,允许学生写在纸条上,在授课过程中得以解决。这样,学生就把学习当成自己的事情,主动参与,主动思考,真正做学习上的主人。

三、鼓励学生大胆质疑

学起于思,思源于疑。学生的积极参与、主动学习往往是从疑问开始的。有了疑问才能促使学生去探索,去思考,去创新。

在教学中,教师要热情地鼓励学生积极思考,发现问题,大胆地提出疑问。陶行知先生有这样的诗句:"发明千千万,起点在一问……人力胜天工,只在每事问。"有力地说明了学生质疑的重要性。课题是教材资源之一,经常利用课题让学生养成善于思考的良好习惯,弄清题目与课文的内在联系,帮助学生理解课文内涵,形成相应的学习方法;同时,可以激活学生的内驱力,变"要我学"为"我要学"、被动地学为主动地学。善于利用课题资源鼓励学生质疑,能开发学生智力,诱发学生创造性的进行学习。如在教学《小壁虎借尾巴》这一课时,先让学生读读课题,指导学生从课题质疑。学生提出:小壁虎为什么要借尾巴?它的尾巴怎么了?它会向谁借尾巴呢?借到了吗?等等。这时教师播放动画片,启发学生边认真听课文配乐朗读,边仔细看活动画面,自己寻找答案,在看书读文时发现疑难问题可以讨论。

学生通过看、听、读、想,学得积极主动,不但深入地理解了课文,而且掌握了一些课外知识,大大地提高了学习实效。

四、激发学生的想象力

语文教学是一门艺术,艺术的生命在于创新。因此,在课堂教学中必须坚持以学生为主体,让他们主动探索,把新的知识和已知知识结合起来,就会有所发现,有所创造。

《小猫种鱼》最后一段话是:"小猫看见了,把小鱼种在地里。他想,一定会收到很多小鱼呢!"文章给学生留下了想象的空间,极易使学生掩卷冥想,思绪万千。这时,教师就提出激发学生兴趣的问题,让学生展开想象翅膀,如小猫来收鱼时会看见怎样的结局呢?促使学生创造性的说出小猫收鱼时会看见什么,说些什么,想些什么等等。进而,再次提出问题:有了这次教训,小猫在今后生活中,会通过哪些办法得到更多的鱼呢?学生在续编故事过程中,兴趣浓厚,想象丰富。

巧妙的设问,大大激发了学生的积极参与意识,锻炼了语言表达能力,发展了思维空间,丰富了想象力。

第三章 为 道

何为"为道",就是超越知识,提升境界,寻求最高真理,追求更高层次的智慧和大爱情怀。

犹记得,疫情严峻,我毅然远赴贵州,将使命与担当践行在安顺经开区的每一节课堂上,送培送课到屯堡苗寨,跋山涉水了解远山学情,牵线搭桥帮扶留守儿童……主持完成课题研究《小学语文读写一体化教学策略研究》,课题研究总报告中包含课题研究的目标、研究内容、研究策略及研究成果,本书还记录了支教贵州安顺的教育教学随笔及教育专题讲座。针对贵州安顺多雨的气候特点,积极推行室内体育课模式,课例打磨,事必躬亲,从理论到教学实践,影响深远。

完成短期支教,再续长期支教,圆满完成支教任务。在国家脱贫攻坚收官之年,在贵州安顺留下"最美支教教师"的赞誉。

刘桂英支教事迹简介

刘桂英,辛勤支教在云贵高原圣洁的讲台,默默守护着边区儿童教育,以爱唤爱,以志启志,黔行支教,情系安顺,用点滴平凡故事,书写着青岛支教边区教育者的奉献情怀。

刘老师,高级教师,从教近四十个春秋,青岛市教学能手,西海岸新区优秀教师。2020年5月始,两度支教贵州安顺,任教班级成绩首创安顺经开区全区之最。

重回安顺,惜时如金,刘老师夜以继日地埋头工作,随笔记录的教育感悟、撰写的教育教学论文,都是培训教师的第一手宝贵资料,将青岛教育的高效教学课堂模式推广到安顺,学科相融进行教学传帮带:出示示范课,为老师们展示科学新颖的授课模式;走进课堂,手把手指导年轻教师尽快成长。无数个支教日子里,忙于应邀去古寨、进屯堡送培送课,奔走在崎岖泥泞、去往村小的田间小径。开展课题研究,集结青岛和安顺骨干教师的教育钻研合力,深入探讨教育课题,创下东西部携手教研共同进步的教育佳话。深入山区、苗寨,走访留守儿童,登记帮扶信息,为青岛爱心人士搭建帮扶桥梁,从青岛寄往贵州山区的服装、胶鞋、体育用品、各种学具,不断地送到需要帮助的山区孩子们手中。

出示观摩课、公开课、优质课数十节,起到了良好的"学科带头人"模范引领作用。先后被评为"安顺市教学能手""经开区优秀支教教师""德育先进个人""骨干教师""学科带头人",主持完成课题《小学语文读写一体化教学策略研究》,并荣获青岛市教育科研优秀成果二等奖,教研成果得以广泛推广运用,又获安顺市教育科研优秀成果二等奖第一名。在《汉字文化》《文渊》《运动》《科学与技术》等杂志发表论文数十篇。接受安顺市电视台采访,电视台连续播出作为青岛教师的感人支教事迹,赢得了远比金杯银杯更可贵的口碑,老骥伏枥敢为先,树立了良好的青岛支教教师形象。

黔行支教　情系安顺

记教书育人楷模——刘桂英

安顺经济技术开发区实验小学二年级 3 班的教室里，2020 年 9 月新学期开学的第一天，教室里一片欢呼雀跃！随着上课铃声响起，同学们的目光不约而同聚焦在教室门口，大家都在猜测中期盼：我们的新老师会是什么样子呢？令孩子们做梦也没有想到，悠然走进的就是他们日思夜想、上个学期曾经教过自己的青岛支教教师刘老师。刘老师笑殷殷地走向同学们，一一拥抱时刻牵挂着的、深爱着的安顺孩子们。能够重相逢的愉悦令大家分外激动，泪花泛在师生对视的目光里……

刘桂英，来自青岛西海岸新区青草河小学，一位年龄 53 周岁、历任班主任二十多年、疫情当下主动请缨前往贵州支教的高级教师。她青丝华发、桃李满园，是无数个学生心目中的慈爱妈妈；她身先垂范、始终如一，忘我奋战在教育教学一线岗位。刘老师坚守三尺讲坛，堪称教书楷模。在上个学期圆满完成贵州安顺的短期支教，如今，重回安顺，她将在云贵高原这片圣洁的土地上，再续一整年"东西部协作扶贫"支教之旅。

讲坛三尺奉丹心

尚记初来安顺,刘老师立即投入当地学校的教育教学中,她担任一年级3班的语文教学及体育与健康教学工作。孩子们对知识的渴望对老师的敬慕都写在扬起的脸庞上,刘老师夜灯下查阅书籍、精心备课;刘老师的高效课堂让课堂每一分钟发挥其最大效能,师生双边互动、激励机制有效落实、良好习惯日渐养成……孩子们的进步日有新变化。

课堂上,有了老师与学生爱的约定——圈圆手臂,以示拥抱鼓励的特定肢体语言。刘老师总是毫不吝啬地将爱的拥抱奖赏给孩子们。校园里、操场上、校门大道边,孩子们一见到刘老师的身影,总是如鸟儿般,欢呼着、雀跃着、张开双臂奔向老师……爱的传递就是这么神奇。《礼记•学记》言,亲其师,信其道;尊其师,奉其教;敬其师,效其行。在有爱的教育里,孩子们的进取心如同施了魔法,朝向最理想的状态奋勇前行。

选择支教,便化作爱的使者。面对学困生,刘老师奉献丹心如同慈母一般。罗银欣是一位学困生,刘老师针对个体学情分析原因,采用个别指导、家校合作、赏识鼓励的系列措施……到期末统考,她从18分提高到91.5分,点滴成绩的提高凝聚着刘老师的心血,课上循循善诱、课下埋头辅导……刘老师用耐心、爱心和恒心唤起并培植孩子的自尊心,创造了又一个《灰姑娘》的现实版传奇故事。

自卑怯弱的罗银欣从此喜欢上这位青岛老师:一到课间,就绕着老师转圈圈,给老师讲个笑话,摸摸老师的手,捋捋老师的长发,有时候会坐到老师的腿

上……期末班级成绩位列全校第一名,刷新了经开区实验小学建校以来班级平均成绩最高分的记录。再次令同行侧目的是,暑假后10月初的月考再次保持了级部第一的优秀佳绩。转化学困生是教师必做的教育任务,教师要因材施教,更需要专业知识做支撑,更需要教师兼具耐心、爱心、恒心,时时做个有心师者,正所谓:悉心"黔"教爱意盈。

教学相长传真经

重回安顺,刘老师惜时如金,她夜以继日地埋头工作、撰写教育教学论文,将更多精力投入教学传帮带的教研工作中。她和学校领导、老师们一同参与教研、积极开展教育培训活动,真正实现教师教学相长的成长目标,做到每周一个小主题,每月一个大主题,利用周例会分层与大家分享、交流、沟通。培训内容从师德师风到教育教学,老师们如同海绵般汲取营养,竞相进取。培训活动开展得如火如荼,每一次培训学习都是一支高效的强心剂、一种神奇的催化酶,令每一位老师醍醐灌顶,教育理念得以迅速提升。

在刘老师的课堂上,前来听课取经的同事们络绎不绝,每课有得,课课新得。共同钻研教育教学、打造高效课堂已经蔚然成风,引领的作用就是这么巨大!从教多年、经验丰富是刘老师教育教学上的优势,她将所教所悟所得毫不保留地与不同学科教师互动切磋,带动学科融合共同提升,为所任教的开发区实验小学奉献着教育研讨力量。

2020年12月,刘老师送培送课到兄弟学校——幺铺小学,课堂上,刘老师工整规范的板书设计、环环相扣的教学深入、惟妙惟肖的讲解示范、声情并茂的朗读引领……科学高效的精彩课堂博得听课老师们的一致赞誉。专题讲座的会场上座无虚席,老师们直面发问教育教学中遇到的困惑和疑虑,刘老师结合教学实例逐一答疑,大家在互动中解疑释惑,研讨气氛呈现意犹未尽的良好效果。

2021年3月,刘老师送课到启新学校,四十分钟的课堂令孩子们受益匪浅。短短课前二分钟,刘老师简洁的课堂常规要求让学生心有纪律、学有规范,确保一节课有效展开。课堂上,刘老师关注每一个学生,有效提问、指导写字、课文朗读,把握教学中的每一个环节,将高效课堂扎扎实实落脚在课堂的每一个细节之处。随堂听课的教研人员和老师们赞不绝口。

　　刘老师的每一堂课都留给孩子们足够铭记一生的教育印记，每一次讲座都令与会的老师们豁然开明、醍醐灌顶，忘我工作是刘老师的教育常态，奉献自我，如同春蚕。

古寨屯堡山海情

　　远离家乡和亲人，习惯一身简装的刘桂英将大把的周末和假日等闲暇时间用于走访山区贫困孩子，来到古寨、屯堡，走入山村小学和村民家中，了解当地学生的生活及学情。古老的村落，崎岖的山路，斑驳的城墙，历经风雨的石头老屋……

　　刘老师与留守儿童的老人促膝交谈，手把手地辅导留守儿童的功课，教育孩子树立志向，用学习改变命运，用知识建设家乡，点燃了孩子求知的渴望，增强了学习劲头，控辍保学得到落实。刘老师脚不停息地行走在扶贫的边区村落间，逐家挨户寻找需要帮助的适学儿童，登记学生的联系方式及邮寄地址，为青岛爱心人士和受援学生搭建起帮扶桥梁——捐助服装、胶鞋、体育用品、各种学具不断寄往需要帮助的孩子手中，袅袅炊烟伴着琅琅书声从大山深处悠悠传出……

老骥伏枥心有爱

或许有人不会理解刘老师的支教旅程,偌大的年龄、已经身居高级教师职称,还来如此艰苦的边区苦度时日,为的是什么呀？我们循着刘老师的从教足迹便可找到答案。

三尺讲坛播撒爱,兢兢业业数十载。三十二年的一线教育教学工作,刘老师恪尽职守、任劳任怨,将满腔的教育情怀无私奉献给挚爱的教育事业,秉持视生如子的拳拳爱心,尽情播撒给一批批学子们,直至青丝变华发,终将无悔于"人民教师"这一高尚称谓。

1989 年 7 月大学毕业,刘老师先后在黄岛区第四初级中学、育才小学、新世纪小学、青草河小学教书,每一所学校,每一个岗位,每一枚三尺讲坛,都留下她为教育教学勤勉奋进的身姿。

2005 年 9 月刘老师被评为"青岛市教学能手",2015 年 2 月被授予青岛市"优秀辅导教师"称号,2019 年 12 月,被评为西海岸新区"2019 年最美科学教子家庭"的殊荣,2020 年 7 月获得安顺经开区"优秀支教教师"称号,2020 年 9 月荣获安顺经济技术开发区实验小学"最美支教教师"殊荣。

问渠那得清如许？为有活水源头来。刘老师不断提高教育素养,厚积而薄发。2010 年 8 月出示过青岛市公开课"我不是最弱小的";"我自信 我快乐"获省级优质课一等奖;2015 年执教的"快乐小天使""自信大冲浪"均获省级优质课二等奖。2020 年 5 月出示安顺市级公开课"新兵入伍";2020 年 6 月出示安顺经济技术开发区级公开课"白鹅""原地投掷轻物(肩上挥臂)";2020 年 9 月,2020 年 12 月出示区级公开课"雾在哪里",课后进行了区级专题讲座"低年级阅读课教学设计的思考""基于识字　培养思维";2021 年 3 月,刘老师出示安顺市级公开课"妈妈睡了"。她播下奉献,播下希望,播下美好,一路走来赢得赞誉一片。

刘老师笔耕不辍,日有新作,为教育教学插上腾飞的双翼。2012年5月撰写的《青少年体质的现状、原因及对策研究》发表在国家级期刊《运动》;2019年6月在国家级期刊《汉字文化》发表论文《如何在教学中落实"读写一体化"》,该文荣获国家级一等奖;2019年12月撰写的文章《以情怀托起文字的生命之重》发表在青西新区教育作协——西海岸杏坛文苑。

刘老师注重培养学生的课题研究能力。2015年5月指导学生研究的课题《听树叶讲故事》,荣获青岛市一等奖。2019年6月指导学生张子翔等五人均获省级"七巧科技"三等奖。

最美的教育就是与孩子们一起徜徉在放飞梦想的知识殿堂,与孩子们一起跳跃在绿茵悠悠的运动操场,与孩子们一起书写五彩梦想的美丽画卷。刘老师的生活里写满了她与孩子们一同前进的快乐时光。

就是这样一位默默无闻、埋头教书的老教师,一位挚爱教育、甘愿奉献的教育者。三十余年如一日,脚踏实地如黄牛般耕耘着教育的土壤,一年又一年在孩子们心田播下种子,长成参天大树。的确,心中有爱,支教路上方能健步依然……致敬刘老师!

心有所向能行远

习近平总书记给复旦大学《共产党宣言》展示馆党员的回信是这样写的:"心有所向,方能行远。面向未来,走好新时代的长征路,我们更需要坚定理想信念、矢志拼搏奋斗。"作为教师必须走好教育的前行路程,坚定教育初心不改,矢志为教育而努力,将最美的教师身影印记在孩子们纯真的心灵深处。

　　刘桂英老师的黔行支教践行着习总书记的殷切教诲。撑一杆长篙，荡一叶扁舟，邀一轮明月，携一缕清风，在她看来，黔行支教是此生不悔的选择，情系安顺，是最美的历程，为此而付出的所有精力和心血，都必将化作学生成长路上的奠基石，作为一名教师，人生也就有了浓重的色彩，工作也就价值非凡，生命也就光芒四射，这就是刘老师教育教学高尚情操的真实写照。

　　长风破浪会有时，直挂云帆济沧海。刘老师和所有并肩支教的老师们将教育人的海之情怀传递到西部山区，为牵手筑起实现百年奋斗目标的教育发展之梦而努力工作着……

低年级阅读课教学设计的思考

一、整体—部分

由整体—部分，简单的来说，就是大单元教学，研读单元—研读课文—课时备课的一个完整教研过程。

（一）研读单元

首先研读单元内容。本单元围绕"想象"这个主题编排了《古诗二首》《雾在哪里》《雪孩子》三篇课文，这是继一年级上册第六单元后又一个以"想象"为主题的单元。本单元三篇课文侧重于体现想象之美：《古诗二首》中的想象能让人入情入境；《雾在哪里》中的想象充满童趣；《雪孩子》中的想象美好纯真。课本选材经典，语言生动，充满儿童情趣。

为什么要进行单元整体教学内容的研读？其一，统编版语文教科书分单元组织编排；其二，每个单元都是围绕特定的人文主题和语文训练要素进行选文和规划学习内容的，单元内每一篇选文都是为落实重点阅读训练目标任务的，按编排的先后顺序在目标落实上具有层次性，选文与其他板块的学习内容之间也多具有一定关联性；其三，从纵向看，1到6年级12册教材，很多单元的目标之间具有联系性和发展性，每个单元都是完整的语文知识和能力体系中的一环，教学时只有立足当下，思前想后，以大整体为背景，将每一个单元进行整体设计，才能让单元内的学习内容和活动形成合力，既使得这"一环"扎扎实实，又能在学生语文素养发展路径中起到承前启后的作用。

（二）研读课文

在研读单元内容的基础上，我进行了整篇课文的备课。

《雾在哪里》是一个童话故事，拟人写法将雾这一人们熟悉的自然景象，描述成小孩子和世界捉迷藏的故事,与二年级学生的童真童趣一拍即合。雾把大海,天空连同太阳,海岸连同城市等景物依次藏起,呈现出大雾笼罩下世界一片朦胧的奇妙景象。作者赋予雾以孩子的语言,把大雾笼罩称作"雾藏起了世界",把云开雾散,称作"雾藏起了自己"。因此整篇课文显得生动有趣。

《雾在哪里》全文共 10 个自然段,第一自然段总写,说雾是个淘气的孩子,引发学生阅读期待,第 2—7 自然段写了雾依次把大海,天空连通太阳,海岸等景物藏起的景象;第 8—9 自然段写物把自己藏起,云开雾散,一切恢复原状的景象;第 10 自然段用设问句结束全文,显得神秘又回味无穷。

课文的段落结构有共同点,描写雾的变化时都是先写雾自言自语,再写雾把什么藏起来,最后写藏起之后的景色。课文的语言也很有特点,善用关联句式"无论……还是……都……"表达大雾笼罩下的景象,既让读者感受到雾的淘气可爱,又为读者想象雾景提供了依托。

(三)课时备课

接下来根据课文内容,合理分配教学达成的目标进行课时备课,这篇课文我打算用两个课时完成教学。

两个课时的教学目标分别是这样预设的:

第一课时:

1. 认识"雾、淘、梁、岸、暗"等 12 个生字,正确书写"屋、岸" 2 个生字,掌握"上扁下展、横画等距"的写字规律。

2. 正确、流利地朗读课文,借助提示词,读好雾说话时的语气。

3. 知道"雾"把"大海,天空连同太阳,海岸"藏起来后,景物发生的变化,感受大自然的神奇。

4. 借助图片,想象"雾"还能藏起谁,会有怎样的变化,并仿照课文例句,试着用"无论……还是……都……"练习说话。

第二课时:

1. 巩固已学的 10 个生字,认读"躲、失"两个生字。书写"于、久、散、步"四个字,理解"连同、悠闲"等词语的意思。

2. 朗读课文,通过读雾说的话,进一步体会雾的淘气。

3. 学习课文第 7-9 自然段,想象雾把自己藏起来后的景象。

二、引领—放手

教学中,教师的引领是为了适时放手。

本课的导入,我采用了猜谜语的形式:像云不是云,像烟不是烟,风吹轻轻飘,日出慢慢散。猜谜语是小孩子最喜爱的游戏之一,可以迅速把学生的注意力集中起来,"雾"到底有多美,课件展示多幅雾的美图,教师生动语言的引领,学生充满兴趣地欣赏,大雾笼罩下的景观豁然呈现于学生视觉中,学生会初步领略到雾之美,雾之韵,雾之朦胧,这种充满兴趣、主动参与的学习状态,会让学生对新知的学习产生向往,激发求知欲望。

教师的引领与放手体现在学生有层次的读书,由开始的依据课件出示的读书要求自由读文,达成"读准字音、读通句子"、提取雾孩子"淘气"的读书目标,接着围绕"淘气",学生边读课文边圈画出雾孩子说的话,同位合作读一读,边读边想象雾孩子说话时的动作、语气,师生合作朗读,在有感情地朗读中体会雾孩子的淘气可爱。以读代讲,在朗读中解答雾先后把谁藏起来这一问题(大海,天空连同太阳,海岸,自己)。在此基础上,学生水到渠成与老师合作说话练习:这片雾可真淘气,一会儿把( )藏起来,一会儿把( )藏起来,一会儿把( )藏起来,一会儿又把( )藏起来。

学习语文的最终目的是让学生学会说话,学会写话,教师要把这一教学理念细化在教学环节当中,在引领中成长,在放手中践行。

解决第二个问题:雾把"大海,天空连同太阳,海岸"藏起来后,景物发生什么变化时,教师则放手让学生通读课文2—6段并从中提取信息,"无论是海水,还是船只,都看不见了;无论是天空,还是天空中的太阳,都看不见了;房屋、街道、树木、桥梁,甚至行人和小黑猫,雾把一切都藏了起来,什么都看不见了。"引领学生读好长句子,关注1、2句中的相同的关联词"无论……还是……都……",体会景物发生的巨大变化,有了充分理解作铺垫,教师放手让学生借助图片练习用关联词的句式学会说话。

课堂教学中教师的引领是为了培养学生的学习能力,引领的终极目的是放手学生自主学习,由引领到放手,教师要有意识地、循序渐进地将这一教学理念在教学中实施,教师要做个有心师者。

三、学文—识字

低年级的教学要建立"基于识字 培养思维"的意识。所以整堂课的教学设计,始终贯穿"基于识字　培养思维"这一教学理念,以《雾在哪里》一课为例。

1. 课题识字"雾",由此拓展认识"雨"字头的生字"雷 雪 霜 雹 露 霞 震 霎 霾 霏"等,从而引导学生得出结论:雨字头的字大都与水、天气和景观有关系。

2. 联系生活识词,由"淘气",认识生活的词语"淘米""淘宝""淘洗"。

3. 随文识记词语"海岸",借助图片理解"海岸"的意思,学生用猜一猜的办法认识"江岸""河岸""湖岸""对岸""两岸"等与"岸"有关的词语。

4. 同音字对比识记"岸""暗",借助图片加深理解词意,区分生字的不同意思。

5. 儿歌识记生字:"街"字部件多,为方便记忆,一首儿歌:"行人走路靠两边,道路纵横易通行。"

6. 溯源识记"梁"字,"梁"从字形上分析,从水从木,就是横跨在水上面的横木。"梁"字的另一个意思是"物体中间隆起成长条的部分",如:房梁、山梁、鼻梁。

四、阅读—拓展

阅读教学的目的是让学生习得阅读方法,产生阅读兴趣,学会自主阅读,不仅仅在课内,更要在课外广泛阅读。本课是一篇有关雾的童话故事,本单元课文侧重于体现想象之美,所以,在安排学生的课外阅读任务时,我选取诗歌《贪玩的雾》,读起来朗朗上口,画面趣意横生。

关于拓展阅读,个人建议,可以一篇带一篇,一篇带多篇,一篇带整本书。可以是相同题材的,可以是统一主题思想的,也可以是同一位作家的作品等,教师的用心荐读必将成为学生读书的指航灯,会读书,读好书,好读书必将成就孩子美好的人生前程。

学无止境,教学更是如此,我们教师年年教书年年面对新的挑战,年级不同,教材不同,学情也不同,一年年倾注心血、倾情教育送走学子,来年再从头重来!一天天甘愿艰辛付出、默默承受着孤寂,我们始终无怨无悔。因为,我们肩负教育之大任!一砖一瓦方能垒起城池,有你有我,教育才会一片绿洲,为了孩子们,老师们加油努力!

单元整体教学就是把一个单元看成一个相对统一的学习整体,在明确的学习目标统领下对一个单元的学习内容和活动进行系统规划,整合设计,关注联系,关注发展,充分发挥和落实单元学习价值,以清晰的路径促进语文学习素养的提升。

【教材分析】

《雾在哪里》是统编教材二年级上册第七单元的第二篇课文,本单元是有关自然景观的教学。《雾在哪里》是一篇童话故事,主要用拟人的手法将雾这一熟悉的自然景象,描述成小孩子和世界捉迷藏的故事。故事里,雾分别把大海,天空连同太阳,海岸,自己藏起来,充满童趣色彩。在语言表达上,段落结构相似,长句中的关联词运用基本一致,旨在激发学生的想象,让学生能感受到大自然的奇妙。在《语文课程标准》关于第一学段中"想象和童话"的学习目标有着这样的描述:阅读浅近的童话、寓言、故事,向往美好的情境,关心自然和生命,对感兴趣的人和事件有自己的感受;展开想象,获得情感的体验。

【学情分析】

二年级的孩子们之前已经学过大量带有童话色彩的儿歌和短文。比如一年级下册学的《荷叶圆圆》《咕咚》,本册第一单元学习的课文《小蝌蚪找妈妈》《植物妈妈有办法》,这些短文都有着语言生动,语句反复的特点。七单元的单元训练重点主要有两个,一是综合应用多种识字方法。二是展开想象,获得初步的情感体验。二年级的学生在识字、写字、朗读课文想象方面有一定的基础,学生能够运用多种识字方法,如:加一加、形声字、象形字,进行自主识字;教师引领学生通过汉字溯源的方法帮助学生培养识记汉字的思维意识,感受汉字文化的博大精深。分析二年级前后教材,我们发现,孩子们也有过想象的学习经历,比如三单元中的课文《望庐山瀑布》《黄山奇石》中,就有对孩子想象的训练。而本课对于想象童话的学习,侧重于让孩子通过对雾说话时不同语气的变化,感受到雾的淘气顽皮;雾还会藏起谁,感受雾的朦朦胧胧,无所不在。展开想象的翅膀,感受大自然的神奇。

【教学目标】

1. 通过新旧知识衔接、联系生活经验、借助汉字溯源的方式、反义词对照等方式,正确认读"雾、淘、梁、岸、暗"等 12 个生字,正确书写"屋、岸"2 个生字,掌握"上小下大、横画等距"的写字规律。

2. 正确、流利地朗读课文。可以借助提示词,读好雾说话时的语气。

3. 知道"雾"把"大海,天空连同太阳,海岸"藏起来后,景物发生的变化,感受大自然的神奇。

4. 借助图片,想象"雾"还能藏起谁,会有怎样的变化,并仿照课文例句,试着用"无论……还是……都……"练习说话。

【教学重难点】

1. 正确、流利地朗读课文,借助提示词,读好雾说话时的语气。

2. 知道"雾"把"大海,天空太阳,海岸"藏起来后,景物发生的变化,感受大自然的神奇。

3. 通过出示图片,想象"雾"还能藏起谁,会有怎样的变化,并仿照课文例句,试着用"无论……还是……都……"练习说话。

【教学准备】

多媒体课件。

教学环节时间分配:

1. 导入新课,读好课题【2分钟】

2. 检查预习、整体感知【8分钟】

3. 学习课文,感悟表达【20分钟】

4. 学习生字【9分钟】

5. 总结全文【1分钟】

【教学过程】

第一课时:

一、导入新课,读好课题(2分钟)

1. 猜谜语:像云不是云,像烟不是烟,风吹轻轻飘,日出慢慢散。

通过猜谜形式导入新课,意在迅速吸引学生的注意力,把学生的关注集中到课堂上,激发学习兴趣,调动积极性。

2. 配乐欣赏大雾笼罩下的图片,让学生感受雾的朦胧美。

3. 认读"雾"生字,发现形声字构字规律,引导学生根据偏旁表义的构字规律推测雾的形成,从而得出结论:雨字头的字一般和水或天气或自然景观有关。通过新旧知识之间的联系培养学生的思维能力。

二、检查预习、整体感知(8分钟)

本课教学,引入了导学案的使用。导学案以学生为本,是教师为指导学生进行主动学习而编制的有学习目标、学习内容、学习流程的学习活动方案,用于引导学生自主学习、主动参与、合作探究、优化发展,具有"导读、导思、导做"的功能。导学案实施的高级目标是培养学生的学习能力,为学生的终身学习奠定基础。

有了导学案的引领,学生课前可以自主识记生字,有困难的生字课堂上可以通过集体学习得以解决。

1. 识记生字生词,识记生字生词形式多样,指生读,跟生读,分组读,集体读,带着拼音读,去掉拼音再读对照导学案第一题。指读,跟读,去掉拼音再读。

2. 学生带着任务学习,读课文要求:注意读准字音、读通句子,其他同学带着问题边听边思考:这是怎样的雾?把雾"淘气"的特点,从文中提炼信息,练习用"淘气"说话。认读生字"淘",联系生活实际,认识生词"淘宝""淘米""淘洗"等。由一个字,一个词,拓展识记多个词语,在扎扎实实地教学中,夯实识字教学,提高思维能力。

三、学习课文,感悟表达(20分钟)

这一环节的教学要解决两个问题:问题一,雾娃娃藏了哪些东西?问题二,雾把事物藏了起来之后景色的变化。

要解决第一个问题,引导学生快速朗读课文,找出雾说的话,用波浪线把句子画出来,提醒学生,借助双引号,可以帮助我们快速完整地找到人物说的话,提取信息要完整。

主要预设以下四个环节:

预设一:读好雾说话的语气。

1. 找出雾娃娃说的话。

2. 读好雾说话的语气。

屏幕出示雾说的5句话,小组合作朗读。教师出示"高兴地说""兴奋地说""挠挠头、自言自语地说""激动地说"等提示词,供学生参考。对学习有困难的孩子,可以借助提示词,读好雾说话时淘气的语气。最后,小组上台展示,感受雾娃娃的调皮。

预设二:找出雾娃娃藏了哪些东西?

1. 在学生读好雾娃娃说的话中,分别对应着雾把什么东西藏了起来。根据学生交流,相机出示句子并将"大海""天空连同太阳""海岸""自己"等词语贴在黑板上。再指导学生进行句式训练。用"这片雾可真淘气,一会儿把

（　　），一会儿把（　　），一会儿把（　　），一会又把（　　）"句式将词语串起来,扎实进行语用练习。

2. 随文识字"岸"。出示词卡"海岸"并展示图片,让学生指一指哪里是海岸? 点明:海边的陆地就是海岸。拓展积累:河边的陆地可以说"河岸",湖边的陆地可以叫"湖岸",河两边的陆地就叫"两岸",河对面的陆地就叫"对岸"。最后将"岸"字相关的词语串起来读一读,进一步巩固记忆。

3. 随文识字同音字"暗"。 读准字音。通过观察日字旁,引导学生理解这个字和太阳有关。没有太阳就是暗,有了太阳就是明。知道"暗"和"明"是一组反义词。点拨"岸"和"暗"同音字的识字方法。

预设三:雾把事物藏了起来之后景色的变化

1. 学生默读课文 3—6 自然段,用"＿＿"画出写景物变化的句子。同样,根据学生的交流情况,引导学生提取信息要完整。

2. 课件出示:无论是海水、船只,还是蓝色的远方,都看不见了。

无论是天空,还是天空中的太阳,都看不见了。

房屋、街道、树木、桥梁,甚至行人和小黑猫,雾把一切都藏了起来,什么都看不见了。

3. 读好第三个长句子。第三个句子很长,引导学生关注顿号、逗号等标点符号,借助标点符号,来读好停顿。随文识字"街""梁""甚至""一切"。

4. 理解"甚至"。"甚至"的意思是"进一步",引导学生发现房屋、街道、树木、桥梁四种事物都比较大,行人和小黑猫相对来说比较小,雾不仅可以藏大的东西,还能把小的东西也遮盖起来,感受雾之大,雾之浓。

5. 发现前两句的句式特点。

点拨:读一读,看看刚才这些景物是靠哪些词语串联起来的?方法指导:读一读这两句话发现共同点,都有连词"无论……还是……都……",朗读体会。

方法总结:这样的连接词可以帮助我们读清楚句子写的是谁和谁。方法运用:淘气的雾还会来到哪里?会带来怎样的变化呢?请你也用"雾把（　　）藏了起来。无论（　　）,还是（　　）,都看不见了"想象雾来到树林和村庄或者其他地方的情景。

设计意图:

通过朗读帮助学生发现两句话的共同点,引导学生展开想象并结合生活实

169

际,说一说雾藏起来之后的景色。

预设四:雾消失后的景象。

师:同学们,我们跟着雾娃娃一起藏了大海、天空与太阳、海岸,最后呀,淘气的雾娃娃把自己也藏了起来,那会变成怎样呢?

请同学们大声朗读 7 自然段。

师述第 8 段:雾呢,消失了,雾去哪儿了?

课件:雾是潮湿的空气下到冷的地面形成的,太阳一出,温度上升,雾就会变成水蒸气消失在空中。

将一种自然景象用雾孩子作为主角的童话形式呈现出来,变得生动有趣,贴近学生生活,达成心灵呼应,在圈圈画画、读读写写中完成教学目标。

四、学习生字(9 分钟)

教师出示"岸"和"屋"两个字,学生发现其共同点。引导学生关注横画等距、上小下大、撇画写长的书写规律。教师范写,学生练习各写二个。投影展示,师生共同批改评定星级,关注是否写出了"横画等距、上小下大、撇画写长"。再同桌互批,然后根据同桌的反馈意见,再练习写一个。

五、总结全文(1 分钟)

教师总结:这节课,我们和淘气的雾娃娃一块,藏了大海,天空连同太阳,海岸,感受到景物的变化,有趣极了。

作业布置:

1. 把这个童话故事讲给爸爸妈妈听。

2. 在有雾的天气里,留心观察雾究竟是什么样的,有什么样的变化过程,和同学交流。

3. 读一读儿童诗《贪玩的雾》,发现两个雾娃娃的不同。

板书设计:

雾 淘气 {
大海
天空连同太阳
海岸
自己
}

基于识字　培养思维

《新课标》指出,识字、写字是阅读和写作的基础,是为阅读和写作服务的。培养低年级学生的识字思维能力已经取代了以往"开发学生智力"这一传统提法。对低年级学生的教学,不仅仅指向汉字的会认会识会写,更应该重视学生在汉字学习中的思维发展,培养并保护学生学习汉字的热情和兴趣。《新课标》中要求小学阶段识记 3 000 个汉字,第一学段要求达到识记 1 600 个汉字的识字量,这个识字量已经超过小学二三学段的识字量总和,要想圆满达成这一学习目标并非一件一蹴而就的简单之事。

解读《新课标》,我们发现,小学低年级的学习目标不仅仅是识字,而是要以思维的力量点燃起学生识字的热情和激情,促使学生以识字为基点,引领学生主动张开思维的触角,有趣味地吸取文本传递的信息,在形式多样、多种渠道的识字方法中加大识字量,在识字学习中发展学生的逻辑思维能力。

一、丰富识字形式,构建思维系统性

统编教材的特点是将《新课标》中对学生思维培养的要求变为现实中的教材,培养学生从实实在在的教材中学会思维,提高思维能力。统编教材重视对学生识字方法的培养,重视思维的发展和提升,识字学习不再是单枪匹马、零打碎敲的教学过程,而是要将有关联的汉字信息集结成识字网络,在教学中借助教材丰富多样的识字形式,帮助学生构建学习汉字的系统思维,提高系统思维能力。

1. 归类识字。

将一类汉字视为一个小的学习整体,引导学生发现这个"学习整体"中生字的共性特征,丰富学生发现归类的视角,引导学生初步形成系统学习的思维,提高识字效率,提升思维能力。按构字特点归类,有象形字、指事字、会意字、形声字,也可以按识字方法归类,按字意归类,按部件归类等识字方法。

难记的就编顺口溜识记:如教学"美"字,羊字没尾巴,大字在底下;"戴"

字,"土"字头"田"字腰"共"短腿,斜钩撇,最后点。顺口溜识字教学,幽默风趣,寓教于乐,朗朗上口,易学好记,学生印象深刻,既能展现语文课的趣味性,活跃课堂气氛,又能提高识字效果,调动学生识字积极性。

2. 字源识字。

探求本源,溯本求源。从汉字字源的角度解读汉字是识字教学的有效途径。在识字教学中,教师运用字源识字法进行识字教学,引导学生从形入手,解读汉字音、形、义之间的联系,不仅是激发学生学习兴趣的有效途径,更是挖掘汉字内涵、解读汉字文化的重要方法。字源识字可以带领学生穿越古今,了解汉字的演变过程,感受汉字的形体美。教师在识字教学中运用字源识字法能够有效地激发学生的识字兴趣,通过识字教学渗透中国汉字文化,让学生在学习中增强对祖国语言文字的热爱之情。

3. 语境识字。

在真实生活环境中学习,提升识字效益。在真实的生活情境中运用识字方法,提升解决识字问题的能力,发展实用性思维。一年级下册的教材中引导学生看食品包装识字、看课程表识字,二年级的教材引导学生看火车票识字,把生活实践引入课堂,识字的多种途径大大提高了学生的识字量。识字教学是语文学习的基石,是语文学习的起始,伴随思维成长的识字教学,才能让学生经历充分的学习体验,感悟思考和发现的乐趣。识字能力和思维能力同步发展,这是统编教材理念下的因循之道。

4. 联系生活识字。

通过生活化识字,调动学生头脑中已有的生活经验、知识经验,使识字教学与学生生活巧妙地结合起来,唤起学生大脑皮层中沉睡的信息,产生亲切感,提高识字效率。可以编故事记住生字,若能把一个个抽象的汉字演绎活化成一个个生动有趣的小故事,让学生们通过听故事、讲故事,在轻松、愉快的氛围中记住生字,就会更加激发学生的识字兴趣。这些有情有趣的识字教学手段,旨在引导学生发现识字的共性和规律,培养识字的系统思维,既巩固已有的识字方法,又实现了学生的学法迁移,既提高了识字效率,又激发了识字兴趣。

二、有理有据猜想,发展思维逻辑性

逻辑思维能力是对事物进行观察,比较,分析,综合,抽象,概括,判断,推理,并准确而有条理地表达自己思维过程的能力。在统编教材中,猜想这一识记生字的学习形式具有趣味性和挑战性,一方面把学生喜闻乐见的游戏引入到课堂,创设了快乐的学习情境。低年级孩子好奇心强、好强心重,遇到有挑战的学习内容,就会跃跃欲试,在猜想学习中,如果猜对了会有惊喜,猜错了也无妨,学生在无压力的学习情境中,更容易打开思维自由的天窗。另一方面提倡有根据的猜想,犹如福尔摩斯探案一样,引导学生学会从学习材料中寻找蛛丝马迹,学生在猜测的过程中,既需要对材料进行分析整合,又需要对材料分析结果进行综合归纳,得出答案并不是最终目的,还需要有理有据地说明自己的猜想推理理由,在这样轻松愉悦的学习过程中,学生的语言能力和逻辑思维能力得到同步提高。

三、以主带辅阅读,培养思维实用性

6—12 岁的学生是阅读能力成长发展的黄金时期。小学阶段的六年学习时光,可以说什么都没有比海量阅读能够大大提高学生的阅读能力更为重要,一篇带一篇,一篇带几篇,一篇带整本书,以主带辅的阅读法体现了以阅读为中心的整合,实现了阅读方法的迁移运用,对学生的识字也具有重要的作用,阅读中学过的汉字反复在眼前出现,在脑海中投射,学生学习体验形成一种思维——学以致用的思维。

识字越级、梯队阅读的有效实施策略极大地调动学生的阅读积极性。学生一入学,老师就对学生识字量进行调研,分为 A、B、C、D 四个等级,班级图书角也进行分级,整理为 A、B、C、D 四个等级,这样学生可以分级阅读,顺利通过识字量测试过关,学生有资格可以阅读高一级图书,以读促识,在阅读晋级中促使学生识字量的迅猛提高。另外,阅读绘本,亲子阅读,阅读打卡,都大大调动了学生阅读的积极性,加大学生在阅读中掌握更多的识字量。

四、读与写相结合,培养思维综合性

读和写就像亲密无间的孪生姐妹,形影不离。在识字教学中要以读促写,写中促读。正所谓滴水穿石,在坚持不懈的读写结合实践中培养学生朗读能力、表达能力、观察能力和实践能力,思维水平得到了综合性提高。安顺经开区实验小学在这方面做得扎扎实实。清晨,伴着阳光与朝霞,每个班级都会传出琅琅的读书声;中午,孩子们在老师的精心指导下练习汉字的书写,老师分类指导,不厌其烦地细心批阅,学生学得兴致盎然。学校还给每个年级的孩子们设

计了不同的书写作业纸,每个班级通过班会时间展示同学们的书法作品,人人争做小小书法家已在班内蔚然成风。学生们的书写水平不断提高,写出的作品越发美观端庄,学生已经初探到练字中的书法韵味,若能坚持软硬笔结合练字,会大大提高书法质量,学生的写字兴趣也会得以激发。

五、拓宽识字途径,提升思维创造性

家庭、社会是语文学习的广阔课堂,家校合育是学生成长的重要途径之一,利用家校合育的力量,把识字教学延伸到课外,依据低年级学生的学习兴趣和识字规律,尝试结合学生的学习生活进行识字小报的制作,开展生活化识字,组织学生搜集报纸、广告、食品包装等上面的汉字,制作成识字小报,在课堂上交流,在板报中展示。在这个多途径识字过程中,学生在搜集中观察,在整理中筛选,在设计中创新,创造性思维得到了全面培养。

识字教学是语文学习的基石,是语文学习的起始,伴随着思维成长的思维学习才能让学生经历充分的识字学习体验,感悟思考和发现的乐趣,识字能力和思维能力同步发展,使枯燥的识字教学,成为读写的助推动力。

聚焦阅读策略　提升阅读素养

阅读策略,顾名思义是阅读文章时所要运用的阅读方法,我们通过阅读策略单元的教学,让学生既能够读懂文章,又能够知道"如何读懂文章",从而达到促进学生阅读理解能力的提升和独立阅读能力的发展这一阅读目标,为学生终身学习奠定基础。

一、统编版语文"阅读策略单元"的编排特点

1. 各年级不同的编排内容。

三年级是预测,"预测"就是顺着故事情节一边读一边想,猜测故事的发生会是怎么样的;四年级是提问,学会从不同角度提出问题;五年级是提高阅读速度;六年级是有目的的阅读。四个阅读要求,旨在不断提升学生的阅读能力。

2. 各阅读策略单元独立又有着内在的联系。

首先,统编版教材每个阅读策略的单元都有它们各自的学习任务,单元中每一篇课文也都承担着它们各自的角色。

精读课文从不同的侧面对学生指出了学习方法的指导,自读课文则提供阅读策略的练习,因此每个阅读单元都是独立的阅读单元,而且自成体系。

其次,阅读策略单元之间又有着内在的联系。

(1)阅读思维力的培养贯穿所有的阅读策略单元的学习。阅读策略的学习和运用指向学生阅读思维的培养,培养学生边读边思考的阅读品质。

(2)它们呈现出层层深入,梯度递进的关系。学生前面年级阅读策略单元的学习为后面年级阅读学习提供了铺垫和台阶。以三年级的阅读策略单元为例,本单元有三篇课文:精读课文是《总也倒不了的老屋》,略读课文是《胡萝卜先生的长胡子》《不会叫的狗》。这三篇课文的学习我们会有所侧重,《总也倒不了的老屋》重在学习预测的方法,知道预测要有依据,《胡萝卜先生的长胡子》重在运用上一节课习得的方法练习预测,《不会叫的狗》重在让学生学会独立预测。教学本单元,我们可以借助文章的题目、文章的插图、文章的线索,结

合生活经验和生活常识进行阅读预测。在此基础上,我们也要引导学生进行阅读的对比,对比自己的预测和同学的预测,以此来验证预测的合理度,可以对比自己的预测和实际内容,以此来验证预测的准确度,还可以对比预测结局和文中的结局,感受作品的多元化。

学习了三年级上册的策略阅读单元,学生学会了从题目、插图、情节等不同角度提出预测之后。四年级上册提出了阅读时尝试从不同角度去思考,提出自己的问题,预测的学习为提问的思考学习提供了铺垫。五年级学生的阅读策略提出了"带着问题的学习方法"提高阅读速度,四年级的带着问题阅读就为五年级的提高阅读速度提供了保障。而六年级有目的的阅读则需要学生运用各种阅读策略进行精读和略读。

鉴于以上的教学策略,提出以下教学建议。

二、统编版语文"阅读策略单元"的教学建议

1. 树立单元整组的教学意识。

从"导语页"到"阅读启示"到"课后问题"再到"语文园地",把教材编写者想实现阅读教学策略及教学方法一一呈现了出来。

(1)"导语页"会点明阅读策略。导语也会通过上方的阅读提示导语和下方的要求明确地提出本单元的学习目标和要习得的阅读教学策略。

(2)阅读提示会点明任务和方法。

(3)课后问题提供学习的提示和示范。课后问题经常会出现课文出现的小情境,释放了交流和表达的方法。

(4)语文园地总结方法,鼓励习惯养成。在语文园地这一个学习板块儿会鼓励学生们交流学习的内容和方法,并鼓励学生们在日常的阅读当中不断地练习运用,使学到的阅读策略潜移默化成为自己的阅读习惯。

所以在备课的时候,教师要树立单元整组的教学意识。了解整组课文的内容及其内在的联系,了解每篇课文在单元教学中的位置和所承担的任务才能对教材有更深刻理解和研读。

2. 简化教学环节,突出策略学习。

(1)明确学习任务和要求。

(2)实践学习过程习得策略。

(3)结合旁批和情景对话,交流总结。引导学生关注文侧的旁批、小气泡

等,养成边阅读文本边关注旁批的阅读习惯。

(4)适度迁移,落实策略实践。有些精读课文后面会跟上一到两篇自读课文,有些单元会在略读课文学完后出现,有些单元甚至没有自读课文,这就要求我们在学完一种阅读方法之后,要有目的地寻找与本节课学习的阅读方法一致的文章拿来给学生实践阅读,使阅读策略的运用由课内延伸到课外,由单篇引向整本书。

通过以上方法的综合运用,学生就会有学习、有实践、有交流。

3. 提高阅读效果,需要综合运用多种阅读策略。

在阅读策略单元教学中,学生的主要学习目的是着重进行一种阅读策略的学习,但是想要实现更好的阅读效果,我们需要鼓励和指导学生综合运用多种学过的阅读策略对课文进行理解和感受。比如边读边批注,抓住关键语句,关注细节体会人物形象等策略。通过综合使用多种阅读策略,使学生更深入地走入文本,与文本对话。

4. 关注学生阅读素养的整体发展。

学生学习阅读策略是为了让学生更好地读懂文章,更深入地体会文章传递的思想和情感,达到阅读的目的。因此,除了阅读策略的学习,在教学中应该落实的语文训练不能丢。比如识字写字,对课文的内容和情感的理解和体会,也都应该在学习策略的同时加以落实。

5. 其他需要注意的问题。

(1)三年级的"预测"单元和五年级的"提高阅读速度"单元不建议课前预习。学生在没读过课文的情况下,能更大程度的发挥文本价值,阅读策略运用也更有效。

(2)四年级的"提问"单元要充分尊重学生提出的问题。虽然本单元强调筛选出有价值的问题,但教师也要注意充分保护学生提问的积极性。

(3)五年级"提高阅读速度"单元中,要注意"提高阅读速度"不等同于"快速读",把握好阅读速度与阅读理解的关系,注意提高阅读效率。

(4)六年级"有目的的阅读"这个单元的学习,是对以往学习方法的一次综合、提升。要引导学生根据阅读的需要,自觉选用之前学到的阅读方法和已经掌握的阅读策略。

与大家分享有关阅读策略教学的一段话:阅读策略单元的学习不是始于阅读策略单元,因为学生在之前的阅读中自然会用上阅读策略,阅读策略的学习也不终于阅读策略单元,因为阅读策略单元的学习目的不在于掌握相关的知识,而在于培养阅读习惯,形成阅读能力。

所以阅读策略单元的教学一定要着眼于学生综合阅读能力的提升,深入浅出,把阅读策略教得学生易懂、会用、乐用,从而促使学生阅读能力和素养的形成。

附:低年级阅读课操作流程

低年级阅读课教学原则是轻理解、轻讲解,重诵读、重书写。一般分两课时进行,课堂教学的重点在于朗读课文、识字写字、学词、积累语言。

(一)第一课时的操作流程

1. 趣味导入,自主认读:

(1)读准课文。

(2)初识生字。

2. 随文识字,读好课文:

(1)读通读好课文,积累语言。

(2)认清字形,了解重点词语的意思,适当学习迁移运用。

注意:(1)、(2)两步不是分别依次进行,而是穿插进行,也就是我们常说的"随文识字"。

3. 指导写字,巩固识记:

有选择地指导书写部分一类字。

4. 布置作业,课外延伸。

(二)第二课时操作流程

1. 复习巩固,积累语言:

(1)巩固上节课所学生字新词(听写为主)。

(2)读美课文,读书成诵。

2. 指导写字,巩固识记:

指导书写本课剩余的一类字。

3. 反复再现,当堂练习:

练习参照学生教辅书,或教师自己设计习题。练习方式以"字词的运用"为主,减少机械重复的训练。

4. 补充阅读,课内拓展:

补充与课本相关的当堂阅读内容,圈画重点字词认读。

·推行室内体育课研究·

推行室内体育与健康课的必要性
——应对安顺的多雨气候

历时半个学期，又加整个学年，我一直支教于贵州安顺。对安顺的"天无三日晴、地无三尺平"有了切身体验，淅淅沥沥的小雨像是每天赶来报到一样，偶有瓢泼大雨，下得那叫一个痛快淋漓。雨来得勤，下得密集，常常汇流成溪，遍地都是。

贵州的气候类型属于亚热带季风气候，受东南季风和西南季风的影响，夏季是主要的雨季，冬季则经常是阴雨天气，潮湿阴冷，体感较差，产生贵州这种局部多阴雨的天气现象，主要原因是受到了"昆明准静止锋"的影响。云贵高原是云南高贵州低，冷空气向南运动时，受到地形的阻滞，前进缓慢，形成准静止锋。使得云南一侧在冬季多晴朗天气，而贵州一侧，则是长期被雨带控制，多阴雨天气，出现长年的"天无三日晴"的现象。

在安顺经开区实验小学任教的日子里，这多雨绵绵的天气常常让人步履泥泞。一个教学现状引起我的思索：在这个多雨的地区，如何保证学校体育课的正常开展，同学们每天的体育运动如何得到有效开展，每天用于身体锻炼的时长是多少。作为一名教育者，我们深知，体育与健康课是学生身心健康发展所必需的一门重要课程，它关系到学生的身体健康和学业成绩。

支教就是帮扶，责任和担当应当兼具。于是我尝试着推行室内体育课的课堂模式，与老师们探讨研究，课前分工布置，课中安排专业教师记录三大环节的时间占比，即准备部分、基本部分和结束部分。基本部分中重点测量教师指导时间、学生练习时间、自讨互帮时间以及课堂上的组织措施，由此得出学生的运动密度，分析实践教学中的测试数值，结果我们发现，室内体育课的锻炼效果也是不错的。室内体育与健康课值得我们在多雨的安顺推广实施。

体育课一般密度测量记录表

部分	顺序	教与学活动及教学辅助活动	分类					活动结束时间	该活动持续时间	备注
			指导	练习	组织措施	自讨互助	休息			
准备部分	1	整队检查人数								
	2	宣布课的内容								
	3	队列练习								
	4	纠正动作								
	5	准备活动操								
	6	游戏								
	…									
基本部分	25	布置器械								
	26	讲解示范								
	27	跳高（第1次）								
	28	等待练习								
	29	跳高（第2次）								
	30	观察分析讨论								
	…									
结束部分	45	放松游戏								
	46	自我小结评价								
	47	讲评								
	48	解散下课								

一堂优质的体育与健康室内课，既需要老师有扎实的教学技巧，又需要学生的积极参与和互相配合。本文将从两个角度进行阐述，即教师角度和学生角度。

一、从教师角度谈如何上好体育与健康室内课

1. 制订科学合理的教学计划。课前，教师认真备课，有针对性地根据学生的实际情况、体能水平以及教学目标来制订严谨、详细而有效的课程方案，确保整堂课的练习密度和安全运动，避免重复和单调，让学生在短时间内充分感受

体育运动带来的乐趣。针对身体素质的异同,可以将学生按照小组和运动项目的难易程度进行分组活动,以确保达到一定的运动量。

2. 创新教学方法与手段。利用多媒体资源,如视频、动画、音乐、喜剧、运动器材等,展示运动技能,增加课堂趣味性;设计互动性强的游戏和比赛,让学生在玩乐中学习,提升参与度;实施分层教学,针对不同能力的学生提供不同难度的练习,确保每位学生都能得到适合自己的挑战。通过各种有效手段来激发学生的兴趣,让学生在愉快的氛围中享受运动带来的乐趣。打造富有个性化的教学模式和舒适的运动环境,让学生体验到运动之美,感受运动之趣。

3. 合理安排活动时间和设备。室内体育与健康课有许多特点,其中之一便是活动时间较短,教师需要根据总体时间的安排,科学合理安排活动内容、形式和时间调配。同时,教师还需要注意设备的使用和安全性能,积极采取措施预防意外伤害的出现,提前检查教室内的设施,移除可能造成伤害的物品,确保空间宽敞,便于学生移动。准备好必要的运动器材,如垫子、小球、跳绳,并确保它们符合安全标准。提醒学生参与活动前需要掌握必要的知识和技能,遵守规则,规范运动。

4. 及时总结和实时反馈。课堂结束后,教师应及时对本堂课效果进行总结,对学生的表现、活动内容的难易程度、教学效果等进行评估,做到反馈和改进得到及时沟通。定期收集学生的反馈,了解他们对课程内容的兴趣度和参与度,及时调整教学策略和传授的体育知识。讨论运动对身心健康的益处,鼓励学生养成日常锻炼的习惯。通过观察、记录学生在课堂上的表现,进行个性化评估,为后续的体育教学提供依据。

二、从学生角度谈如何上好体育与健康室内课

1. 积极参与课堂活动。学生应该积极参与室内体育与健康课中的运动项目,团结协作,喜爱运动,踊跃参与。敢于表达自己的需求和意愿,主动向教师和同学寻求帮助,做一个爱好运动又自信满满的少年。注重情感与社交技能的培养,通过小组合作、团队竞赛等形式,激发学生的合作精神、沟通能力和领导能力。鼓励学生在活动中相互支持、鼓励,建立正面的班级氛围。

2. 树立锻炼意识,勇于尝试新事物。锻炼身体是保持健康的最基础运动形式,学生应该具有强烈的运动意识和愿望,明确增强锻炼身体的重要性和前瞻性。培养良好的运动习惯,以及健康乐观的生活方式,全方位提高身体素质。

在室内体育与健康课中,或许会涉及一些新颖的运动方式和活动项目,这更加需要学生们具有勇气和探索精神,大胆参与,积极尝试,因为体育运动的美不光在于其常规性或老套路,而在于时刻保持新颖活力。

3. 养成良好的卫生习惯。室内体育与健康课是学生们锻炼身体的平台和独特形式,也是需要保持良好卫生习惯的场所。根据学生的年龄、体能水平和兴趣点,设定具体、可衡量的教学环境,学生应该遵守课堂纪律,注意个人卫生和课堂环境的整洁,提高课堂的整体品质。

4. 拓展课外锻炼形式。室内体育与健康课只是保持身体健康的其中之一个方面,学生在日常生活中,也应该关注自己的身体素质和体育运动兴趣。主动加入运动俱乐部,参加体育锻炼活动,为自身健康保驾护航。上好体育与健康室内课,需要教师和学生共同努力,打造健康友好的课堂氛围尤为重要。

综上所述,上好小学室内体育课需要教师精心准备、灵活运用多种教学策略,保持课程的连贯性和吸引力。同时注重学生的运动安全、情感需求以及体育知识与健康教育的融合,关注学生的需求,提供适当的支持和调整,确保每位学生都能参与并从中受益。通过持续的创新和改进,可以为学生创造一个既有趣又富有成效的室内体育学习环境。

我决定在安顺率先推行室内体育与健康课的授课模式,探索"军事演习——投掷垒球""原地投掷轻物——肩上挥臂"的室内体育与健康课堂新模式。支教期间,时值新冠疫情肆虐,疫情相当严峻,人们消灭疫情的决心坚如磐石。在设计"原地投掷轻物——肩上挥臂"这一室内体育与健康课的教案时,将"飞镖打靶"中的"镖"用废纸团代替;将投掷的射中目标"靶"确定为"新冠病毒",将"新冠病毒"图片贴在教室四周。全班同学分为六个小组,课堂气氛轻松愉悦,活动形式新颖有趣,场地合理组织有序。

一堂生动有趣的室内体育课模式呈现于大家眼前,随堂听课的老师们也受益匪浅,引发了老师们对室内体育与健康课授课模式的深入思考。

"肩上挥臂"教学设计

课题：原地投掷轻物——肩上挥臂

教学内容：1. 肩上挥臂。

　　　　　2. 游戏：一钻到底。

学　　段：水平一（二年级）。

执教教师：刘桂英（青岛支教教师）。

学　　校：贵州省安顺经济技术开发区实验小学。

教学设计

一、指导思想

随着科技发展，"互联网＋"课堂教学模式已经广泛运用到每一个学科，"用技术改变教学"也是小学体育近几年山东省远程研修主题，如何将信息技术运用于体育教学，提高教学质量，不少老师存在着一定的困惑。另外，近几年，受雾霾、沙尘，以及雨雪、严寒、酷热等天气原因的影响，在室内进行体育课的课时数越来越多。本课遵循"教师为主导，学生为主体"的教学原则，以《新课标》为依据，以"健康第一"为指导思想，根据体育学科的特点，积极探索现代化教学手段与体育学科的有效结合点，面向全体，关注差异，"用技术改变教学"，培养学生对投掷的兴趣，更好地实现教学目标，使学生逐步掌握一定的运动能力、形成良好的健康行为，培养优秀的体育品德，发展学生的体育核心素养，为终身体育奠定基础。

二、教材分析

"肩上挥臂"动作是本单元轻物投掷的关键动作,是在小学低年级学段学习轻物"掷准"和"掷远"动作的基础。"轻物投掷"可以很好地发展学生的上肢力量以及灵敏、柔韧等身体素质和协调性;本课以"投掷轻物"为主,单元共安排6课时,本课是第1课时,辅助"一钻到底"游戏,通过游戏进一步培养学生团结合作、公平竞争的规则意识和积极进取的精神品质。

三、学情分析

二年级学生活泼好动,模仿能力强,具有较强的好奇心和表现欲,但自制力差,注意力容易分散,充分利用多媒体,把"单元第一课时"安排为室内课,利用信息技术广泛的资源优势,开阔学生对投掷技术教学视野,激发学生的兴趣,可以更好地激发学生兴趣,积极思考,更好地集中注意力,不但能够更好地实现本节课各环节的目标,促进本节课课时目标的达成,更有利于完成整个单元的教学目标。

四、教学目标

1. 知识与技能目标:掌握"肩上挥臂"的动作要领,了解投掷基本知识。

2. 过程与方法目标:通过自主学练、合作探究,使学生掌握投掷技术,发展身体机能。

3. 情感态度价值观目标:培养学生团结合作、公平竞争的规则意识和积极进取的品质。

五、教学重难点

重点:手比头高、肩上屈肘。
难点:挥臂过肩协调用力。

六、设计思路

(一)开始部分(2分钟)

1. 课堂常规,师生问好,宣布课的任务和要求。
2. 分组游戏:《抢凳子》PPT出示游戏规则和要求。

3. 创设情境,激发兴趣:PPT 出示两个同学的照片,谈话激趣,导入新课;

(二)准备部分(约 6 分钟)

1. 初步热身:用身体各个部位写字(或注音)、常用的电话号码 110、120、122、119 等游戏,提高学生对生活常识的认识,渗透德育教育。

2. 选学生代表领做热身操,进一步活动身体。

(三)基本部分(约 28 分钟)

1. 自主探究,讲解示范:(4 分钟)

本环节目标:引导学生初步形成挥臂过肩、协调用力动作。

(1)出示两个同学投掷比赛的视频,小组讨论探究正确的动作方法,进行徒手模仿练习。

(2)教师示范:通过完整与分解相结合,多角度示范。

(3)教师指导练习:让学生做挥臂过肩的协调用力动作。

(4)"甩纸炮"游戏,引导学生巩固练习"肩上挥臂"正确的动作。

2. 合作探究,分组练习:(8 分钟)

本环节目标:巩固挥臂过肩、协调用力的动作,突破"手比头高、肩上屈肘"的难点。

(1)反复练习,重点练习"挥臂过肩,协调用力"的动作。

(2)帮助学生分析动作,解决"手比头高、肩上屈肘"的难点。

(3)创编儿歌口诀"小手比头高,肩上要屈肘;挥臂要过肩,用力向前投"。

(4)鼓励学生自评、互评,互相帮助。

(5)"飞镖打靶"的游戏:组长带领,在不同距离上练习动作。

(6)教师巡视用手机录像,有针对性地进行个别辅导。

3. 展示评价,巩固练习:(4 分钟)

本环节目标:评价激励学生,进一步巩固动作定型。

(1)一起观看教师随手录制的上面有代表性的动作用视频,对照口诀,找出问题。

(2)推选优秀学生,出列展示,鼓励学生大胆尝试。

(3)巩固练习,模仿优秀学生,做针对性的巩固练习。

4. 体能、游戏练习:(12 分钟)

(1)"课课练"体能练习"跳单双圈"。播放微课,让学生进行模仿练习,教

师指导动作做法。（并脚双脚跳、侧身双脚跳、分脚双脚跳、拍手双脚跳，注意节奏、屈膝缓冲）

（2）游戏"一钻到底"。分男女两个小组，让学生手拉手，用圆圈做道具，让学生依次通过圆圈，中间不能松开手，全部通过为胜。

（3）表扬评价。

（四）结束部分，放松环节（约 4 分钟）

（1）鼓励学生指挥，做简单的放松操。

（2）在轻松愉快的音乐的伴奏下，调整呼吸，集体放松。

（3）收拾干净地面，渗透环保教育。教师总结，布置课后任务。师生告别，宣布下课。

体育与健康课时计划

年级：水平一（二年级）　　学校：青岛支教教师　　教师：刘桂英　　课次：6-1

课题	原地投掷轻物——肩上挥臂	学习目标	1. 知识与技能目标：掌握"肩上挥臂"的动作要领，了解投掷基本知识。 2. 过程与方法目标：通过自主学练、合作探究，使学生掌握投掷技术，发展身体机能。 3. 情感态度价值观目标：培养学生团结合作、公平竞争的规则意识和积极进取的品质。
学习内容	1. 原地投掷轻物的"肩上挥臂"动作。 2. 游戏：气球排球赛。		
重难点	重点：挥臂过肩，协调用力。 难点：手比头高、肩上屈肘。	器材	多媒体设备、废旧的广告卡纸、旧报纸若干。

教学过程					
结构	环节目标	授课内容	教与学的活动	组织形式与要求	时间
开始准备部分（8分钟）	1. 落实课堂常规； 2. 进行热身活动，活动主要关节，掌握练习方法； 3. 激发学生兴趣，渗透规则教育，为后续活动做准备。	一、课堂常规 1. 课堂常规，师生问好； 2. 情境引入本课学习内容； 3. 提出课堂基本要求。 二、准备活动 1. 游戏"抢凳子"； 2. 用身体的各个部位写字；	一、教与学步骤 1. 在课堂常规，师生问好； 2. 分四小组，指派小组长，讨论小组命名。 二、教与学步骤 热身 1. 多媒体出示游戏规则与要求。	一、组织 教室内各就各位坐好。 要求： 整齐安静，认真听讲。 二、组织 各就各位站于课桌旁边。	2 6

开始准备部分（8分钟）		3. 室内操练习。	2. 导入新课,创设情境:激发兴趣,引入新课,PPT出示"肩上挥臂"。 3. 做"用身体各个部位写字"的游戏。 4. 选学生领做原地的热身操,进一步活动身体。	要求: 1. 精力集中,开动脑筋; 2. 动中有静,活动有序。	
基本部分（技能学练28）	1. 使学生初步形成挥臂过肩的协调用力动作; 2. 通过游戏辅助突破"头上屈肘"动作的教学难点; 3. 培养学生自主、探究、合作的学习能力,学会合作学习。	一、练习"手比头高、肩上屈肘"的动作: 1. 徒手模仿; 2. 示范引导。	一、教与学步骤 1. 多媒体播放投掷比赛视频; 2. 小组讨论,探究动作; 3. 教师多个角度示范; 4. 徒手模仿练习,引导学生"手比头高、肩上屈肘"挥臂过肩的协调用力动作,使学生获得正确的动作表象。	一、组织:同上 ○○　＊＊ ○○　＊＊ ○○　＊＊ ○○　＊＊ ○○　▲＊＊ ○○　＊＊ ○○　＊＊ ○○　＊＊ 要求: 动静有序,保持好活动的个人空间。	4
		二、巩固重点:"手比头高、肩上屈肘"。 突破难点:挥臂过肩协调用力。 1. 巩固练习。 2. 口诀: 小手高过头,肩上要屈肘; 挥臂要过肩,用力向前投。 3. 游戏:"飞镖打靶"。	二、教与学步骤 1. 让学生把纸炮举过头顶,重点练习"手比头高、肩上屈肘"; 2. 利用口诀强化动作练习; 3. 帮助学生分析挥臂过肩协调用力动作难点,强化练习,鼓励学生自评、互评、互相帮助; 4. 游戏"飞镖打靶",进一步练习动作; 5. 教师巡视,有针对性地进行个别辅导。	二、组织:同上 ○○　＊＊ ○○　＊＊ ○○　＊＊ ○○　＊＊ ○○　▲＊＊ ○○　＊＊ ○○　＊＊ ○○　＊＊ 要求: 动静有序,保持好个人活动的空间。	8

		1. 观看现场录制的视频，找出问题，纠正练习。 2. 展示、奖励优秀学生，为下节课内容做过渡。	三、教与学步骤 1. 观看师录像，找出问题点评，巩固练习。 2. 结合口诀做针对性练习。 3. 出列展示，激励评价。	三、组织 集中统一讲解 要求： 动静有序，保持好个人活动的空间。	4
基本部分（技能学练28）	1. 进一步发展学生身体机能； 2. 激发兴趣活跃课堂气氛； 3. 促进自主学习能力和规则意识的形成。	1. "课课练"体能练习："跳单双圈"。 2. 游戏："一钻到底"。	三、教与学步骤 1. 播放微课，让学生进行模仿练习，教师指导（并脚双脚跳、侧身双脚跳、分脚双脚跳、拍手双脚跳）。 2. 讲解游戏规则；分男女两个小组，让学生手拉手，用圆圈做道具，让学生依次通过圆圈，中间不能松开手，全部通过为胜。	四、组织 将全班分为四组。 要求： 1. 注意节奏、屈膝缓冲。 2. 保持好个人活动的空间。 3. 遵守规则，公平竞争。	12
放松活动（4分钟）	1. 身心放松； 2. 学会与同伴的合作。	1. 整理放松，放松活动； 2. 总结讲评； 3. 下课。	1. 进行放松活动。 （1）小游戏； （2）师生随音乐做放松操。 2. 简单总结本次课情况。 3. 布置课后练习任务。	组织： 让学生回到原座位；在原座位上做放松操活动。 要求： 保持好活动的个人空间。	4
作业	1. 进一步开发可以投掷的纸玩具，扔一扔、玩一玩； 2. 用沙包等进行投掷轻物的练习。				
课后反思	这是一节普通的常规课，所用的飞镖，还有报纸"靶子"等都是很好的辅助资源，但是常常因为有一点风就无法进行，在室内就不存在干扰问题，尤其适合小班化教学。 亮点：充分运用信息技术支持教学，不但激发了学生的兴趣，而且更加直观形象，有利于学生学习。 用力射穿旧报纸环节，模仿"军事射击"，有利于激发学生的投掷兴趣，刺激出手最后的用力，效果较好。 不足：只注重了上肢的练习，忽视了下肢的身体协调配合用力练习，需要在下面几节课中注意加强这方面的练习。				

续表

课后反思	总之,尝试"单元第一课时"上室内课,充分利用信息技术,充分发挥出信息技术广泛的资源优势,开阔了学生视野,更激发了学生兴趣,不但有效地完成了本课各环节的目标,促进达成课时目标,也更有利于完成整个单元目标的教学。

教学反思

这是一节普通的常规课,所用的飞镖,还有报纸"靶子"等都是很好的辅助资源,但是常常因为有一点风就无法进行,在室内就不存在干扰问题,尤其适合小班化教学。

亮点:充分运用信息技术支持教学,不但激发了学生的兴趣,而且更加直观形象,有利于学生学习。

用力射穿旧报纸环节,模仿"军事射击",有利于激发学生的投掷兴趣,刺激出手最后的用力,效果较好。

不足:只注重了上肢的练习,忽视了下肢的身体协调配合用力练习,需要在下面几节课中注意加强这方面的练习。

总之,尝试"单元第一课时"上室内课,充分利用信息技术,充分发挥出信息技术广泛的资源优势,开阔了学生视野,更激发了学生兴趣,不但有效地完成了本课各环节的目标,促进达成课时目标,也更有利于完成整个单元目标的教学。

"军事演习——投掷垒球"教案

一、教材分析

投掷作为发展学生身心素质的重要手段和学校体育的测试项目，一直受到普遍关注。如果按照传统教学方法施教，学生往往会有参与不积极等因素，大大影响教学任务的完成。

怎样才能使学生乐于上体育课、参与体验、享受快乐呢？为此，我运用情景教学手段，营造解放军战士参加军事演习中的"文艺新兵展军姿""你争我夺运弹药""袭击敌人机枪手""抗美援朝打鬼子"的活动情景，激发学生的运动兴趣，促进学生自主创新学习；在学生的练习实践中既提高了学生的投掷能力，又激发了学生参与投掷活动的兴趣与积极性，让学生带着信心和勇气主动地投入自主、合作的学练活动中去。

二、学情分析

投掷在田径运动和达标内容中占有不可缺少的位置，是学生日常活动必须具有的基本活动能力之一，投掷对锻炼和发展学生上肢力量、爆发力和协调性等起着十分重要的作用。投掷实心球对于五年级学生来说，是体育学习中必不可少的需要掌握的运动机能。五年级学生正处于生长发育的关键时期，他们依赖性强、自我约束能力差；但模仿能力极强，好奇心强。五年级学生运动能力和性格爱好具有很大的差异：女生文静，男生好动，部分女生往往会表现出怕羞的一面，而男生呢，则会无所顾忌地发挥自己的想象。

本课教学主要是让学生通过对已有投掷技能的比较，进一步加深学生对肩上屈肘投掷动作的认识，从而认真练习并掌握正确的原地侧面肩上屈肘投掷动作，发展学生的上肢力量，提高学生的协调能力，为今后进一步掌握投远的方法打下良好的基础。

三、教学目标

1. 认知目标：初步学习原地侧向投掷垒球的动作方法。学会肩上屈肘、向前挥臂动作，复习巩固原地正面投掷动作。

2. 技能目标：培养正确的身体姿势，发展灵敏和协调素质。力争有 90% 以上的学生能够独立完成。

3. 情感目标：提高学生自主与合作学习的能力，树立学生学习运动技能的自信心。

四、教学重难点

教学重点：侧身转体、蹬地、挥臂。
教学难点：肩上屈肘。

五、教学方法

情境导入法、尝试探究法、激励评价法、讲解示范法、游戏教学法。

六、学习方法

本课在学法上主要采用了尝试学习法、对比学习法和小组合作学习法。学生在相互对比和小组研讨中悟出动作要领，通过"小组协作"和"个人练习"，提高学习的自主性。

七、教学准备

扩音器 1 台，音响 1 台，障碍物若干，自制靶子 4 个，自制美国大兵图片 1 个，垒球 41 个。

八、过程设计

1. 准备部分：激发兴趣，自由热身。4～7 分钟。
组织如图：♀♀♀♀♀♀♀♀

　　　　　♀♀♀♀♀♀♀♀

　　　　　♀♀♀♀♀♀♀♀

　　　　　♀♀♀♀♀♀♀♀

　　　　　　　△

（1）情景导入：

师：同学们，是谁在保家卫国？又是谁成为我们最可爱的人？对，是解放军战士。今天，我们学着解放军的样子来上一堂军事演习课，从现在开始，老师就是你们的连长，你们愿意做我的士兵吗？

生：愿意！（学生齐回答）

师：那么连长的命令要不要严格执行。

生：要！

师：战友们，今天我们的主要任务是打鬼子，在打仗前，我们先欢迎我们的文艺兵一展军姿，现场表演，好吗？

生：好！

（2）舞蹈热身：

全体学生扮演文艺兵，跟随连长展示舞蹈，教师镜面示范，学生模仿老师伴随音乐跳舞。

要求：动作舒展大方，方向协调一致，组织：四列横队。

$$♀ ♀ ♀ ♀ ♀ ♀ ♀$$
$$♀ ♀ ♀ ♀ ♀ ♀ ♀$$
$$♀ ♀ ♀ ♀ ♀ ♀ ♀$$
$$♀ ♀ ♀ ♀ ♀ ♀ ♀$$

$$△$$

2. 基本部分：发展能力，体验乐趣。8～10 分钟。

任务一：你争我夺运弹药。

创设情境：我军的弹药被敌军给偷走了，接到师部上级任务，要求我们的战士把弹药想办法夺回来，大家能不能完成上级交给我们的作战任务"

生：能！

师：战士们有信心吗？

生：有！

游戏方法：学生在圆上面对圆心站立，听教师呼数，被叫到的号数快速跑到圆心的小圆内（敌人的营地）捡拾一个沙包（手榴弹），跑回自己的位置后把沙包投掷到中心圆内敌人的营地。

注：如老师喊"5"，5、15、25、35、45 号学生都统一行动。多名学生一同参与活动，意在提高学生联系密度，增强运动负荷。

要求:最后一名回到自己位置的同学做 5 个俯卧撑。

组织如图:

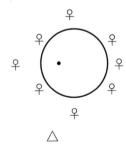

（1）练习原地投掷动作:老师示范,学生模仿后,自由练习。

（2）讲解动作三步,口诀"一蹬、二转、三挥臂",学生通过口诀做动作进行原地投掷。教师巡回指导,纠正学生的错误动作。

（3）点几名学生示范动作,学生评价,教师评价与总结。及时表扬和鼓励。

（4）开始抢夺弹药,学生"1-2-3-4, 1-2-3-4"报数,听到老师喊到号的同学冲进敌人营地拿回弹药,再投掷到圆的中心,也就是敌人营地。

3. 合作交流,巩固提高。15～17 分钟。

任务二:"袭击敌人机枪手"。

方法:学生分成 4 组,每组战士 10 人,在越过敌人一道道的防线后,用手里的手榴弹(垒球)掷向敌方机枪手(机枪手用不同距离的纸盒子代替)。第一人返回,第二人出发,依次进行。

规则:以击中机枪手的次数多少及速度快慢判断胜败。

情景:战友们,我们接受上级任务,要求我们迅速攻克 007 高地,为了顺利攻克敌人阵地,必须先把敌方的机枪手消灭掉,谁能通过敌人的层层防线把敌方的机枪手消灭?

生:我！我！同学们争先恐后地回答。

师:好,那就看看我们战士们的本领。

（1）讲解示范游戏的方法规则。

（2）鼓励学生用不同的方法跨过小河,钻过山洞,冲过敌人的封锁网,炸死敌方机枪手(机枪手用不同距离的纸盒子代替)。

跨过小河(跨越动作),钻过山洞(含胸弯腰,屈膝前行),冲过敌人的封锁网(匍匐爬行)复习并巩固了所学运动技能。

（3）学生到课前准备好的投准场地,分四组进行练习。

（4）集合学生,请个别学生演示并简要说明动作。

（5）教师引导学生对演示动作进行评价。

组织如图：

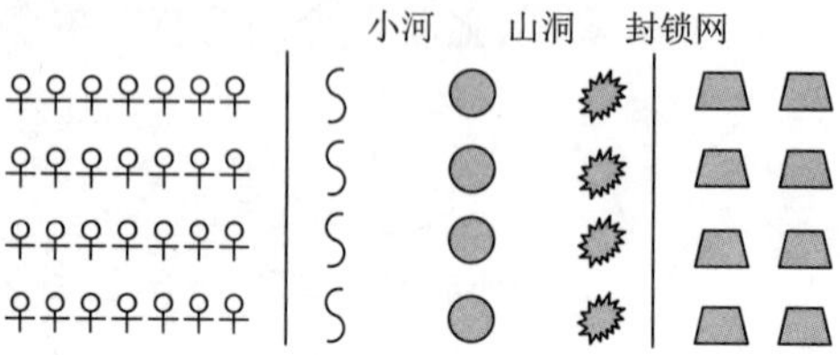

小河　　山洞　　封锁网

任务三:"抗美援朝打鬼子"。

情景:1950年6月,朝鲜内战爆发。美国立即实行武装干涉,并派遣海军第七舰队侵入台湾海峡。10月7日,美军越过三八线,向朝鲜北方大举进犯,并迅速向朝中边境推进。应朝鲜劳动党和政府的请求,中共中央和毛泽东作出了抗美援朝、保家卫国的重大决策。1950年10月19日,中国人民志愿军奉命开赴朝鲜战场,与朝鲜人民军并肩作战。如果是你,看到美国大兵来了! 大家怎么做?

生:打死他们。用手榴弹炸死他们。

师:好,大家真勇敢,现在就看看谁炸死的美国兵多,打得准的才算炸死哟!

游戏方法:学生分成两排,在相距8～10米的投掷线上持"炸弹"相对站立,教师举着美国大兵的图片在学生中间行走,经过学生面前时,学生用"炸弹"打美国兵,看谁打得准。

（1）讲解游戏方法及要求

（2）学生依次分为2队男生,2队女生,男生1队和女生1队先投,然后是男生2队和女生2队再投。（加大练习密度）

（3）教师及时表扬鼓励。组织如图所示。

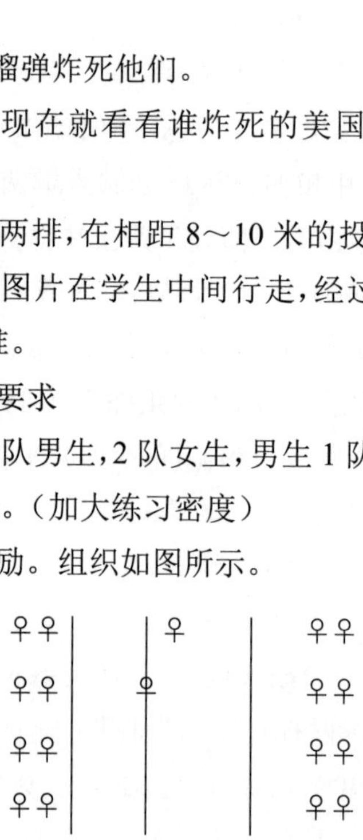

4. 结束部分:稳定情绪,身心放松。5 分钟。

(1)放松舞蹈——舞蹈步。

情景:把敌人赶出朝鲜,保卫我们的祖国,真是太高兴了,让我们一起跳起来吧!

音乐伴奏:《欢乐颂》。

组织:师生手拉手做舞蹈步放松。

(2)总结。

师:通过这堂课的学习,你们都有哪些收获?

生:要想把敌人消灭,手榴弹就得投得准,要想投得准,姿势要正确。

(3)师生再见,收还器材。

学生经过激烈运动后所产生的紧张状态和心理负荷,应在课堂予以消除、减轻和恢复,并将课堂中的兴趣保留到课后。本课安排了游戏和舞蹈,目的在于让学生在轻松、愉快的气氛中结束本课。

九、课堂教学效果预设

1. 心理状况预测:根据本课特点,学生积极主动参与学习,学生学习的情绪高涨,并能在练习中获得愉悦的心理体验和情感交流。

2. 生理状况预测:练习密度在 45% 左右;平均心率 125～135 次/分钟;最高心率为 175 次/分钟。

·支教日记汇编·

【十里荷廊】贵州支教日记（一）

支教启程

2020 年 5 月 9 日　星期六　晴

　　2020 年 5 月 9 日，应青岛市黄岛区教育体育局紧急选派通知，我们一行赴贵州安顺支教的 12 名教师，清早便乘坐 7:55 的航班，由青岛流亭机场起飞，航程三个多小时，于上午 11:15 准时降落在贵阳龙洞堡机场。

　　一下飞机，扑面而来的是炎炎的夏日高温——当地气温 31 ℃，我们汗流浃背。安顺教育局接待人员早已抵达机场迎接我们的到来。我们汗涔涔、腿颤颤，大小行李箱肩背手提，好不容易将行李码好，放置于大巴车底层行李柜。大巴车以 80 公里的时速，匆匆行驶了两个多小时，漫漫长路，穿越了十几个长短不一、高低不同的幽幽隧道。

沿途峰峦叠翠，突兀的山峰一座紧挨着一座，好像众多孪生姐妹，你牵着我的手儿，我搭着你的肩膀头儿，大家亲密相依相偎，不离不弃。它们仿佛一张硕大无边的绿色纱幔从天边直飘拂过来，见山罩山，见地覆地，不曾落下任何一处极小极小的空地儿，满眼的山，满目的绿，令人目不暇接，异域风光无限，我们的眼睛都不够用了。

即使偶有民房，也是坐落在山涧的空隙，或两层或三层；或朝向北或朝向南，甚或会朝向东方；或在山腰间或在湖水边；或外墙稍加装饰，抑或全裸本色……其房屋构建的随意性像我们北方的小孩子过家家一样，那么不拘一格，简直是趣味儿十足，透露着主人的飒爽与率性，大家七嘴八舌，饶有兴趣地谈论着。

大巴车一路晃到下午两点多钟，此时，大家全都累了，一身的疲惫，满脸的倦容，没有了高谈阔论。我们终于走下大巴车，腿脚僵硬，麻木得几乎走不了路。当地教育局长梅丹亲自前来迎接，与老师们共进午餐。匆匆结束午餐后，局长就地电话通知相关学校的校长前来开会，做好分工部署。我们12人被分配到6所学校。6所学校的负责人将支教老师们三三两两地接到各自所属学校，12名教师就此各奔新的工作岗位。我和王健老师、王成伟老师被分配到安顺经济开发区实验小学。

实验小学的校长是叶秋，当他自我介绍说出自己的姓名时，我不禁心中一乐：嘿！朗朗上口的好名字，"一叶知秋"嘛，多么富有诗意情境！真想悄悄问一声，叶校长，您是不是与金秋时节有特殊的缘分呀！

叶校长教育素养极高，办事情雷厉风行，说话风趣幽默。他马上召集学校领导班子成员六人，连同我们支教三位教师共九人在学校会议室召开了第一次简短的见面会。我们三位来自青岛的支教教师各自进行自我介绍，并对自己所属学校的教学特色进行了汇报。叶校长向我们介绍了自己的从教经历及实验小学建校历史和师资情况，他代表校领导班子对我们的到来表示热烈欢迎。

叶校的介绍让我们了解到，安顺市经济开发区实验小学是当地的一所重点小学。它位于安顺经济技术开发区格凸河路中段，服务于南新、南马社区适龄儿童教育教学。始建于1983年，前身为南马小学，2005年升格为区属九年一贯制公立学校——安顺经济技术开发区实验小学。现有39个教学班，1 800余名学生。

学校秉承着"为学生的成长与发展着想、为学生的明天与未来奠基"办学理念,积极实施"文化立校、教师强校、质量兴校"的发展战略,科学管理,不断丰富学校的文化内涵。全体教职工以"怀童心工作,以童真育人,给孩子快乐童年"为工作理念,牢记"自强不息,厚德载物"的校训,努力形成"文明和谐、勤奋创新"的校风。学校组建了团结务实的领导班子,建设了一支甘于奉献、积极奋进的教师队伍,团队形成了高效优质的管理模式。学校始终立足实际,通过实施名师工程,发挥名师、骨干教师、党员示范、学科带头人的引领作用,开展帮、教、学的互帮互助活动,每一项活动都能做到有计划、有过程、有总结、有反思,不断全面提高教师素质。在上级部门的正确领导下,在全体教职工的无私奉献与不懈努力下,学校多次受到上级党委政府及教育部门表彰,学校教育教学质量在开发区教育系统连续多年名列前茅。

晚上,叶校长特意安排去一家农家庄园召开工作分工的座谈会。庄园绿植繁多,知名的不知名的,随处可见,芭蕉树叶片肥美,足有两人那么高!满园的花儿绚丽多姿,淡雅的黄玫,猩红的三叶梅,怒放的美人蕉……无不透着亚热带风情,令人赏心又悦目。

实验小学的领导班子成员非常年轻,除了叶校长和刘校长是男性,其他四位都是美女骨干干部。她们笑容可掬,相伴左右。我们漫步在庄园,边走边聊,聊得投缘,谈话氛围轻松自如,这份难得的亲切自然,瞬间拉近了彼此间的距离,似乎从见面的那一刻起就不曾有过陌生感的存在。

当地人淳朴真挚、倾情相待,他们的热情深深地感染着我们,我们三位支教教师纷纷表示:支教的旅程上,从青岛到安顺,大家互惠优质教育资源,将先进的教育经验和科学的教育理念相互切磋,共享共利,共同提高,为孩子们提供优质的教育资源,创造更良好的教育环境。要想提高学生素养,首先要提高教师的教育理念。我们初步拟定培训教师的计划,包括培训内容和活动进程,以及设想达成的培训目标。

暮色更深,灯光通明。我们在知性温婉、雅致大方的李校长陪伴下回到住处。我告诉自己:赶紧休息,快快甩掉这一身的疲惫,为自己准备一份好心情,明早醒来,迎接支教贵州安顺的崭新教学生活……

【十里荷廊】贵州支教日记(二)

支教第一天

2020 年 5 月 9 日　星期六　晴

支教老师:刘桂英　王　健　王成伟

　　抵达贵州安顺当日下午 3:00 左右,刘桂英、王健和王成伟三位老师被分配到安顺市经济开发区实验小学。这是一所当地的重点小学,实验小学的校长是叶秋,叶校长教育素养极高,办事情雷厉风行,说话风趣幽默、笑容可掬。他马上召集学校领导班子成员六人,连同我们支教三位教师共九人在学校会议室召开了第一次简短的见面会。

　　我们见到了温文尔雅的李校长、笑容可掬的刘校长、美丽端庄的赵主任、善解人意的谢主任和忠厚实在的娄主任。我们三位来自青岛的支教教师各自进行自我介绍,并对自己从教青岛学校的教学特色进行了汇报。叶校长向我们介绍了自己的从教经历及实验小学建校历史和师资情况,他代表校领导班子对我们的到来表示热烈欢迎。三位支教老师纷纷表示,一定将贵州支教当作一份担当，一份责任，一份事业，不辜负黄岛区教育体育局领导及学校领导的信任，争取圆满完成肩负的支教使命。

加入安顺市经济开发区实验小学这个美丽的大家庭，刘老师和两位王老师马上投身到学校的教育教学活动中，和领导、老师们一同参加教研活动、一同参与本校和黄岛区香江第二实验小学的联合培训活动，聆听来自赵晓玮老师的"在语文学习中绽放生命光芒"的语文专题学习报告。

夜已深，刘老师和两位王老师依然在灯下集备。

个人自我介绍：支教初心不改，融入安顺教育

各位领导、老师：

大家好！下面我对自己做一个自我介绍。我叫刘桂英，来自青岛西海岸新区青草河小学，这所学校也是前外交部长李肇星小时候的母校。

此次支教，受青岛西海岸新区教育体育局选派，我们一行 12 人于 5 月 9 日登上来贵州安顺支教的航程。我和我的同事——两位王老师有幸加入安顺经济开发区实验小学这个团结向上的团队，倍感荣幸。咱们安顺经济开发区实验小学有了叶校长的英明正确领导，我们坚信，支教期间的三位老师一定能够向在座的叶校长、李校长、刘校长以及各位领导和老师们学习到教育教学的先进理念，希望各位不吝赐教。（鞠躬）

今年是我的第 31 年教龄，作为一名教师，我始终把教学的过程当成学习的过程，当成提升自我素养的契机。1989 年 7 月大学毕业，我先后在当地第四初级中学、育才小学、新世纪小学、青草河小学教书，每一所学校，每一个岗位，每一枚三尺讲坛，我都坚守在教学第一线，任教语文、连年担任班主任。有人会问：如此年龄，已是高级职称，悠然找个轻松的岗位熬到退休不好吗？为什么要撇家舍业、选择远离亲人上千公里的边区来支教呢？

话说我 36 岁那年，教育局就有选派教师赴边区支教的机会，因为儿子尚小，刚刚小学四年级，爱人又忙于事业，所以此念头一压就是 17 年，如今儿子已经顺利就业，我终于有了完成支教这一心愿的机会，5 月 7 日接到教育体育局的紧急选派通知，我决定响应国家关于东西部互助协作的号召，说服了 86 岁的妈妈，争取了爱人的理解与支持。于是，今天有机会在这里与在座的各位领导和老师们相见相识了。初来安顺的当天，就被梅局长、叶校长亲人般的热情所感染，内心一直怀揣着感动。

问渠那得清如许,为有活水源头来。我认为,为人师表,一定无愧于"人民教师"这一高尚称谓。学生扬起稚嫩的脸庞,甜甜的一声"老师您好",内心该是对老师充满怎样的崇拜与敬仰!老师们,一日为师,重任在肩,时光由不得任何人虚度,尤其我们身为教师!

那么,教学中就要用心施教,将教学当作一份担当,一份责任,一份事业,一份使命,那么,我们为此而付出的所有精力和心血,都将化作学生成长路上的奠基石,我们的人生也就有了浓重的色彩,我们的工作也就意义非凡,我们的生命也就光芒四射。

撑一杆长篙,荡一叶扁舟,邀一轮明月,携一缕清风,让我们肩负传道授业解惑之责任,在教育教学的阵地上一直勇往前进,继续为我们的社会、为这个伟大的新时代培养出更多优秀的人才。

以上的交流,就是我此次来贵州安顺支教的心声,我想为这边的孩子们尽我一份教育教学上的微薄之力。真诚祝福今后的教学中我们彼此能够取长补短,共同提高教育教学水平。祝福孩子们在我们的教育下学习进步、茁壮成长。

感恩遇见!让我们的教育,听见生命在唱歌。

【十里荷廊】贵州支教日记（三）

让教育绽放生命光彩

2020 年 5 月 13 日　星期五　阴

　　来安顺的这几日，天总是阴云绵绵的时候多，早晚的温度和中午也是大相径庭，衣服可得适时添减。我始终未敢走入这里的夏天，衣服还是多穿一些，宁愿承受中午火辣辣的热。

　　今天是星期五，一大清早，凉飕飕的风吹得人脚底儿不沾地。我和两位王老师由安顺经开区实验小学李锐校长开车，送我们去安顺开发区管委办公大楼参加青岛市教育局姜林副巡视员一行与支教教师交流座谈会。

　　看见来接我们的李校长长裙飘飘，禁不住心疼她，她则自信满满地用意韵悠长的安顺方言打趣儿：没关系来，中午温度就会刚刚好来，到那时正是舒适的时候喽……我们被她逗笑，跟她在一起，总是会让人轻松愉悦。

　　一进大院儿，温婉知性的李校长示意我们下车等候她泊好车再送我们去会议室。这儿的泊车设施相当先进，主人只需要把车子停放在特定位置，一切交由电子程序,一辆一辆的车子被垂直叠放上去,抬头仰望,车子像积木一般,整齐地码好。

进入办公大楼门口的防疫安全检查流程还是非常严谨的。过了这道关口,我们来到安顺开发区管委会五楼会议室,见到了西海岸管委办副主任在安顺挂职开发区党工委委员、管委会副主任的车增兴,人非常帅气也很亲切,同样的口音,让我们一下子有了在安顺有娘家人的感觉,这感觉的确真的好!青岛驻安顺市教育局党组成员、副局长于越,安顺开发区教育局党委委员、副局长梅丹,安顺市教育工委副书记、市教育局党组成员刘方芳,陪同青岛市教育局副巡视员姜林一行步入会议室,大家响起了热烈的掌声。参加本次会议的还有青岛第五十八中学党委书记蔺延良,青岛市教育局教师工作处副处长刘其飞,青岛市教育装备与信息技术中心副主任刘秀元。

会议由我们于越局长主持,首先有车主任表扬了潘晓清、孙嘉希、段清三位支教一年的老师出色工作成绩,我们新加入安顺支教的老师每人做了一个简单的自我介绍,便于大家互相有个了解和认识,有利于今后工作的开展。姜局长首先肯定了大家能够前来支教的政治觉悟和素养,他起身向西海岸各位支教安顺的老师鞠躬致敬,老师们纷纷报以掌声回敬。姜局长详细询问了老师们在安顺的工作、生活情况以及存在的困难和问题,特意叮嘱梅局长一定解决好这些问题,确保让支教的老师们安心工作。姜局长认真听取了老师们对做好支教工作的打算,并提出工作要求。姜局长、于局长、刘书记、梅局长、车主任等各位领导对大家工作及生活关怀备至,支教老师们深切感受到领导们的关爱、信任和对支教工作的高度重视,纷纷表示在今后的支教工作中,一定把教育教学当作一份担当,一份责任,一份事业。一定不负重托,不辱使命,为东西部教育协调发展共同进步,作出每一个人应有的贡献。

下午2:00,我们实验小学的领导和学科老师们一同参加了安顺经济开发区实验小学与青岛西海岸新区香江路第二小学的"东西扶贫协作学校结对帮扶合作语文教学培训"活动。本次培训的主题是"在语文学习中绽放生命光彩",聆听来自东部的赵晓玮老师的培训报告,我们受益匪浅。

今后的工作学习中,我必将积极参与全方位的教育活动,在教育教学中提升个人素养,实现作为一名教师的人生价值,在支教边区的教学中让教育绽放生命光彩。

【十里荷廊】贵州支教日记（四）

异乡的母亲节

2020 年 5 月 10 日　星期天　晴

　　彻夜的雨，透过窗户，不停地敲打着，耳畔全是风声雨声，让睡意不再如昨日那么浓郁。是啊，昨日尚在青岛，今日已是落身安顺，独在异乡为异客，这心啊，一刻也没有安宁……

　　这是初入贵州安顺休息的第一个夜晚，雨下个不眠不休，一直到清早也没有要住脚儿的迹象。满身的疲惫只睡去了一少半儿。我习惯性地划开手机屏幕，翻阅因昨晚早睡未来得及浏览的信息，新建的"安顺支教群"有红色圆点，显示此群有新信息，点击打开，黄金林校长发送的表情图映入眼帘：图中画面温馨，身穿艳红母子裙装的年轻妈妈正亲吻着可爱的女儿，旁白："早上好，愿天下的妈妈母亲节快乐。"

　　哦，母亲节快乐！今天是母亲节啊！我心里默念。

　　打开"度娘"，了解一下有关母亲节的资料及渊源：母亲节起源于古希腊，古希腊人在这一天向希腊神话中的众神之母赫拉致敬。在 17 世纪中叶，母亲节流传到英国，英国人把封斋期的第四个星期天作为母亲节。在这一天里，出门在外的年轻人将纷纷回到家中，给母亲带上节日的礼物。第一个母亲节于 1908 年 5 月 10 日在西弗吉尼亚和宾夕法尼亚州举行，在这次节日里，康乃馨被选中作为献给母亲的花，并以此流传下来。1913 年，美国国会通过了一份议案，将每年 5 月的第二个星期天作为法定的母亲节。母亲节从此流传开来！时至今日，欢庆这个节日的国家就更多了。母亲节，已经成了一个名副其实的国际性节日。按惯例，"国际母亲节"被定在每年的 5 月 11 日举行。

今天是 2020 年 5 月 11 日，是国际母亲节！

出行前的连日忙碌令我寝食难安。因时间紧迫，又是出于疫情比较严峻的时段，我一边要坚持给同学们上网课，一边要忙着外出支教的诸多事情：填报表格、购买机票、准备衣物……我把自己一个忙成了三个头大！母亲节一事早已忘到脑后。多亏黄校长的美图提醒。第一时间拨打妈妈的电话，祝愿年高 86 岁的老母亲节日开心快乐，顺报出行平安，请妈妈放心呵，我在贵州这边一切安好。又给儿子发了红包：请与妈妈共享节日快乐！

忙完例行的节日祝福，再回看"安顺支教群"，我们一同来支教的来自第二实验小学的曾强老师在群内倡议：各位亲，今天是母亲节，祝愿群里的母亲们和美女们节日快乐，也祝愿我们孩子的母亲和我们的母亲节日快乐！曾老师的祝福一下子点燃了身处异乡的我们对亲情的惺惺相惜，我们很想聚一聚共祝节日快乐。

今天恰逢节日，是周末，又是我们正式开启支教安顺新生活的第一天，作为大姐，我个人提议，中午找个地方大家一起聚聚，见见面聊聊天。我同时征询了群里的四位美女小妹，大家一致同意，建议每个人在群里发送自己现在的位置！

好一个温馨的主意！好一个温情的节日！好一个有温度的教师团队！有你一同支教安顺，真好！我在心里禁不住为每一位支教老师点赞。昨天匆匆一见，尽管对大家的容貌记忆不是非常清晰，但内心里已经竖起了大拇指。

我们作为外出支教的志愿者，出发前早已做好了吃苦耐劳的思想准备，首先需要具备异地生活和语言沟通的能力，其次具备符合安顺学情、教材特点的施教能力，能长期忍受在艰苦、孤独的生活条件下开展教育教学活动的毅力和开拓精神，切不可盲目冲动和缺乏理性。

　　老师们初来异地、忐忑的心其实一直紧绷着，每个人都克服了诸多的困难，譬如家有幼子需要养育，怀孕的妻子需要关照，年事已高的父母需要照顾……压抑着的思乡情一下子被曾老师的提议点燃，群里的老师们纷纷响应，各自发送位置。尽管人未先到，大家的心儿一下子聚到了一起。

　　心思缜密的曾老师又一次令人感动：各位亲，今天是母亲节，让群里的四位美女订个聚餐的位置，我们这群男爷们一起赶过去，行不？我们给美女们庆祝节日嘛，哪能让她们奔跑？对不？声声入耳，句句暖心。

　　我有了想哭的感觉，太感动了！"独在异乡为异客，每逢佳节倍思亲。"熟稔在心的诗句恰是此刻的心理写照。

　　作为大姐的我赶紧回了信息：山东大汉铮铮铁骨里尽是侠骨柔肠，让我们的支教第一天就充满温情，睁眼就被节日祝福包围，好感动！

　　不仅是我，三位年轻的美女老师同样被青岛暖男老师们感动着！王玉芳老师一清早就接到了女儿的母亲节祝福，牵挂与思念一齐涌上心头，支教群里暖暖的温情顿时让她释然了很多。秀发如黛的夏斌老师回应：幸福来得太突然。端庄秀美的颜丽老师也被感动了，连发好多"心形表情图"表达节日的祝福。

　　因了一个共同的心愿，我们奔向贵州安顺。这份特殊的缘分让支教的兄弟姐妹亲如一家，我们彼此成了在安顺这座城市里最亲的兄弟姐妹，因为有你，有他，有我，我们虽远离故乡，远离家人，彼此有了关心和问候，也不必承受孤苦无依的寂寥无助。

　　上午 11 点左右，大家从安顺的四面八方一齐奔向了聚会的地点，异地相聚，唏嘘不已，倍感亲切。我们一行四位女教师被感动得泪水在眼中直打圈圈儿，掏心窝子的话儿说也说不完。尤其异地共度母亲节，大家这个开心劲儿呀，我们北方过大年的热闹氛围也不过如此吧。

　　这份异乡的节日祝福，这情这景，值得我们铭记一辈子。

　　其实，在支教之前，尽管我们同为青岛来的教师，但我们来自不同的学校，彼此素不相识。为了响应国家东西部协调发展、援助边区教育事业的号召，为了支持贵州的教育教学，我们走到一起，能在异地相识相知，并肩作战在安顺的教育战线，能有机会奉献出一份教育爱心，这让我们成了脱贫攻坚战的战友。领队校长一再告诫大家：我们肩负支教的重任，一定好好工作，出门在外要注意安全。曾老师心思细腻，一遍遍叮嘱一遍遍提醒，告诉大家有困难一定说出来，共同想办法解决；稳重大方的王成伟老师，笑意盈盈的钟兴华老师，诙谐幽默的丁东明老师,让整个团队富有活力,王健老师总是勇于担当,是山东大汉的典范代表形象。

接受一份祝福,回报一份感恩。

借此佳节,感恩母亲的养育之恩,感恩生活中的相知相见。人生有幸相遇相识是缘分,能够支教安顺是我们共同担负的教育责任。让我们努力践行教育之使命,无愧于家人默默地全力支持,无愧于黄岛区教育体育局领导及学校领导的信任,无愧于我们生活的这个光辉时代。

加油,支教贵州的老师们——我亲爱的兄弟姐妹们,相信我们今天的支教旅程,一定会成为明天回忆录里最灿烂的篇章,是我们人生旅程中最无悔的留影!脱贫攻坚,我们砥砺前行!

【十里荷廊】贵州支教日记（五）

黔行支教写芳华　山海情深育桃李

2020 年 5 月 16 日　星期六　雨

"选择奉献也就选择了高尚。"为全面落实党的扶贫教育方针，来不及和家人们做个周祥告别，西海岸新区 12 名骨干教师匆匆于 5 月 9 日踏上通往贵州安顺的航班，开启了为期三个多月支教之行。

踏上贵州大地，群山环绕，层峦叠嶂。这些曾经在课本上见过的此刻真实呈现于现在眼前时，还是令我们震撼不已。当地教体局领导和工作人员热情地接待了我们：淳朴的话语，热情的问候，悉心的关照……让我们倍感安顺人民的情谊暖暖。

我们即将面对的孩子们，学习状况会是什么样子，那些村落的居民会是什么生活状态，边区的艰苦环境到底有多么恶劣？大巴悠悠经过那些地方，群山环绕，没有信号，传说中吃的饭菜到底有多辣……这一个个问题与疑惑冲击着每一位教师的生活思绪。面对未知，大家忐忑、向往、兴奋……我们一行 12 名教师被分配到了六所支教学校。老师们便马不停蹄地投入新的工作中。让我们一起来看看老师们第一周的工作岗位分配情况和切实感受吧！

实验小学

来自西海岸新区青草河小学　刘桂英老师

来自西海岸新区海青小学　王健老师

来自西海岸新区港头小学　王成伟老师

抵达贵州安顺的当日下午 3:00 左右，刘桂英老师、王健老师和王成伟老师被分配到安顺经济开发区实验小学。这是当地的一所重点小学，该校校长是叶秋，叶校长教育素养极高，行事雷厉风行，说话风趣幽默。他马上召集学校领导班子成员六人，连同我们支教三位教师共九人在学校会议室召开了第一次简短的见面会。

我们见到了温文尔雅的李校长、笑容可掬的刘校长、美丽端庄的赵主任、善解人意的娄主任和谢主任。我们三位来自青岛的支教教师各自进行自我介绍，并对自己从教青岛学校的教学特色分别进行了汇报。叶校长向我们介绍了自己的从教经历及实验小学建校历史和师资情况，他代表校领导班子对我们的到来表示热烈欢迎。

加入安顺经济开发区实验小学这个美丽的大家庭，刘老师和两位王老师马上投身到学校的教育教学活动中，和领导、老师们一同参加教研活动、一同参与本校和黄岛区香江第二实验小学的联合培训活动，聆听来自东部的赵晓玮老师关于"在语文学习中绽放生命光芒"的专题学习报告。

三位支教老师纷纷表示：一定将贵州支教当作一份担当，一份责任，一份事业，不辜负黄岛区教育体育局领导及学校领导的信任，争取圆满完成肩负的支教使命。

双阳小学

来自西海岸新区泊里小学　王玉芳主任

来自西海岸新区琅琊小学　夏彬老师

整齐的校园算是这里最高大上的建筑，一群群徒步返校的学生，让我们看到"大山里孩子"的模样。教师工作的无奈与艰苦，学生言行的怯生和朴实，让我们萌生出一种炽热的情愫——无怨无悔地付出，才是一种幸福的担当，这是两位老师看到这里孩子的第一感受。更让两位老师意识到必须以高度负责的精神，在每一天平凡的支教日子里辛勤付出。两位老师担任四年级语文和数学教学任务,刚来到的第二天就组织了两次学科培训,希望能把更多先进的教学理念和方法传授给更多的老师。接下来两位老师很快融入到双阳小学这个温暖的大家庭中,与老师们集体备课、共同研讨,熟悉孩子们的学习情况和行为习惯,认真批改作业,跟孩子们进行情感交流,劳累是必然的,但也收获着心灵的洗涤,坚定支教的信念!

宋旗小学

来自西海岸新区铁山学校　徐修廷老师

来自西海岸新区宝山小学　周瑞强老师

时不我待,只争朝夕。到宋旗学校支教的徐修廷、周瑞强两位老师安顿好住宿后,以时不我待的紧迫感和只争朝夕的精气神儿,马上投入一线工作中,依托自身的精细业务水平,深入微机教室,熟悉环境,维护安装新的软件和教学素材,检修线路,对50部电脑的键盘、鼠标等易损件精心维护,理顺机房里的网线、电线、音响,并调试了网络,为学校信息技术教学工作提供了进一步的保障。

幺铺小学

来自西海岸新区茂甲小学　黄金林老师

来自西海岸新区第二实验小学　曾强老师

5月15日上午9点,两位老师参与了幺铺镇中心小学召开的全镇所有干部老师的开学前会议,学校胡书记做了假期工作内容阶段性总结的发言,王校长传达了开学前疫情防控工作安排,解读了上级对开学前准备工作而下发的文件精神和要求,许校长做了总结发言,布置了开学前的相关工作,重点是做好卫生和防疫,强调了"防辍保学"的重要性,对于老师们的进村入户调查,提出安全提示和要求。最后,学校对提名的副校长和副教导主任人选,进行了投票表决。

幺铺中学

来自西海岸新区大场小学　丁东明老师

来自西海岸新区六汪小学　钟兴华老师

5月11日上午,我们见到了杨捷校长。杨校长热情好客,和蔼可亲,他非常欢迎我区教师来学校支教。丁东明老师跟钟兴华老师分别在办公室和政教处办公,并且分带武术跟足球课程。5月15日他们按照学校安排,跟随团队带领学生参加九年级中考体育考试。

支教生活在不知不觉中已经过去了一周，相信我们会尽快适应工作环境跟生活环境，努力克服一切困难，再接再厉，圆满完成支教任务。

安顺开发区高中

来自西海岸新区黄岛区第二中学的颜丽老师

潮汐不变，山海情长。没有见过大海的人，永远不知道大海的波澜壮阔；同样，没有参加支教的老师，永远不能切身体会到"教师"二字的真正含义。安顺支教之行，让老师们感叹国家对西部偏远山区教育的重视和巨大资金和人力投入，感受到了当地政府对留守儿童的关心、关爱，感受到山区教师的对教育事业的那份坚守与执着，支教活动搭起友谊的桥梁，播撒下希望与理想的种子。

支教西部山区，携手大山里的孩子，共筑幸福美好的校园，这是我们 12 名支教教师的共同心愿。我们一定不负重托，不辱使命，凝心聚力，为了西部山区的教育教学，向前！向前！奋力向前！

【十里荷廊】贵州支教日记（六）

暂别安顺

2020 年 7 月 2 日　　星期六　　晴

　　悠悠支教岁月，匆匆如梭光阴。即将奔赴机场飞回家乡，接到叶校邀约，希望能够与安顺经开区实验小学领导和同事们做个离别前的简短交流。时间紧迫，争分夺秒，一边将行李整理在送行的车辆，一边脚步匆匆赶往学校的会场，我知道，全校的领导和老师们正在会议室等着我，希望我能为大家留下一些什么。

　　亲爱的安顺同事们，今天我与大家交流的题目是"黔行支行　情系安顺"。

　　感谢学校领导给我这个机会与大家交流汇报，感谢支教这段时间里学校领导、老师们给我们三位青岛老师在工作和生活上的指导、帮助、关心。有缘相识又能相知让我内心时时充盈着感激，手捧着真情奉献幸运地融入到实验小学这个和谐温馨的大家庭，让我们成了相亲相爱的一家人。在我情感深处，从此以后，贵州安顺有我的亲人。校园里我们曾经共事的时光成了我们彼此最美好的回忆。跨越山海,我们共同铸就了这一份难忘而珍贵的情谊。

骊歌轻响,绿满安顺,多少个奋斗的朝朝暮暮,终于驶向这个芳菲如雨的七月,一群群懵懂纯真的学子们在这个期末考试季收获了努力学习的优异成绩,老师们承担着艰巨的教育责任,战胜了教学模式上的无数挑战。在这个特殊的学期,注定要记录老师们的坚韧不拔、勇于奉献,注定会见证老师们恪尽职守、踔厉奋发。

回顾本学期的教学,这是一个可以载入史册的非同寻常的学期。本学期有了线上教学,手机、电脑发挥了它特有的电子功能;本学期有了居家隔离,没有特殊任务不能随便外出,有了自觉隔离 14 天的自律规定;本学期学生在校学习时间堪称史上最短——5 月 28 日开学,6 月 30 期末考试,仅有一个月零四天。开学初学校领导为我们精心预设了这珍贵的一个月零四天的教学行程计划,使得我们有条不紊地圆满完成了本学期的教学任务,孩子们递交了一份满意的答卷。

一、兵马未动　粮草先行

开学初,我们叶校长对全体教师就教育情怀深入浅出地娓娓道来,是入耳入脑入心、陶冶情操的教育至理盛宴,他的精彩即兴讲话总是令我们每一位教师醍醐灌顶、受益颇丰,鼓起我们对新学期的憧憬与向往。李校长就新学期教学工作中的具体教学内容、教学时间、教学措施的周密部署,其细腻、周全、用心深深地震撼了我,兵马未动粮草先行、走一步看十步的高瞻远瞩,使我对陌生的安顺实验小学、对新学期的教育教学工作充满信心。依据学校的部署,我制订了详尽的教学计划,每节课复习一篇课文,确保每天用 3～4 个课时拿下一个单元的教学。如此进度,预计用近两个周的时间就可以完成全册教学内容的复习。然后再引领学生从最后一课开始倒着向前查漏补缺一遍。学生对课本知识的掌握就应该比较扎实,也比较系统了。因对教材不太熟悉,我计划每天引领学生做部分试题,了解考查的内容和题型,保证每节课都要听写生字新词,夯实基础知识。于是,手撕了教室里的作业本,提前准备听写所用纸张一大摞,每生一张,便于批阅,便于改正,也便于学生带回家里向家长反馈。一段时间的字词句子基础知识复习,学生得以掌握,计划再用一周的时间进行阅读和看图写话的专项复习,最后进行综合题型反复训练。

依据学校教育教学计划的周密部署,我们制订了切实可行的教学计划,备齐了详尽丰富的复习资料，充裕的教育食粮成为圆满完成本学期教学工作的保证。

二、亲其师长　信其道行

来到咱们安顺实验小学，我承担一年级三班的语文教学及体育与健康教学工作。感谢学校领导让我有机会蹲下身来引领着孩子们梳理了一年级的拼音、识字、看图写话等基础知识的教学，有机会施爱于率性天真的六七岁小孩童。初识一年级三班的 45 名同学，一双双纯真的眼神让我的心柔软到母爱泛滥！我一下子喜欢上了这班幼小的孩童。我自问：该拿什么送给我可爱的同学们。于是，有了夜灯下翻阅书籍、用心备课；有了主动寻求原班主任余汇老师关于本班学情的细致了解；有了三天就基本能喊出全班同学名字的课堂提问；有了课堂上老师与学生爱的约定——圈圆手臂，以示拥抱的特定肢体动作。

我对自己的课堂教学要求是严格的，每节课都会恪守授课流程：讲授知识—题型训练—当堂检测，努力完成当堂授课任务，坚定不移地落实教学目标。如此一来，课前必须明确所要讲述的内容，学生练习的内容以及检测的内容，让课堂每一分钟发挥其最大效能。学生学习上出现的任何困难，都是我下一节课的教学任务之一，每节课的检测都做到全批全改，集中出现的知识性问题，会在班上统一讲解加以巩固，个别出现的问题，会利用课间与有错的同学面对面指导改正。小同学的纯真笑容、仰望老师时清如碧潭的眼神，总会让我不由自主地弯下腰来抱一抱这些孩子。课堂上我经常以加盖小红花印章的方式鼓励学生的出色表现，哪怕一丁点儿进步我都要夸张地表扬和鼓励。我常常将拥抱送给孩子们，孩子们的努力进取、全力以赴，在本子上一笔一画、全神贯注书写的样子总会让我感动不已，小小的他们，潜能无限！看着他们认真地听讲，响亮地一板一眼地朗读课文，学着老师用完整的语言回答问题，看着他们写出一个个一行行端庄大方、优美得体的硬笔字，我总会由衷地表扬：你写的真美，跟老师写的字一模一样，来让老师抱抱你；你今天表现得非常出色，令老师太满意了，来让老师抱抱你；你的学习进步真大，这是你今天送给老师最好的礼物，来让老师抱抱你……孩子们一开始有点儿不好意思，渐渐地，他们习惯了老师的拥抱，当我拥抱他们的时候，他们会马上回抱老师，后来，在校园里，在教室门口，同学们一看见老师走来，就会主动跑过来拍拍老师，爱的传递就是这么神奇。"亲其师，信其道；尊其师，奉其教；敬其师，效其行"是说一个人只有在亲近、尊敬自己的师长时,才会相信、学习师长所传授的知识和道理。亲其师而信其道,孩子们在有爱的氛围里怎能不尊敬老师、崇尚知识、热爱学习呢?我想告诉孩子们,刘老师跨越山海,正是为你们而来!

三、转化学困 教学相长

提升班级成绩,抓好学困生的转化是教学工作重中之重。

初识罗银欣是在疫情得控开学的第一次模考,语文成绩她得了 18 分。当天晚上 10:00 钟,阅到她的试卷,一片空白,连最基本的字词也不会作答。我当晚从班级微信群加了罗银欣家长的微信,她的家长比较坦然接受她的成绩,我们做了一个简短的沟通,了解到罗银欣学习品质还是不错的,但记忆吃力,容易忘记,上午学完的知识下午就忘记,今天学完的知识明天就不记得了。家长也是无可奈何、一筹莫展。第二天的课堂上我点到罗银欣的名字,完全出乎我从 18 分这个成绩想象到的女孩儿的样子,这是一个长相甜美、秀气脱俗、不善言谈的娇小女孩。课下交流能感觉到她的不自信和极度胆怯。我下定决心要帮助这个孩子走出困境。

课堂上我第一次驻足于她的身旁,她居然被吓到拿笔的小手一直在哆嗦着就是写不了字的程度。利剑般的刺疼,一下子扎到我的心。当天再次与家长微信沟通,得知她妈妈的打骂造成了她极度恐惧的心理。线上学习期间,罗银欣越是写作业慢,家长越是急躁催促,越是催促得紧,孩子越发恐惧胆怯,以至于家长爆出狠话。下午放学后,我约见了他的父母在我所居住的宾馆。关于做好家庭教育,我提出了一些建议和规划,刻不容缓地先要消除孩子的疑虑和自卑心理,用耐心、爱心、恒心唤起自尊心,培植自尊心,家长表示高度赞同。

从此,家长践行我们的约定,晚间、周日每天按照计划督促孩子背诵一篇课文,听写过关一课的生词。课堂上她成了老师特别关注的一个焦点。我会试着把简单的问题交她回答,把简单的板书作业交给她作答,一次次成功的学习体验唤起了她的学习自信。课堂上的关注、鼓励、表扬,课下的个别辅导、谈话,大课间的韵律操、游戏……处处可见老师和罗银欣,和孩子们在一起的身影。班级微信群每天反馈孩子的作业情况、课堂听讲情况、测试成绩时,我都会以不同的方式表扬罗银欣。老师的肯定给了家长和孩子极大的自信,家长越发认真辅导,孩子们越发认真学习,罗银欣的进步显而易见,对课文的背诵朗朗上口,听写生词屡次获得满分,自信的笑容绽放在罗银欣的脸上。她不再胆怯,课间会主动走到老师身边问声：老师好，甚至会坐到老师腿上举起小手圈在老师耳边悄悄地说：老师你真好看。罗银欣本次期末成绩由18分提高到91.5分，全班最高分100分，最低分91分。班级平均分在97分以上。

班级学困生不止罗银欣一个，为了帮助学困生尽快补习基础知识，每节课的最后5分钟我都会安排听写生词任务，学生们知道听写就是检测，检测就会有成绩，满分会有表扬，表扬会在家长群里公布名单。所以同学们认真对待每一次听写，一听到老师说要听写，他们一脸的认真期待，一副正襟危坐的姿势，在听写达到全班同学几乎全对的前提下，我又加入提高书写质量的学习要求，必须将字写得跟老师的字一模一样，书写认真者当堂嘉奖一朵小红花。试卷作答认真者奖励10分，重奖之下必有勇夫，孩子们为了获取老师的表扬和奖励，执笔写字姿势正确，一笔一画透着认真用心，书写质量大大提高，作业的正确率也极大地提升。

转化学困生就得因材施教，教师做个有心人，多种教育方法并施。教育教学就是一个磨砺教师意志、提升教育素养的过程，作为教师，不但要有专业知识支撑教学工作，更要有耐心、爱心、恒心，真正实现师生教学相长、共同提高的教育目标。

四、携手家长 齐抓共管

一个优秀的班级建设除了营造良好的学习氛围，更是离不开家长的大力支持。一年级三班有了余汇老师和刘香老师前期工作的良好基础，老师们春风化雨般的悉心教育，为孩子们撑开了绿色的成长之路。同路之行若有同伴那就太给力了，我想争取家长的大力支持与配合。于是，学生在校的学情反馈成了我给自己布置的每日要在家长微信群发布的例行作业。

2020年6月1日 周末作业情况：

表扬：贾雨涵家长、黄国富家长、王靖妍家长、高芷萱家长、刘求源家长、黄符炫家长、王璟一家长、无记名作业。

这八名家长认真监管孩子作业，能够按照老师发送的试题答案监督孩子批改作业并得出成绩，孩子作业有批有改，特此表扬！

优秀的家长必将培养出优秀的子女，为你们点赞！

建议：有6名同学至今未交周末布置的试卷，请家长督促，明早交齐！

2020 年 6 日 5 日　今天测试第五单元知识内容：

获得满分的同学：张清颖、顾钰桐、陈亦萱、肖绿露、杨舒薇、潘佳彤、郑慧柔、陈婉妮、钟佳燚、彭易骋、黄银国、王璟一、陈钰析、彭楚杰、谭梓涵、左啟星、刘求源、黄符炫、潘子涵、李壹末、李雨谦。

书写工整漂亮的同学：张清颖、顾钰桐、陈亦萱、肖绿露、杨舒薇、潘佳彤、郑慧柔、陈婉妮、钟佳燚、彭易骋、黄银国、王璟一、陈钰析。

今天进步之星：罗银欣、罗亚鑫、彭楚杰、周浩南。

通报批评黎蕴芯，书写潦草，听讲不专心。望家长监管家庭作业。黎蕴芯家长明天抽空来校找老师面谈。

2020.6.7 通报：

今日上课有三名同学没带语文课本：黄银国、罗银欣、杨舒薇。杜绝不带课本，不写作业的现象发生。请家长监管孩子养成良好的学习习惯，感谢配合。

2020.6.8 今天听写 12—14 课生词

获得满分的同学：张清颖、顾钰桐、陈亦萱、肖绿露、杨舒薇、钟佳燚、陈婉妮、程云飞扬、贾雨涵、罗垭鑫、陈钰析、杨雅洁、王靖妍、李雨谦、陈雨嘉、吴玉祥、黎蕴芯、潘佳彤、左啟星。

书写工整漂亮的同学：张清颖、顾钰桐、陈亦萱、肖绿露、杨舒薇、钟佳燚、陈婉妮、程云飞扬、贾雨涵、罗亚鑫、陈钰析、杨雅洁、王靖妍。

今天上午学习进步之星：罗亚鑫、钟佳燚、黎蕴芯、王靖妍。

批评如下同学：宛家裤、张子航、黄国富、彭易骋四位同学，没完成听写。今天中午补上。

明天下午 4:30，请李清福、付芝俊、周浩南家长来一•3 教室面谈孩子学习情况。

为了让家长了解学生的学情，为了争取家长对班级教育的全力配合与支持。我每天的信息会在放学后，也就是下午 4:30 准时发送。信息内容包括：首先是反馈当日测试满分的同学名单；其次是表扬当日学习常规表现优秀的同学，主要是鼓励学困生；最后是布置当晚作业。

一开始受到表扬的同学也就 2～4 名同学，第二周就达到了全班学生的三分之二，家长对学生学习的关注、对老师信息的关注、对每日作业的关注达到了一个空前的高度，对学生的学习由一开始的漠不关心、事不关己高高挂起，对老师的态度由一开始的熟视无睹，后来变得谨小慎微、毕恭毕敬。学生学习信息的及时反馈终于引起了家长的对孩子学习的重视，于是布置作业时我又提升了要求，建议孩子们每晚在完成基础作业的前提下，能够阅读一至两本儿童绘本，周末阅读三至四本绘本。以此为契机，提高学生的阅读能力。至此，家长们已经非常认同我们的教育教学，主动加微信、主动打电话、在班级微信里边儿主动留言：柳元泽爸爸看到班主任发送的写在黑板上的每日作业照片，大加表扬：老师的字写得端庄秀美，如果孩子们也能写一手像老师一样的好字，那么离学好语文也就不远了……家长们群里跟赞；罗银欣的妈妈特别感恩老师对学生们的关爱，她说："刘老师，您对学生的爱可能是我这辈子都无法逾越的高度……"

除了发挥微信的作用，我还有计划地约见家长，刚刚开学时我每天约见一名学生家长，屈指一算，时间不够，再次约见就是6至7名家长，辅导家长，达成教育共识，形成家校合力，家长的全力支持和努力配合使每日晚间及周日作业得以全面落实，教学工作更加得心应手，孩子们的学习积极性日益高涨，极大激发了学生的内心原动力，明显提高了学生学习效果。

"心有所信，方能行远。面向未来，走好新时代的长征路，我们更需要坚定理想信念、矢志拼搏奋斗。"用习近平总书记给复旦大学《共产党宣言》展示馆党员志愿服务队全体队员回信勉励自我：面向未来，作为教师必须走好教育的前行路程，坚定教育初心不改，矢志为教育而努力，将最美的教师身影印记在孩子们纯真的心灵深处。

黔行支教，不悔的选择，情系安顺，最美的历程。

我亲爱的安顺经开区实验小学的同事们，暑假的号角吹出扣人心弦的节拍，让我们一同开启自由自在、悠然惬意的假期生活，欢迎大家观光青岛，期待再相逢。

【十里荷廊】贵州支教日记（七）

赞青岛支教教师

2020 年 7 月 10 日　星期五　雨

　　这是刘桂英老师加入安顺经开区实验小学,学校为此刊出的一篇简报:赞青岛支教教师。

　　一段时间的朝夕与共,支教教师吃苦耐劳、悉心施教打动了全校老师,点燃了老师们的教学激情。

支教初心

　　刘桂英老师响应国家东西部互助发展教育的号召,从青岛来到安顺经济技术开发区实验小学教书,她恪尽职守、勇于奉献的工作热情深深地感染了老师们,她所任教的班级语文平均成绩以 97.3 分的成绩创造了学校建校以来最高分记录。2020 年 7 月 10 日,刘老师面向全校老师就师德教育素养以"黔行支教　情系安顺"为主题进行了培训。

刘老师满怀激情地说:"有缘相识,每每充盈着感激;手捧真情,时时涤荡着温馨,情真真,安顺有我的亲人;意切切,实小有我的学生。跨越山海,共同铸就宏图,飞跃时空,升华友情。骊歌轻响,绿满安顺,多少个奋斗的朝朝暮暮,终于驶向这个芳菲如雨的七月,一群群懵懂纯真的学子们在这个期末收获了满满的成绩,老师们承担着艰巨的教育责任,战胜了教学模式上的无数挑战。在这个特殊的学期,注定要记录老师们的坚韧不拔、勇于奉献,注定会见证老师们恪尽职守、踔厉奋发。"培训活动中刘老师就四个方面向老师们作了交流。

(一)兵马未动　粮草先行

开学初,经开区实验小学的叶秋校长对全体教师就教育情怀深入浅出地娓娓道来,是入脑入心、陶冶情操的教育盛宴,他的精彩即兴讲话总是让老师们醍醐灌顶、受益颇丰,鼓起老师们对新学期的憧憬与向往。兵马未动,粮草先行、走一步看十步的高瞻远瞩,使老师们对安顺实验小学、对新学期的教育教学工作充满信心。

(二)亲其师长　信其道行

初识一年级三班,45双纯真的眼神让刘老师的心柔软到母爱泛滥!她一下子喜欢上了这班幼小的孩儿童。教学中小同学的纯真笑容、仰望老师时清如碧潭的眼神,刘老师会不由自主地弯下腰来抱一抱这些孩子。爱的传递就是这么神奇。"亲其师,信其道;尊其师,奉其教;敬其师,效其行"是说一个人只有在亲近、尊敬自己的师长时,才会相信、学习师长所传授的知识和道理。亲其师而信其道,孩子们在有爱的氛围里怎能不尊敬老师、崇尚知识、热爱学习呢?刘老师想告诉孩子们:跨越山海,正是为你们而来!

(三)转化学困　教学相长

提升班级成绩,抓好学困生的转化是教学工作重中之重。因材施教,教师做个有心人,教育教学就是一个磨砺教师意志、提升教育素养的过程,作为教师,老师不但要有专业知识支撑教学工作,更要有耐心、爱心、恒心,真正实现师生教学相长、共同提高的教育目标。

(四)携手家长　齐抓共管

一个优秀的班级建设除了营造良好的学习氛围,更是离不开家长的大力支持。老师们春风化雨般的悉心教育,为孩子们撑开了绿色的成长之路。同路之行若有同伴那就太给力了,刘老师争取家长的大力支持与配合。于是,学生在校的学情反馈成了刘老师每日要在家长微信群发布的例行工作之一。携手家长,齐抓共管,形成教育合力。为孩子们的健康成长撑开绿色之路。

黔行支教,不悔的选择,情系安顺,最美的历程,刘老师将继续走在西部支教的路上……

【十里荷廊】贵州支教日记（八）

再回安顺

2020 年 9 月 1 日　星期二　阴

　　得知老师结束了三个月的短期支教，即将启程返回青岛，羞涩寡言的浩仰起头望向老师，他清纯稚嫩的脸庞上渗着细细密密的汗珠，小手却不肯松开老师的手。班长紧缩着眉头，一副很不开心的小样儿，她泪盈双眸，小手攥着老师的衣角："老师，您可一定要再回安顺啊，我们都很想再跟你读书呀！"……

　　讲桌上，一堆堆祝福卡片五颜六色，占了大半个桌面，汉字掺杂着拼音，写满了对老师的感激与不舍……这一幕一幕恍如昨日。

　　这不，暑假已过，老师便又从遥远的两千多公里以外的青岛飞回到安顺，回到了咱们实验小学，回到了心心念、时刻牵挂、割舍不下的同学们中间。哦，我可爱的安顺孩子们，你们长高了好多。

　　新学期开学的那天清早，是 9 月 1 日，刘老师想给同学们一个惊喜，瞧，她背着双肩包，轻轻推开了教室的门，悄然走进教室前方，尽管口罩遮住了老师的

大半个脸,眼尖的几个同学已经透过老师的眼镜片,从熟悉的目光中认出了老师。兴奋之余情不自禁地试探着喊:"是刘老师?哦,真的是刘老师呀!""啊呀,刘老师回来啦,刘老师回来啦!"一张张笑脸激动得像绽放的花朵儿。老师走向孩子们,孩子们的小手纷纷伸向老师,老师与孩子们一一拍手击掌,万千话语尽在欢声笑语里,孩子们手舞足蹈,教室里沸腾起来,大家尽情释放着欢喜之乐,能够再相见的愉悦令大家惺惺相惜、难以自抑。

"刘老师,您能再次回来安顺我真的太高兴了。""老师,您是从青岛来的吗?青岛在哪儿呀,离这儿很远吗?""老师,您这次来是要待多长时间?还会教我们三个月就离开吗?""老师……"激动,好奇,担忧……"同学们,刘老师这次回安顺呀,是要跟同学们待上整整一年。会把你们送到新的高年级。"婧怡、楚杰、国富带头鼓起了掌。

此情此景,正是同学们畅所欲言的最佳时候:"同学们,上个学期,刘老师在安顺陪伴同学们三个月的学习生活,感受到了安顺凉爽多雨的夏季,接下来刘老师即将在安顺度过秋季、冬季还有明年的春季。谁能给老师描绘一下,秋季和冬季的安顺是怎样的?还要同学们教教刘老师怎样度过安顺的冬季哦。"

孩子们一下子捕捉到了这个新话题,嘿,老师居然也有不懂的问题,老师寻求的帮助点燃热情,大家七嘴八舌,一个个俨然成了地道的生活知识小百科老师,从他们口中我更加全面了解到了安顺的秋,安顺的冬。

一年好景君须记,正是橙黄橘绿时。安顺的秋,黄叶飘飘,绿叶依然。树叶不会秃了树梢,秋风瑟瑟,爽而不寒,依旧绿意盎然。果香满园,果农满载着秋的收获,脸上漾起丰收后的醉美笑容。看,白云镶嵌着澄澈蓝天,斑斓山野,潺潺秋水,行走于山水间,心情也被这秋的画卷所感染,恍入仙境。

跨过秋,便是冬。安顺的冬季气温一般不会低于 0 ℃,极少下雪,偶有雪花,大多会在学生放寒假的那段时日里。

冬季的安顺不是由政府统一管理集中供暖,大都是家家必备一个电热桌。电热桌高约 60 厘米,桌面一米见方,中间是一个圆形电磁炉,可以涮火锅,电热桌功率比较大,每三个小时耗电一度;桌面下的四边可供大家取暖,电热桌四周外罩一圈儿绒布做成的桌罩,罩在腿上,相当保暖。不用的时候看上去与一张餐桌无异,一到冬季,电热桌可就大显身手了,家人们可围坐电热桌一圈,边吃火锅边把腿脚一伸,热乎得都不想挪窝儿……

呵呵,我眼前稚嫩的同学们,可都是地地道道的生活小专家呀,他们已成了我生活在安顺的小小导师。从安顺的季节到安顺的风土人情,再到有关安顺的地理风光,成了我和同学们随时交流的话题……我不得不感慨,生于此长于此的年幼孩子,是如此热爱自己的家乡,如此熟稔安顺的生活常识。

安顺的孩子中午一律离开学校,或回家吃饭,或去午托班吃饭,皮实得很。这些孩子从一年级开始就能在放学后轮流留下打扫教室卫生。干起活来麻利得很,那可是放得开手和脚洒脱地劳动,一会儿工夫就能把教室里打扫得洁净如新,卫生工具摆放得井井有条,这一点尤其要为家长和班主任们点赞,他们是有勇气和胆量的,他们敢于放心放手让孩子们尝试着参与学校活动,对学生有足够的信任,如此一来,孩子们拥有更多的生发空间和锻炼机会,在劳动实践中不断提高劳动技能,不断提升自立能力,这对孩子们尤为重要,少儿初成长,奠定了良好的基石。

孩子们,谢谢你们!你们教会了刘老师好多在安顺生活的小常识,刘老师重回安顺,教于安顺,也学于安顺,希望我们都能够共同进步。老师真诚地希望同学们不辜负这个伟大而美好的盛世时代,不辜负每一位精心施教的老师,努力学习,茁壮成长,将来报效祖国,回报社会。

孩子们,我们一起加油!

【十里荷廊】贵州支教日记（九）

安顺的教师节

2020 年 9 月 10 日　星期四　小雨

　　跨越山海重回安顺，再续支教西部山区的执着心愿；放下行囊拥抱学子，直奔这方净土只为心中的牵挂。安顺经开区实验小学——我曾经支教的学校，而今，我又一次踏上这神圣的土地。疫情肆虐，我依然决然别离青岛和亲人，前来安顺完成为期一年的支教任务。

　　回想上个学年的支教经历，三个月的时间不算太长，但对于远离家乡支教于两千多公里之外的支教教师们来说，时间真的不算太短。支教安顺实验小学的日子里，山海情深已是扎根心间，拥有此番支教经历，也拥有甘愿支教边区的教育情愫。学校领导亦师亦友，同事们亲如兄弟姐妹，学生的朴实令人顿生怜爱。

　　来到安顺，心中只有一个坚定信念：克服一切语言、饮食、习俗上的不适，全身心地投入工作当中，努力教书，哪怕自己的付出对于学校、对于学生来讲，仅仅只是起到了一点点绵薄之作用,也是颇有慰藉的。所以,支教三个月的每一天里,虽身在异乡却并无身为异客之感,教育局领导、学校的叶校长、李校长、刘校长以及众多老师们给了我们无微不至的关照,嘘寒问暖,情真意切,颇为感人。我们与当地老师、孩子们相处甚融,建立了一段互敬互爱的醇情厚谊。假期回到青岛稍事休息,思虑再三,我决定重回安顺,重拾支教时光,继续走在支教的路上,不辱支教使命。怀揣一颗坚守三尺讲台的虔诚初心,再次捧起课本走向安顺的孩子们……

重回安顺,我有机会度过了一个难忘的安顺教师节——安顺经开区实验小学为全体退休、在职教师奉献了一场别有风采的教师节盛典。

升旗台前的朵朵向阳花格外鲜艳夺目,秋雨化作甘霖润湿了校园里的每一寸土地,水洗过的花瓣黄得更加圣洁典雅,无声地渲染着校园里浓浓的节日气氛。今天是第 36 个教师节,9 月 10 是我国的教师节。

提起教师节就要追溯到 1985 年 1 月 21 日,第六届全国人大常委会第九次会议作出决议,将每年的 9 月 10 日定为我国的教师节。以示中国尊师重教的优良传统。早在公元前 11 世纪的西周时期,就有"弟子事师,敬同于父"记载,古代大教育家孔子更是留下了"有教无类""温故而知新""学而时习之"等一系列至理名言。传道授业解惑的教师,被中国人誉为人类灵魂的工程师。确定 9 月 10 日为教师节,是因为新生入学伊始,此时开始尊师重教活动,可以给教师教好、学生学好创造良好的气氛,在全国范围内形成尊师重教、尊重知识、尊重人才的良好社会风尚。

安顺经开区实验小学尤为重视教师节庆祝活动,学校领导周密安排,提前一个多周就进行了专项统一部署,各个处室分工负责,只为呈现一场精彩的节日盛会,把它当作最珍贵的礼物敬献给可亲可敬的教师们,让辛勤的园丁在一年一度的教师节这天,露出最美最真最甜的笑容,成为至美至善的大老师。

　　清晨,老师和同学们身着洁净整齐的统一制服,孩子们手持鲜花或自制各类手工作品,作为对师长教育之恩的报答。走进学校大门,学生的问候声热情洋溢,此起彼伏:"老师,您辛苦了!""老师您好,节日快乐!""老师,向您致敬!"每一名师者,在这一天收获着作为教师独有的无上荣光,欣然接纳孩子们真挚的敬仰之情。

　　安顺经开区实验小学"立德树人,尊师重教,热烈庆祝第36个教师节"集会活动隆重举行,细雨依然霏霏,增添了节日的浪漫,全校师生齐聚操场。清纯可人、妙声若弦的唐思老师全程主持。

　　活动进行第一项:颁奖市级、校级优秀教师奖品,获奖教师依次登上升旗台,礼仪队的同学们手持奖品嫣然站立。为获奖老师颁发证书和奖品的是李校长和廖校长,烫金封面的荣誉证书熠熠生辉,这是鼓励,是肯定,是动力,更是鞭策,它鼓励着每一位获奖教师要恪尽职守、奋勇当先,激励着每一位教师坚守立德树人、敢为人先的教师风范,立志为安顺教育事业贡献青春和激情。

　　乘着东风,扬帆起航。叶校长健步登上升旗台,举起右拳,引领全体老师面向国旗庄严宣誓:"我是光荣的人民教师,我在庄严的国旗下宣誓,忠诚于人民的教育事业,履行教师神圣职责,贯彻国家教育方针,全面实施素质教育。热爱学生,为人师表,追求真理,崇尚科学,依法执教,教书育人,勤勉敬业,严谨治学,团结协作,甘于奉献,终身学习,勇于创新。做学生的良师益友,铸教师高尚人格。为中华民族伟大复兴,为人类社会的文明进步,我愿奉献出全部力量。"

群情激昂,铮铮誓言就是老师们教书育人的坚定信念,也必将是今后三尺讲坛的真实写照。

"听君一席话,胜读十年书"。最精彩的莫过于叶校长的即兴讲话,娓娓道来的教育至理名言是叶校长独有的风采,无论是面对教师还是面对全体学生,讲话内容就在叶校长心中,铿锵有力,跌宕起伏,语言之精美,逻辑之严谨,感人之肺腑,令每一位与会者深深为之折服,的确是"腹有诗书气自华"。聆听叶校长讲话,是警示,是劝勉,是循循善诱,他动之以情,晓之以理,让听者收获"听君一席话,胜读十年书"的欣喜之余,还会萌生向叶校拜师学艺将一技学到手的冲动!难怪我们一起短期支教的小王老师叮嘱我:"刘老师,咱俩无论谁在下个学期若能再次回到安顺,有幸任教实验小学,一定录制一段叶校的讲话。"我懂!因为我们每个人都想捕捉、体味、解读叶校的讲话秘籍,有此良技在身,会让课堂精彩纷呈,这是每一位教师所渴望拥有的一项教育技能。

一所学校的办学理念高度、教师道德素养的提升、教师教育专业化技能的培养,靠的就是校长的引领、鞭策和推动。叶校长,实验小学有您掌舵领航,幸哉!老师和学生们有您做师长,幸哉!支教路上有您做前行指航灯,幸哉!

仪式进行到最隆重的一项,仪仗队同学们为全体老师敬献鲜花。全场音乐奏响,老师们立于升旗台正面,成四排队伍一字排开。仪仗队的同学们身着节日盛装,手捧醇香四溢、圣洁高雅的一大束鲜花一一对应立于老师前面:敬礼,献花,再敬礼。我双手接受孩子献上的鲜花,回报给孩子一个大大的拥抱,我想告诉孩子:你们正处于"拔节孕穗"努力学习的黄金年龄,从小立下大志,以时代英雄为榜样,向荣获"共和国勋章"的钟南山爷爷、"人民英雄"张伯礼、张定宇、陈薇学习,成为国之人才,壮我华夏。孩子礼貌地再行队礼回谢老师。此时《听我说谢谢你》音乐响彻整个校园,全校学生载歌载舞,稚嫩的童音传递着对恩师的感激,开心的笑容挂在脸庞,节日的盛情荡漾在每一位师生心田。

是的，谢谢您，谢谢每一位曾经的、现任的、未来的教师。教师的教书育人工作在很大程度上决定着我们国家的未来，教师的工作同每个家庭、每个儿童、少年、青年息息相关。教师的工作在人类社会的发展和进步中，起着巨大的作用。教师是铸造人类文明的工程师，是人类文明的传播者和建设者，一部文明史，离开教师的因素，是不可想象的。

教师节的建立，标志着教师在我国受到全社会的尊敬。我们的工作、生活、学习是需要仪式感的，作为教师，日复一日的付出和辛苦，在学生的一声"老师，教师节快乐"，全都化为欣慰的笑容。

我把学生们送给我的节日问候，敬送给人生路上伴我成长进步的所有师长们，送给普天下为教育事业默默奉献着的辛勤园丁们："老师，教师节快乐。"

【十里荷廊】贵州支教日记（十）

高原上的香樟籽熟了

2020 年 9 月 23 日　星期三　阴

　　安顺是云贵高原上的地级城市,位于贵州省中西部,距贵州省省会贵阳 90 公里。地处长江水系乌江流域和珠江水系北盘江流域的分水岭地带,典型的喀斯特地貌集中地区。安顺经开区与青岛西海岸结成对口帮扶城市关系,24 年的携手相助铸就了山高水长的情谊。

　　支教安顺,周课时量达 16 节,忙而充实。

　　日复一日,争分夺秒批阅作业,整整一个上午或一个下午不得一杯水的滋润是常有的事;手机也很忙碌,"学习强国"每日功课,适时关注时事新闻;家长群里刷圈回复,关注学生多种信息。

　　手机叮咚,李校长信息:"中午饭后一起散步呗。""好的,李校长,教导处等您哦!"李校长端庄秀美,善解人意,她才思敏捷,处事高效,大家都很喜欢跟她在一起,她走到哪儿,如铃的笑声便跟到哪儿,她的风趣幽默常常引来笑声一片,时间往往会过得一溜烟儿地快。开学两个周,学校的各项事务让她脚不沾地,脸上时常因忙碌而飞挂两抹红红的腮霞。

我们结伴相约向学校操场走去,李校长和刘校长边走边脱着外套,自言自语地打着趣话儿:"看看我们大安顺哦,真的是'天无三日晴、地无三尺平'啊,早晚凉得很呢,太阳一出就如同烤火炉,热得让人受不了喽。"安顺市属典型的高原型湿润亚热带季风气候,雨量充沛,来到安顺你会发现,雨伞的使用跟手机一样,是离不了手的。安顺年平均降雨量 1 360 毫米,年平均气温 14 ℃,冬无严寒,夏无酷暑,凉爽、湿润、清新,气候温和宜人,太阳辐射低,人们的生活舒适度、幸福指数还是蛮高的。

学校宽敞的操场上是一抹儿的塑胶铺设,运动时脚下极富有弹性,感觉特爽。操场的规划科学合理,让每一处每一角极尽发挥其运动功能。篮球场地、羽毛球场地均有固定活动区域,每个区域的塑胶都有特定的颜色,各区域的边界线均为白色,远远望去,操场上线条明朗,色泽亮丽,如同一幅巨大的画卷。

我时常一进校门就穿越操场由此走去教室,心中有说不出的喜欢,走在上面,感觉脚步格外轻松舒适,连喘口气儿都是有韵律、有节奏的。我放任自己的脚步,它想迈向哪儿就迈向哪儿吧,这或许与自己爱好体育运动有关吧。

操场周围绿植掩映,郁郁葱葱,四季苍翠欲滴,有高大挺拔的樟树、有绿叶婆娑的棕榈,整个操场看上去一片生机盎然,这是云贵高原特有的绿!这绿直入心脾,让爱好运动的多巴胺分泌得更加迅速。我时常有这种冲动——振臂阔步奔向终点,美美地过一把百米竞技瘾——终点压线的全力冲刺。

我们一行说说笑笑便走入操场,迎面便是树冠硕大的樟树,树下一片浓密的树荫,雨天可当伞,夏时可乘凉。大家不由地立于树荫下,落脚时踩实了什么东西,"啪"的一声,我抬脚瞅了一眼:黑黑的圆圆的小果子已被我踩扁,紧贴着地面,再极目四下遍寻,树下有许多个这样的晶莹小球球,宛若豌豆粒大小,一粒粒黑得纯粹。我弯腰捡拾:"咦,什么东西?"李校长是地道的安顺人,她笑道:"这是香樟籽哎,秋风一凉正是它成熟的时候,可入药,疗效神奇,肚胀腹痛或偶有风寒,嚼食几粒,立马见效,效果极佳。"于是,随手捡取,手心里便有了好多粒,仔细闻闻,薄荷的香气直入鼻腔,纯正的中药气味令人神清气爽。放入口中嚼食,皮肉薄而生涩,用力一嚼,果核粉碎,满嘴的味道顿时弥漫开来,浓浓的薄荷味道原来主要来自内部的硬核!细细品味,还真有藿香正气水的气味。李校长点头赞同:"对,香樟籽就是藿香正气丸的原材料。"

兴致渐浓,抬头仰望树枝上的香樟籽儿,这才发现叶间的奇异景观:香樟籽儿密密匝匝地缀满枝条叶间,圆圆的、黑黑的、亮亮的,犹如无数颗眨着亮光的小眼睛,调皮地跟树荫下的人们打着招呼,不管你注意到它们还是因匆匆前行根本没把它们放入视线里,黑得出奇的"眼睛"总是满目深情地注视着,阳光下充满着灵性与神奇。

我对香樟籽儿顿生好奇之心。赵主任、娄主任尽显身材的高度优势,长长的手臂一把扯住枝条,我和李校长赶紧双手攀上,连扯带摘,一会儿工夫就收获了满满的一大把香樟籽儿。记下李校长的建议,放入通风处晾干,可备用好长一段时间。

要说真正使我有了获取香樟籽、与家人共享的想法是第二天的中午午练时刻。我正在指导学生写字,杨长霞老师——我在安顺实小的好同事、好姐姐,路过教室门前,递与我一包晾干的香樟籽:"刘老师,这是我前年晒干的香樟籽,可带回青岛放到家里备用,疗效颇佳。"打开包裹,香气浓郁,扑鼻而来!接纳并喜欢上了晾干了的香樟籽儿的气味儿,真好!更对它的入药神奇疗效有了以自身试药效的想法。与新鲜的香樟籽比较,晒干的香樟籽不见了青涩,更多了丝丝醇香、缕缕浓香。杨老师告诉我,还可以放入衣橱,慢慢熏香衣服。哦,想想就美:将自己衣物的一丝一缕赋予大自然的植物醇香,那该是香满衣橱、满橱香衣呀!收下香樟籽,收下热诚,我对香樟籽的喜爱又多了几分。

忍不住就想深入地了解香樟籽,通过查阅资料,从书中翻阅到一段关于香樟籽的介绍,文字言简意赅,我们借以了解其医用疗效:樟树籽是一种干燥果实,圆球形,棕黑色至紫黑色,表面皱缩不平,或有光泽,直径 5～8 毫米,有的基部尚包有宿存的花被。果皮肉质而薄,内含种子 1 枚,黑色。气香、味辛辣。以个大、饱满、干燥、无杂质者为佳。樟木籽属于中医药材,具有祛风通窍、行气消滞、止痛消肿的功效,用于主治腹痛吐泻、心腹冷痛、胃寒气痛、脚气浮肿等症状。

云贵高原的秋天早晚温差大,植物的果子积累了很多有机物,这正是香樟籽成熟的季节。好多有心人总会借此良机收藏一些,有备无患。香樟籽虽小如豆粒,但香若仙草灵芝,入药疗效神奇,惠及世人。唐朝诗人白居易曾在《寓意诗五首》中借樟树深藏不露,赞美樟树默默奉献的精神,以此诗赞美云贵高原香樟籽儿的品性,我想这是再恰当不过的:

> 豫樟生深山,七年而后知。
>
> 挺高二百尺,本末皆十围。
>
> 天子建明堂,此材独中规。
>
> 匠人执斤墨,采度将有期。

下午的自习课上,我叮嘱同学们:"大家认真学习哦,若能早一些完成课堂练习,刘老师就带你们去操场捡拾香樟籽,可好?"学生们顿时欢呼雀跃,担心扰了邻居班级,我赶紧示意大家少安毋躁。同学们一番笔走如飞,唯恐因纪律欠佳或书写潦草而被取消参与活动的资格,作业书写格外工整美观,埋头学习的劲头儿十足呢,教室里一片井然有序。我猜想,此时同学们的内心里是不是已经溢满了跃跃欲试的向往呢。不出所料,同学们写作业的时间果然比预期时间提前了十分钟,看,他们很自觉地整理好书包,欣欣然静坐等候着,只待老师一声令下了。

于是,我简单地向同学们普及了一下高原上香樟籽的功效,强调了纪律。整队、下楼,我引领着这群喜滋滋、心颤颤、声朗朗的小孩子们奔向操场上的那一排香樟树。香樟树下早已落了一地的香樟籽,如同洒落了一地的黑珍珠。瞧,孩子们欢呼着飞奔过去,或弯腰捡拾,或小心行步,或奔向远处……几个同学合作着,灵巧的小手把一粒粒香樟籽小心地捏起、去蒂、拂尘……香樟籽置于手掌心,扬起笑脸,举起小手,与老师分享着收获的快乐。不少同学们有了将香樟籽带回家送与妈妈的想法,有的同学铺就一张纸,有的同学借用衣袋,他们小心翼翼把捡拾的香樟籽仔细包裹,也将欢乐一并包裹起来……

捡拾香樟籽的孩子们脚步更轻盈了,映着夕阳,笑声更甜美。十分钟的工夫,同学们心花怒放,我们载香而归……同学们肩上的小书包似乎更轻便了,看,就这么一蹦一跳地雀跃着,就这么一路笑语如铃地走在放学回家的路上……

目送孩子们归去的身影,孩子们的欢笑声犹在耳边。我在想,孩子们今晚的梦里会不会萦绕着香樟籽的清香呢?梦里会不会多了香樟籽的故事呢?

【十里荷廊】贵州支教日记（十一）

今朝重返家门口

2020 年 9 月 29 日　星期二　晴

　　久别家乡，千里相隔，牵念如丝，已在心中结了一张大大的网，每个网扣悬着思念，挂着牵绊，祈愿亲人平安健康成了最大的满足。家乡的一草一木时常萦绕在梦中，令我倍感亲切。

　　支教于安顺，风土人情皆异于齐鲁大地。无论是饮食还是出行，极尽做到谨小慎微，将安全高置首位。倒不是因为自己有多么金贵、要活得多么仔细，而是心中时刻提醒自己：出门在外，莫让家人牵挂！尤其是年近九旬的妈妈和婆婆，她们已是耄耋之年，作为晚辈理应创造更好的生活条件让老人安度晚年。所以，每逢闲暇周末与爱人的视频聊天时，我最希望听到的就是他的那句：家里一切都好，好好教书，照顾好自己。

　　新学期开学转瞬将近一月，喜迎中秋国庆的脚步如同上了发条一般快，双节临近，思乡愈浓。遂决定趁双节叠加的小长假飞回山东与家人共度佳节。岂料青岛传来消息:青岛港在例行常规检查时发现两名搬运工无症状感染新冠病毒。一时间,各种信息铺天盖地遍及全国各地,人们稍稍安稳下来的心又因此提到了嗓子眼儿。对新冠病毒的恐惧让人们的反应多少有些惶恐过度。"青岛"二字已令好多将要利用假期去往旅行的游人就此改变了行程。

　　这则消息也令我惴惴不安起来,它会由此截断我回家的路途吗?我时刻瞪圆双眼关注家乡疫情最新信息,生怕疫情严重令我失去与家人团聚的机会。眼看假期一天天临近,内心的焦虑让我满嘴上火,口舌生疮,哪怕是咽一口水都疼得直流眼泪,我真的好想家啊。与家人交流家乡疫情的视频和电话越来越多。令人欣喜的是,事态走向越来越明朗,青岛市政府全力有效控制住了疫情!政府动态信息实时更新:

　　9月26日早上6:44发布消息:刚刚专家发话,可以放心地来青岛旅游度假!

　　9月26日下午5:45发布消息:最新通报,青岛市民及来青游客健康码不会受影响。

　　9月27日下午4:14发布消息:刚发布,青岛依旧绿码,外地来青,不影响健康码颜色。

　　柳暗花明,心中大悦!因已提前请假,课程由杨老师和王老师两位德高望重的优秀老师代授,我终于安心地坐上了赶往贵阳龙洞堡机场的大巴。大巴以80公里的时速在蜿蜒的山区穿隧道、过天桥,一路疾驶。我不时瞅向窗外,幻想大巴若能想飞就飞该多好啊!五十多岁的人了,还在白日做梦!嘻嘻嘻,我笑自己没长大,心中却不停地吟唱着改了词的小曲:"大巴呀!你快些跑哎,快些跑哎,我要回家把家乡的景色看个够。亲爱的妈妈好像已走出家门口,正呀在楼前盼儿归……"历经了大巴两个多小时的行程,又空中飞行五个多小时,终于在凌晨1:00落地于青岛机场。哇,可爱的家乡啊,无垠的大海呀,我终于回到了您温馨的港湾,回到了我魂牵梦绕的青岛怀抱。

爱人贴心地用保温桶备好了我早已钦点的煮红薯、玉米棒,还有我最爱吃的"金傻二糖炒栗子"……他专职开车,我便把心心念的冒着热气的美食放在腿上,一边享用,一边向爱人述说我早已盘算好的小长假每天行程:10月1日中午回家陪婆婆吃节日团圆饭,晚上回妈妈家与亲人团聚,哥、嫂、弟、妹还有侄女一家子早已与我电话约定;10月2日与爱人或海边溜达,或宅家闭关,安然享受二人生活;10月3日全程陪妈妈,来个青岛西海岸新区一日游,做妈妈的御用专职司机兼贴心导游兼安保人员;10月4日与好友闺蜜团聚,一同去吃海鲜大餐……

爱人笑我:计划蛮充实丰富的!我骄傲地应了一声,那是必须的,假期如宝,要惜时如金,不负时光美好嘛。

10月3日一大早,我起床洗漱,把自己美美地打扮了一番,出门前与妈妈先来个电话采访:老妈吃早饭了吗?咱们上午9:00出发好吗?今天的太阳好大好暖,记得戴上凉帽出游啊……

妈妈的声音里边儿透着一丝期盼,我安抚妈妈:莫着急,您用保温杯灌好一杯水的功夫,我就到您家楼下了。

接上妈妈小心行车,速度稍快些妈妈是会头晕的,妈妈坐车还会掉向。所以每逢拐弯,我都会提前告知妈妈:妈妈,咱们现在右拐弯儿,往南走;妈妈,咱们现在左拐弯,往东走;妈妈,咱们再直行二里地就到海军公园了……

海军公园始建于2016年,是一个军事文化色彩和自然景观相融合的开放性滨海公园,位于青岛古镇口军民融合创新示范区东北部。公园以海军路为轴

线规划布局，东临碧海沙滩与灵山岛隔海相望，西望西海岸名山大珠山，北靠灵山湾国家森林公园，南拥古镇口港，真可谓"碧海蓝天、青山秀丽、沙滩绵绵、舰船壮观"。海军公园是国内第一个建成的海军主题公园。每逢节假日，人们会扶老携幼到此畅游，呈现一片熙熙攘攘的旅游胜地景观。

泊好车，我转到车的右前侧打开车门，伸出手臂让妈妈搭着我慢慢下车，搀着妈妈穿过马路向海边走去。今天是农历十七，适逢落大潮，海水渐渐退去，浪平沙细，沙鸥点点，海中的灵山岛清晰可见，似乎触手可及。岸边露出了金黄色的一大片沙滩，游人真不少，孩童嬉于沙滩，玩得不亦乐乎。我鼓励妈妈走下大堤，离大海更近一些，海风拂面，阳光灿烂，沿海边的石铺峡道漫步前行，一切美好尽在其中。

妈妈的身体一向健朗，但今天，我却发现妈妈的步子拖沓缓慢，前行的脚总也抬不高，鞋底蹭着地面不情愿地往前滑动，然后不太利索地落下脚步，走走停停。我的目光便紧随着妈妈的脚步，唯恐老妈哪一脚踩不稳会出个什么闪失。

往前走了一段，妈妈站定，望向大海，望向大海很远很远的地方，妈妈的眼里有深深的忧伤，妈妈在想爸爸吗？四年前爸爸的猝然离去带走了妈妈的心，妈妈的世界从此灰暗无彩，从此再也没有笑过，对爸爸的思念真的到了食其味、夜无眠的地步，从不饮酒的妈妈在爸爸离世后靠睡前一口酒，用酒精麻醉神经入眠！哦，我亲爱的妈妈。你的痛让儿女们心碎。

我轻轻拍拍妈妈，帮助妈妈拉回思绪："妈，咱们一同上岸看花海去吧。"我搀着妈妈一步一个台阶走上堤坝。阳光更暖，风儿更轻，堤岸边上的游人越发多了起来。叫卖声一片，有卖赶海工具的、有卖气球玩具的，还有卖特色小吃的……一声"冰糖葫芦"的叫卖声闯入妈妈耳畔，妈妈停住脚步，转头望向我："嫚儿，给你买个冰糖葫芦吃吧？"我怔住，在我的记忆中，自己还是个顽童的

时候母亲是这样唤我的乳名！童年里，曾无数次被妈妈这样呼唤着，妈妈一声声呼唤牵着贪玩的我们暮时回家，一声声细语引着懵懂的我们读书做人……这声声呼唤，这声声细语哪！我望向妈妈，多么亲切多么慈爱的妈妈，她把所有的温柔和母爱全都揉进了目光里！童年的我们就这样徜徉在无数个笑意盈盈的呵护中，沐浴着父母的厚爱天真幸福地玩耍，迎着阳光雨露开心健康地成长……一幕一幕，恍如昨日。

真的恍如昨日吗？我自问！眼前的妈妈已背驼如弓，步履蹒跚了呀，妈妈得承受多少风风雨雨才换得儿女的金色童年。哦，谢谢您，妈妈！您瘦弱的身体里蕴藉着无穷的力量，只因，为母则刚！

我仁慈善良的妈妈呀！如今您已是 86 岁的高龄呀，心中依然还记挂着孩儿舌尖上的食好。

我为母则刚的妈妈呀！您已白发如雪、老态龙钟，却还要努力张开双翼护着您已成年的孩子。

我勤劳伟大的妈妈呀，您为孩子们倾尽了母爱，将母爱一针一线缝进孩子们的衣衫。

妈妈呀，我是您 53 岁的老闺女呀，在您眼里，我是那个永远都不会长大的孩儿吗？

眼泪在眼中打着旋儿，噙着泪水，我用手臂环住妈妈越发因劳累辛苦日趋瘦弱的身子，学着妈妈当年为年幼的我们遮风挡雨那样，我打开车门，搀扶着妈妈上车，决定回家做午饭，陪伴妈妈一同吃。车载音乐响起："出门在外几多春秋。该是回家的时候，又是团圆的时候，今朝重返家门口。看我的娘亲，你白了头……"

泪水再次盈满双眸，夺眶而出，我亲爱的妈妈呀，时光美好，女儿陪您一起看云卷云舒，听潮涨潮落，咱们手挽手，要一起迎接好多个新的国庆节，迎接好多个新的中秋团圆节，好多个如初日落、朗朗岁月……

【十里荷廊】贵州支教日记(十二)

黄蜡赏樱花

2021 年 4 月 30 日　星期五　晴

　　郁华曾这样描绘早春樱花之美韵:树底迷楼画里人,金钗沽酒醉余春。鞭丝车影匆匆去,十里樱花十里尘。可见,十里樱花开放在暖春三月里,是何等香郁芬芳,令人心驰神往!南方的春天比北方要来得更早一些,我从乍暖还凉的北方飞到了安顺,一日便迎来了"暖风熏得游人醉"的阳春三月,褪去厚重的冬衣投入春天的怀抱,便是满眼的山花烂漫,桃红杏白柳色翠,醉了春风,醉了心情。对春的向往便成就了我们四姐妹的周末黄腊赏樱之行。黄腊乡位于安顺市西秀区的东南面,东依长顺县广顺农场,西靠平坝县白云镇,南接西秀区刘官乡,北与平坝县羊昌乡相邻,是西秀区、平坝县、长顺县的交界处。

　　由李校长驾车,我们四位闺蜜一同前往贵阳方向的黄腊樱花园,全程60 km。上了高速一路疾驰,但见春光无限妖娆,层峦叠嶂,翠色横流,这也是贵州特有的地域风采。山川平原、山上山下,时不时有大片小片金灿灿的油菜花

划过眼前,春的诱惑如同小鹿蹦跳在心间,引得我情不自禁连连赞叹:美如画卷!画卷如斯!长居安顺的三位老师成了我的贴心导游,我便有机会更多了解安顺由来已久的美。有感而发,真情道白:不光景美,心更美!美得让我们更近地融为一体。出了高速路口,车子右拐进入到田间公路。路虽不甚宽,相向而行的车辆错车尚可。大约十几分钟车程,车便驶到了道路更低洼处,李校长一声疾呼:快看樱花,右手边!我们急目仰视:但见高高的山坡上,粉粉的樱花成片成片地盛开着,没有语言可以比拟,此刻它呈现在我们眼前带给我们的震撼!简直就是一座花山!是花海吧,连绵起伏,一眼望不到头呢!

樱花,起源于中国。据日本权威著作《樱大鉴》记载,樱花原产于喜马拉雅山脉。被人工栽培后,这一物种逐步传入中国长江流域、中国西南地区以及台湾岛。秦汉时期,宫廷皇族就已种植樱花,距今已有 2 000 多年的栽培历史。汉唐时期,樱花已普遍栽种在私家花园中。至盛唐时期,从宫苑廊庑到民舍田间,随处可见绚烂绽放的樱花,烘托出一个盛世华夏的伟岸身影。车子停在山坡下,暖意拥身,我们脱掉了风衣,轻装便行,沿土坡拾级而上,那份赏花的急切,看脚步匆匆便知。偶尔抬头,枝条摇曳,繁花朵朵,密密匝匝,粉嫩粉嫩的,香醉了双眸,耳边全是蜜蜂忙着采蜜的嗡嗡声,盈满了耳廓,一树一树的花别有风姿卓彩,每一棵樱花树都是一把巨大的花伞,置身"伞"下,恍若仙境……

黄腊樱花园,是继贵安樱花园又一个大面积樱花林,美得如梦似幻。全园占地 5 000 亩,

内有三万多株樱花树，是集樱花景观、登山休闲、摄影写生、山间运动等现代旅游为一体的观光园。

来到半山坡，游人真不少，各种姿势的摆拍，为樱花园增添了动感与活力，好不热闹！看见我们闺蜜四人轮流合拍，两位漂亮的游客主动过来接过我们的手机从不同角度为我们合影留念，总算有了几张四人合影，心里满足得不得了！这得感谢大自然赋予我们如此奢华美景，让游客们心若一出，都想把绚丽缤纷的樱花美景用手机记录下来，成为美好回忆录里的又一个跳跃着的音符！

继续攀登，寻觅更能满足我们寻觅樱花美的视觉欲望，春色满园关不住嘛，我们相信更美的还在远处等着我们呢！沿着环山土路前行，俯视山下，花海

不见边际，只闻人声鼎沸。仰望山顶，花山层叠，欲与蓝天相携手。李校长是我们四姐妹中最会选景、最会设计摆拍动作，摄影技术最高超的，没有之一，绝对第一！呵呵，大家都这么赞美她。我们的佳照全部源自她手。她也是最辛苦、思维和动作最活跃的"小美妹"。尽管为我们拍摄了无数美照，自己留影也就只好自拍了。当然，她自拍的每一张都美得无与伦比，趣味横生，调皮可爱得令人怦然心动，如若质疑，有照片为证，呵呵！

我们跃步于树间花丛，眼前繁花点点，串串花束自成一景。我们发间插花似玉妆成，飘飘然已是仙女下凡。我们手拉手花下漫行，悠然转头，又是美景一瞬。我们轻歌，我们曼舞，我们嬉戏，我们陶然如醉……樱花朵朵，落英缤纷，映红了天空，装扮了大地，置身花海，不舍离去……

唐朝时樱花已普遍出现在私家庭院。白居易诗云："亦知官舍非吾宅，且掘山樱满院栽。上佐近来多五考，少应四度见花开。"以及"小园新种红樱树，闲绕花枝便当游"，诗中清楚地说明诗人从山野掘回野生的山樱花植于庭院观赏。可见爱花之人自古就有！

春游黄蜡樱花山，也学骚人赋诗赞樱花：

赏樱

刘桂英

烟花三月赏春樱，

红陌成毡遍绕行。

俏对枝头红媚蕊，

幽香引蝶醉芦笙。

山海相携勇往"黔" 讲坛三尺奉丹心

支教贵州安顺纪实

安顺经济技术开发区实验小学二年级 3 班的教室里一片欢呼雀跃!

2020 年 9 月新学期开学的清晨,刘桂英老师背着双肩包,轻轻推开教室的门,悄然走进教室,刘老师想给自己上个学期支教于贵州安顺的学生们一个惊喜!口罩遮住了大半个脸,但眼尖的几个同学已经透过老师的眼镜片,从熟悉的目光中认出了刘老师。兴奋之余情不自禁地小声试探着喊:"是刘老师吗?""哦!真的是刘老师呀!""刘老师回来啦,大家快看,我们的刘老师真的回来啦!"一张张稚嫩的笑脸激动得像绽放的花儿,目光齐刷刷地望着老师。小手纷纷伸向日思夜想的老师,刘老师走向孩子们,与孩子们一一拍手击掌,万千话语尽在欢声笑语里,教室里沸腾起来,孩子们手舞足蹈,激情飞扬,他们像花喜鹊,小嘴巴叽叽喳喳,一刻也停不下,纷纷诉说着对老师的思念之情,尽情释放着再次相聚的欣喜,能够重相逢的愉悦令大家分外激动、难以自抑!泪花泛在刘老师和同学们对视的目光里……

刘老师来自青岛西海岸新区青草河小学,年已 53 周岁、疫情当下主动请缨前往贵州支教的语文教师。上个学期已经圆满完成了三个月的短期支教工作,很多朋友曾当面质疑:难以想象自小在大海边长大的你是如何克服山区阴雨连绵、饮食迥然的异常艰难!刘老师笑而未语,其艰辛不可一语道尽,支教的老师们已将甘愿奉献的教育情操高置于个人困难之上。而今重回安顺,刘老师即将在云贵高原这片土地上再续一整年的"东西部协作扶贫"支教之旅,此行更令同事和朋友们扼腕惊叹:何等坚韧的意志力撑起支教西部山区的大爱之帆!

提到刘老师,同事们赞不绝口,其口碑自然达成一体:克己奉公、一身正气、教育素养优秀、担任班主任二十多年的语文老师；奋战在教育教学第一线、教龄长达三十余载、桃李满园的高级教师；一位曾因身体原因（乳腺癌）被医生强烈建议离开教学岗位、却一直坚守三尺讲台的优秀教师。身为"青岛市教学能手"和"优秀科技人才"，一路走来赢得赞誉一片：令无数家长和学生感动的好老师！学生心目中的"慈爱妈妈"，同事们效仿学习的"教书育人楷模"。"播种希望 甘愿奉献 书写美好"是刘老师教育教学的真实写照！三十多年青丝变华发，无愧于"人民教师"这一高尚称谓。

远山呼唤夙愿行

三十余年如一日，刘老师把青春年华献给了自己挚爱的教育事业：最美的教育就是与孩子们一起徜徉在放飞梦想的知识殿堂，与孩子们一起跳跃在绿茵悠悠的运动操场，与孩子们一起描摹波光粼粼的求知画卷。刘老师的教育教学生活里写满了与孩子们一同在学习中快乐前进的时光音符。

十六年前援贵支教的号召曾牵动着时年 36 岁的刘老师，心中的那根五彩弦铮铮作响，但就在那一年的初冬，刘老师被诊断为癌症，手术后稍作康复，继而去往北京等各大医院寻求更先进的医疗措施，三个月后，刘老师重返教学一线，教学语文，担任班主任，用阳光心态面对生活和工作，面对生命。身体的无力而为，加上孩子年幼尚小，故贵州支教搁浅，未能成行的失望一直抱憾有余。2020 年 4 月 28 日青岛西海岸新区教育和体育局办公室向区内各学校发出了《关于做好赴安顺 陇南 菏泽支教工作的通知》的倡议。"扶贫支教"这个字眼唤醒了刘老师的支教夙愿。深入学习文件中"青岛市教育局和西海岸新区对口支援和扶贫协作会议"的精神后，刘老师深感"东西部扶贫协作"工作的任务艰巨和意义重大，始于初心，她决定积极回应心中"远山的呼唤"，为贵州支教尽自己一份绵薄之力。刘老师努力争取高龄 86 岁妈妈的理解与支持；得到爱人和儿子的一致鼓励；作为班主任，作为任教语文和科学等数门学科于一身的老师，最艰难的是刘老师与学生们的话别，得知刘老师即将远赴贵州支教，学生和家长们难舍难离，不愿接受分别的现实。了解到老师赴贵州支教所肩负的社会责任、所蕴含的支教爱心，为了支持千里之外的贵州学生也能接受优质教育，大家纷纷送上了真诚的祝福与期盼：祝福贵州的同学有了青岛支教老师的良好教育，学业会有长足进步；期盼刘老师平安归来，待到金秋时节与同学们再度重逢在芳香四溢的青草河小学校园里……

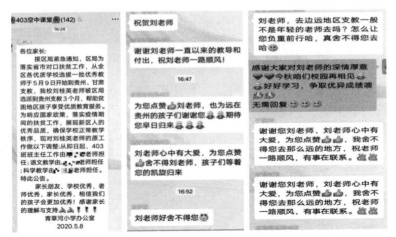

组合图 1 师生情深一絮棉

声声感念道不尽突如其来的师生分离,句句感激数不完师如慈母的教育之恩;电话此起彼伏,孩子们与家长们哽咽着难以自控,大家在泪眼婆娑中做暂时告别……刘老师知道,远山那边,也有一群如此可爱的孩子们,他们在呼唤着刘老师和青岛支教教师的到来。

涉水远行赴"黔"征

挥挥手,作别大海,作别青岛的亲人和学生们,刘老师踏上了首次赴贵支教新征程。

来到贵州安顺,刘老师和同事们马上投入当地学校的教育教学中。气候的差异横亘眼前:绵绵细雨如丝,夜夜敲窗如鼓,崎岖的路面溪流纵横,雨伞的使用频如手机,没有哪一天是不下雨的。上班路上颤颤巍巍,小心行步,唯恐哪一步踩不实当即来个四脚朝天,那可真是和稀泥了!飘逸的裙装在这儿是无法飘起来了,断然派不上用场,每天睁眼就是运动服,倒也简单,别无二选!没有了车子代步的安顺支教,出门靠双脚,三个月磨透了运动鞋底。饮食的不适那就真的叫人无语了!没有一样是不辣的,没有一样是不红的。即使跟饭店厨子千叮咛万嘱咐:做菜一定要微微辣啊!唉,等于没说,依然会辣得你头皮发麻,眉毛直竖,两侧太阳穴比着赛一样又跳又蹦,脸上的表情也乱了方寸,吹胡子瞪眼睛,吧嗒着嘴巴就是不敢再次举起筷子,最后不得不吸溜着舌头,面对满盘子的菜摇头作罢。

思家的念头不时涌上心间:想听大海的轰鸣,想品海鲜的美味,想要亲人的安慰,想念家乡的一草一木!刘老师流泪了,在支教安顺的雨夜里……

　　5月13日接到令人振奋的好消息:青岛市教育局姜林副巡视员一行与支教教师交流座谈。管委大楼的会议室里,姜局长意味深长地介绍东西部协作帮扶的支教意义,言语中更关心大家的工作和生活情况,逐个了解教师支教情况,当了解到刘老师年已53周岁,身为高级教师依然前来边区支教,姜局长面向大家深深鞠躬,信任与重托此刻已悄然在心中扎下了根!是啊,支教的老师们代表的是青岛人民,肩负的是教育重任。与会的支教老师们默默将信念刻在心中:坚定践行,矢志不移。

组合图 2　坚定践行矢志坚

　　初来安顺经开区实验小学,刘老师承担一年级3班的语文教学及体育与健康教学工作。刘老师初见一年级3班的45名同学,一双双纯真的眼神让刘老师母爱泛滥般地喜欢上了这班幼小的孩童,为了孩子们,刘老师甘愿化作基石,为了山区教育,她潜心施教。孩子们对知识的渴望、对老师的敬慕都写在扬起的脸庞上,让刘老师有了倾其所有终也无悔的坚韧支教信念。

　　夜灯下查阅书籍、埋头备课;精心分析本班学情;不到三天,刘老师喊出了全班同学的名字;课堂上,有了刘老师与学生爱的约定——圈圆手臂,以示拥抱鼓励的特定肢体语言。

组合图 3　谆谆教诲心贴心

　　走入课堂,每节课刘老师都会遵循授课流程:讲授知识—题型训练—当堂检测,努力完成当堂授课任务,坚定不移地落实教学目标。她的高效课堂让课堂每一分钟发挥其最大效能,学生学习上出现的小小困难,都是刘老师下一节课的教学任务之一,集中出现的知识性问题,会在班上统一讲解加以巩固,个别同学出现的问题,会利用课间与同学面对面指导改正。学习的严谨性、作业的规范性为学生的养成教育奠定了良好的基石,优秀的学习品质必将令学生们受益终生。

　　孩子们的学习成绩和习惯养成日渐有起色,刘老师看在眼里喜在眉梢,总是会毫不吝啬地将爱的拥抱奖赏给孩子们。校园里,教室门口,同学们一看见刘老师走过来,就会主动跑过来拍拍老师,抱抱老师,爱的传递就是这么神奇。亲其师,信其道;尊其师,奉其教;敬其师,效其行。选择了支教,就要大爱无疆,坚守讲坛三尺,奉献一颗赤诚之心。

悉心"黔"教爱意盈

　　支教之路是艰辛的,是一段东西部协作互助的学习之旅,更是一个磨砺意志、提升教育素养的难得契机。支教路上,更要用心施教,将教育当作一份担当,一份责任,一份事业,一份使命,为此而付出的所有精力和心血,都必将化作学生成长路上的奠基石,作为一名支教教师,人生也就有了浓重的色彩,工作也就价值非凡,生命也就光芒四射,这就是刘老师支教贵州安顺的心理路程。

图 4　转化学困一对一

　　初识罗银欣是开学之后的第一次模考,让刘老师未曾想到的是她的语文成绩竟然 18 分。当晚便与罗银欣家长进行一个简短沟通,了解到罗银欣学习品质还是不错的,但记忆困难,学到的知识容易忘记,家长对此一筹莫展。第二天的课堂上,刘老师第一次驻足于她的身旁,她居然吓得哆哆嗦嗦,拿笔的小手一直杵着,就是写不了字。再次与家长微信沟通后才得知,是学生家长的打骂造成了她极度恐惧的心理。当日刘老师约见了其父母,就如何做好家庭教育提出了系列教育建议和学习规划,当务之急是消除孩子的恐惧和自卑心理,用耐心、爱心和恒心唤起并培植孩子的自尊心,家长激动地连连称赞,表示愿意配合老师搞好孩子的学习。

课堂上的关注、鼓励、表扬,课下的个别辅导、谈话,大课间的韵律操、追逐嬉戏做游戏……处处可见刘老师和罗银欣,和孩子们在一起的身影。一次次成功的学习体验唤起了这位学困生的学习自信。家长也在积极配合践行着刘老师的教育约定。班级微信群每天反馈孩子的作业情况、课堂听讲情况、测试成绩等,刘老师都会以不同的方式表扬罗银欣。老师的肯定给了家长和孩子极大的自信,家长越发认真辅导,孩子们越发认真学习,罗银欣的进步总是会给大家惊喜的表现,对课文的背诵朗朗上口,听写生词破天荒地获得满分,自信的笑容绽放在她的脸上。她最喜欢这位来自青岛的刘老师了:一到课间,就围着刘老师转圈圈,给老师讲个笑话,摸摸老师的手,捋捋老师的长发,甚至坐到老师的腿上,倚在老师的身旁……暑假期末考试,罗银欣的成绩由 18 分提高到 91.5 分,一年级 3 班语文成绩平均分高达 97.8 分,位列全校第一名,创造了经开区实验小学建校以来班级平均成绩最高分的记录。再次令同行侧目的是,暑假后 10 月初的月考再次保持了级部第一的优秀佳绩。家长喜不自禁:一定要为老师送锦旗,电话相约一定要为老师送行到贵阳龙洞堡机场……刘老师一一婉言相拒,唯愿彼此将山海情愫深植于心中。

班级学困生不止罗银欣一人,转化学困生需要因材施教,多管齐下。这就要求教师不但有专业知识支撑教学工作,更要兼具耐心、爱心、恒心,时时做个有心师者,悉心"黔"教爱意盈。

教学相长传真经

踏上安顺,刘老师便全身心地投入教学传帮带的教研工作中,和安顺经开区实验小学的领导、老师一同参与教研、积极开展教育培训活动,真正实现教师教学相长的成长目标,做到每周一个小主题,每月一个大主题,利用周例会分层与大家分享交流。培训内容从师德师风到教育教学,实验小学的老师们谦逊好学,面对新知培训,如同海绵般汲取营养,竞相进取。培训活动开展得如火如荼,每一次培训学习都是一支高效能的强心剂、一种极神奇的催化酶,令每一位老师醍醐灌顶，教育理念得以迅速提升。

组合图 5 教研培训传真经

在刘老师的课堂上，前来听课取经的老师们络绎不绝，每课有得，课课新得。共同钻研教育教学、打造高效课堂已经蔚然成风，引领的作用就是这么巨大！一手恰似字帖的板书，引来啧啧称赞，以致下课后学生都不舍得擦去刘老师在黑板上的板书。

从教多年，经验丰富是刘老师教育教学上的优势，她充分发挥引领作用，将所教所悟毫不保留地与不同学科教师互动交流，带动了语文、科学、体育与健康等学科教学水平共同提升，为所任教的开发区实验小学奉献着教育的力量。

古寨屯堡山海情

远离家乡和亲人，习惯一身简装的刘老师将大把的周末和假日等闲暇时间用于走访山区贫困孩子，在当地学校同事的引领下，刘老师来到古寨、屯堡，走入山村小学和村民家中，了解当地学生的生活及学情。古老的村落，崎岖的山路，斑驳的城墙，历经风雨的石头老屋……刘老师与留守儿童的爷爷奶奶促膝交谈，手把手地辅导留守儿童的功课，教育孩子树立志向，用学习改变命运，用知识建设家乡，点燃了孩子求知的渴望，增强了学习劲头，控辍保学得到落实。刘老师脚不停息地行走在扶贫的边区村落间，逐家挨户寻找需要帮助的适学儿童，登记学生的联系方式及邮寄地址，为青岛爱心人士和受援学生搭建起帮扶桥梁——捐助物资不断寄往需要帮助的孩子手中，袅袅炊烟伴着琅琅书声从大山深处悠悠传出……

组合图 6　古寨扶贫山海盟

刘老师满怀深情地教育大山里的孩子们，要懂得感恩，感恩爱心人士的无私相助，感恩成长路上的师者先辈；激励孩子们奋发学习，憧憬美好未来，向孩子们描绘大山之外的美丽风光，现代科技的日新月异，伟大祖国的繁荣昌盛，奇妙世界的精彩纷呈……

"心有所信，方能行远。面向未来，走好新时代的长征路，我们更需要坚定理想信念、矢志拼搏奋斗。"习近平总书记给复旦大学《共产党宣言》展示馆党员志愿服务队全体队员回信时刻勉励着刘老师，作为教师必须走好教育的前行路程，坚定教育初心不改，矢志为教育而努力，将最美的教师身影印记在孩子们纯真的心灵深处。

刘老师的黔行支教践行着习总书记的教诲，黔行支教是刘老师不悔的选择，情系安顺，是刘老师最美的历程。长风破浪会有时，直挂云帆济沧海。刘老师和所有并肩支教的老师们将教育者的海之情怀传承到西部山区，为牵手共圆"实现百年奋斗目标的教育发展"之梦而忘我地工作着。

撑一杆长篙，荡一叶扁舟，邀一轮明月，携一缕清风，作为一名教师，刘老师肩负传道授业解惑之教育责任，在支教西部山区的教育阵地上，她将继续播撒着赤诚爱心，勇往"黔"行……

"小学语文读写一体化教学策略研究"
课题研究总报告

执笔：刘桂英

标识

青岛西海岸新区青草河小学（支教单位：安顺经济技术开发区实验小学）"小学语文读写一体化教学策略研究"课题负责人（刘桂英、高级教师）主持完成了"小学语文读写一体化教学策略研究"（课题批准号：2021KTA28）。课题组主要成员：娄政敏、姜静、安化英、李岩、刘丹。

【摘要】课题负责人刘桂英来自山东青岛，2020年5月至2021年8月刘桂英老师在贵州安顺支教期间，带领安顺当地的老师们积极进行教育科学研究，组建一支山东青岛与贵州安顺跨省联区携手教科研的优秀团队，成立课题组，2021年3月2日向安顺市教育主管部门提出课题"小学语文读写一体化教学策略研究"的研究申请，2021年8月23日，"小学语文读写一体化教学策略研究"课题组收到安顺市教育科学规划课题立项批准通知书，根据安顺市教育科学规划领导小组办公室《关于公布2021年安顺市教育科学规划课题立项名单的通知》，我们课题组申报的"小学语文读写一体化教学策略研究"，被列为2021年安顺市教育科学规划课题的重点课题，课题编号：2021KTA28。在整个课题研究过程中，课题组成员勤于钻研，勇于实践，不断探索小学语文读写一体化教学的有效策略和方法，培养学生主动探究的学习习惯，使学生感受到阅读与习作的紧密联系，认识到阅读的延伸价值，激发学生的学习兴趣，树立学好语文、写好作文的自信心。积极引导学生运用语文的思维方式去阅读，将习作践行于日常学习生活中，有助于解决日常生活中与文字相关的实际问题，提高了学生运用语文知识解决实际问题的能力，增强了应用语言文字的意识和信念。

【关键词】小学语文　读写一体化　运用语言文字

　　课题负责人刘桂英来自山东青岛,2020 年 5 月至 2021 年 8 月刘桂英老师在贵州安顺支教期间,带领安顺当地的老师们积极进行教育科学研究,组建山东青岛与贵州安顺跨省联区携手教科研优秀团队,成立课题组,于 2021 年 3 月 2 日向安顺市教育主管部门提出课题"小学语文读写一体化教学策略研究"的研究申请,2021 年 8 月 23 日,"小学语文读写一体化教学策略研究"课题组收到安顺市教育科学规划课题立项批准通知书,根据安顺市教育科学规划领导小组办公室《关于公布 2021 年安顺市教育科学规划课题立项名单的通知》,我们课题组申报的"小学语文读写一体化教学策略研究",被列为 2021 年安顺市教育科学规划课题的重点课题,课题编号:2021KTA28。在整个课题研究过程中,课题组成员勤于钻研,勇于实践,通过文献法、行动研究法、调查法和经验总结法的研究,扎实有序地开展了课题研究工作。经过一年的研究和实践,已全部完成本课题研究任务,并取得了预期成果,课题研究成果可以推广运用。

一、课题研究背景与意义

(一)选题的背景

1. 关于小学语文读写结合相关的研究。

　　读写结合从产生到发展经历了漫长的过程。有学者指出,"读写结合的研究起源于写作理论。"国内众多研究者基于不同的角度对小学语文读写结合进行了相应的研究,主要划分为三个方面。

　　其一是关于小学语文读写结合教学模式的研究。早在 20 世纪 50 年代,丁有宽学者就对读写结合进行实践和研究,并提出"阅读、观察、思考、表达"的读写结合模式,读、写、仿三步转换模式,读写结合五步系列训练模式等等。兰芳(2016)指出小学语文读写结合教学模式的应用价值,提出该教学模式要丰富学生语言积累、深化文章内容理解并融入学生生活,以促进学生阅读能力和写作水平的提升。李笋(2020)从小学语文读写结合教学模式构建的角度出发,展开具体分析,阐述了小学语文读写结合教学模式的意义和发展现状,并提出小学语文教学读写结合的三种方法:一是改变教育观,加强学生语言词句积累能力;二是关注写作,提升学生动笔能力;三是以学生实际生活为基础,充分发挥学生想象力,以此提升小学生语文读写结合能力的运用。

　　其二是关于小学语文读写结合教学实践的研究。在国内,读写结合教学实践开展时间最长、影响最大的是丁有宽老师主持的读写结合教材教法实验,经过不断的探索、总结和更新,从小范围实验发展到全国推广和国际交流,整个实验历经六个阶段,经过实践的探索和检验,具有较强的科学性和普遍性,自1963年开始一直影响至今。方莉丽则结合具体案例提出读写结合训练要"练在写作能力拓展处,迁移运用提水平""诉在动情处,倾吐真情表心声""写在角色转换处,亲近文本悟内涵""填在补白处,情文一体拨心弦"。高源就小学语文读写结合教学实践进行了思考,并提出加强课内指导、注重读写有机结合;拓展课外阅读、夯实读写教学基石;强化双向评价、构建核心师生关系等建议,从而全面提升学生的语文素质。

其三是关于小学语文读写结合契合点的研究。徐美芳(2009)以教材为切入点进行分析,抓住合适的读写结合点,促进学生的语言形式和写作方法的迁移。孙娟(2010)从读写结合存在的误区着手,提出要重视阅读中的课堂积累、课堂练说、迁移写作等策略。王宁宁(2014)从教师的角度出发,认为教师在进行读写结合教学时,要灵活使用教材,要把阅读教学和写作教学联合起来,要把课程设置看成一个整体。陈燕平(2016)等学者则强调激发学生兴趣、正确引导阅读以及培养学生遣词造句的能力,这仅仅是对读写结合的经验之谈。

2. 关于小学语文读写一体化教学策略的相关研究。

单就字面来看,语文读写结合与语文读写一体化都是将阅读和写作有机地结合起来,以达到以读促写,以写促读的目的。但不同于语文读写结合,语文读写一体化是对读写结合理论的进一步丰富和发展,在国内研究中,已有学者将二者进行了区分,对语文读写一体化进行了新的研究和解读。但是,读写一体化的研究更多的集中于中学语文读写一体化上,小学语文读写一体化的研究相对欠缺。在内涵上,罗卫东(2011)认为读写一体化借鉴了读写结合的理论和经验,在读写结合功能、数量、形状变化的基础上,产生了性质的变化,"读"与"写"形成了事物的一体两翼。岳增伟(2013)在《初中语文读写一体化教学研究与实践》中,从功能和变化公式对读写结合和读写一体化进行了区分,他认为读写一体化不仅仅是一种教学方法,更是一种教学思想和教学理念。施燕红认为读写一体就是读与写紧密结合,交错进行,形成一个整体层层推进,以读带写,以写促读,最终达成读写能力的协调发展。汪潮(2018)认为读写一体化理论主张在读中学写,在写中促读,读与写之间是相互渗透的,它的整个教学过程就是训练学生读写,提高学生读写能力的过程。在教学策略上,研究者认为主要通过读写训练,资源整合以及阅读积累等方面来提高读写一体化的教学效率。在读写一体化的结合点选择上,马艳丽(2015)认为可以在课文插图、课文字词句、课文的空白点、课文结尾以及课外阅读中促进阅读和写作的结合。在教学设计上,夏蓉蓉(2018)在其硕士论文《小学语文"读写一体化"教学设计研究》中,通过以统编版小学语文《桂花雨》一课为例,对读写一体化的设计要素及实施效果进行了探讨。通过课堂教学的实践,她认为小学语文读写一体化可以提高课堂教学质量、学生的积极性和语文综合能力。

(二)研究价值

在国外,研究者并没有将"读写结合"与"读写一体化"进行具体的划分和区别,这和中外文化的不同有着密切关系。20世纪80年代,阅读和写作之间开始互相连接,随后,读写结合在国外进入研究的兴盛时期。Shanahan在对二年级学生和五年级学生的阅读测量实验中发现,阅读和写作之间有着明显的正相关。Goodman认为阅读和写作是一个整体,只有二者结合起来才能有效实现教学目的。20世纪90年代,Chall提出阅读在人发展的一生中都是一个连续的过程。进入21世纪以来,国外的读写结合理论更加丰富和成熟,蒂莫西、格布瑞尔、普拉坎斯等人提出了不同的读写结合理论。在阅读与写作的具体结合上,国外研究者提倡写作基于阅读的形式,其中我们熟知的康奈尔笔记法(5R笔记法)就是读写结合中备受关注的一种方法,它包括记录、简化、背诵、思考和复习五个流程和步骤。康奈尔笔记法是将记录与思考、学习与运用相结合的一种方法,在实践操作中既有对知识的摘录与缩写,也有对内容的思考与评析,在概括关键知识的同时,也可以基于内容抒发情感,这就是典型的写作基于阅读,为阅读进行写作。在读写结合点的研究上,国外研究者提出了"读写结合双向交流模式图",它指出阅读和写作存在着各自独立又相互融合的知识,二者之间的结合点决定着读写结合的成败,在总的知识量不变的情况下,阅读和写作都可以从对方中学到自己需要的知识。

梳理国内外研究发现,与语文阅读、写作相关的研究主要包含"读写结合"和"读写一体化"两方面,呈现以下特点:一方面是研究多角度化。不少研究学者和一线教师都对读写的内涵、功能、策略等进行了应然和实然的研究。另一方面是研究深层次化。已然有众多研究者对"读写结合"与"读写一体化"进行了区别研究,对小学语文读写一体化的相关研究进行了新的解读。然而小学语文读写一体化的相关研究仍存在尚待改进之处,一是有关小学语文读写一体化的研究大多停留在宏观表述的层面,微观论证方面还比较匮乏,许多都是一线教师根据自己对某篇文章进行的教学总结。二是《义务教育语文课程标准（2022年版）》指出，"要重视写作教学与阅读教学、口语交际教学之间的联系，善于将读与写、说与写有机结合，相互促进。"可见写作在读写一体化中的重要作用，而相关研究较少凸显写作的重要性，因而本课题"小学语文读写一体化教学策略研究"势在必行，有研究价值，课题的研究将为教育教学插上双翼，课题研究成果的推广，旨在引导学生通过以读促写进而提升学生的语文核心素养。

（三）核心概念界定

小学语文读写一体化是指教师在小学语文教学课堂中，以指导学生达成阅读与写作教学目标为基础，结合读写同步发展、互促互进的特点，通过阅读体裁各异的文章，在取材立意、谋篇布局、表达方法等方面的不同呈现，从而引导学生认识和积累写作技巧，抑或通过教师适时创设情境，设计读写结合小练笔，引导学生将阅读中学到的知识、方法应用到写作中，来巩固阅读知识，从而提高学生的语文素养。

二、课题总体设计

（一）课题研究理论

1. 迁移理论。

心理学研究指出，迁移是一种学习影响另一种学习的过程。读写结合教学是迁移理论的一种具体的呈现形式，读写结合教学中的迁移就是指阅读与写作的良性互动的过程，在阅读教学中，利用"文本"这一载体为学生提供可借鉴的范例，学生在阅读中进行感知、领悟，获得情感上的体验。在理解的基础上，对文本加以揣摩、领悟表达方法，进而迁移到自己的习作中。通过不断地内化、迁移和表达的过程，逐渐培养学生的思维能力，提升学生的读写水平。丁有宽老师曾研究出关于读写的七条对应规律：首先是从读的过程中学会解题，然后进行迁移学会审题、拟题。或者在阅读时学习归纳主旨，然后在写作中表现主题。虽然阅读与写作存在差别，但在二者间还存在着某种共同要素，在一定程度上符合读写"相同要素"迁移的要求，因此说读写结合教学是一种符合迁移理论的教学模式。

2. 认知结构理论。

著名心理学家布鲁纳认为，掌握事物的基本结构，就是理解它与其他事物之间的有意义的联系。简单来说,学习事物的基本结构就是学习各个事物之间是怎么相互联系的。在教学中,无论教师选择教授哪一门学科,必须使学生理解这门学科的基本结构。所谓学科的基本结构,就是指学科的基本概念和基本原理等之间互相作用以及相互联系的知识体系。因此,布鲁纳认为,掌握每个学科的基本结构,不仅要掌握学科中的一般概念和原理,同时还包括学习的不同态度和方法的掌握,并从四个不同的方面论述了学习基本结构的必要性。第一,懂得基本原理使得学科更容易被学生所接受和理解;第二,有利于知识的记忆和保存;第三,领会基本原理和观念是通向适当的"训练迁移"的大道;第四,理解教材的基本结构和原理能够缩小"高级"知识和"初级"知识之间的间隙。语文的学习,重要的是掌握方法,学会举一反三,使学生获得自我吸收和学习的技能。基于教材的单元设计读写一体化教学,就是在充分分析、理解和把握教材结构的基础之上,了解课文和习作所包含的概念、要求、方法等,弄清楚阅读和写作二者之间的联系,将阅读的方法应用于写作之中,在写作中加深对阅读的理解,这样才有利于帮助学生掌握语文学习的基本结构。因此,布鲁纳的认知结构理论应用到小学语文教学中,可以为读写一体化教学设计提供理论支撑。

3. 解读《义务教育语文课程标准(2022 版)》。

当今世界,经济全球化趋势日渐增强,现代科学和信息技术迅猛发展,新的交流媒介不断出现,给社会语言生活带来巨大变化,对中华优秀传统文化的继承,对语言文字运用的规范带来新的挑战。时代的进步要求人们具有开阔的视野、开放的心态、创新的思维,对人们的语言文字运用能力和文化选择能力提出了更高的要求,也给语文教育的发展提出了新的课题。

《义务教育语文课程标准(2022 版)》明确指出:"义务教育语文课程培养的核心素养,是学生在积极的语文实践活动中积累、建构并在真实的语言运用情境中表现出来的,是文化自信和语言运用、思维能力、审美创造的综合体现。"

语文课程标准是语文学科的"纲领性文件",语文课程是一门学习语言文字运用的综合性,实践性课程。义务教育阶段的语文课程应使学生初步学会运用祖国语言文字进行交流沟通,吸收古今中外优秀文化,提高思想文化修养,促进自身精神成长。工具性与人文性的统一是语文课程的基本特点。

语文课程致力于培养学生的语言文字运用能力,提升学生的综合素养,为学好其他课程打下基础;为学生形成正确的世界观、人生观、价值观,形成良好个性和健全人格打下基础;为学生的全面发展和终身发展打下基础。语文课程对继承和弘扬中华民族优秀文化传统和革命传统,增强民族文化认同感,增强民族凝聚力和创造力,具有不可替代的优势。语文课程的多重功能和奠基作用,决定了它在九年义务教育中的重要位置。语文教学注重学生语文实践能力的锻炼,如果能在大量积累的基础上进行实践,会达到举一反三的效果。在教学中,阅读与写作都是非常重要的环节,更是提升语文素养的重要组成部分,因此,将阅读与写作紧密结合的教学,能使学生在"吸收"与"表达"的实践中提升能力。

4. 相关研究文献综述。

① 杜威的理论是现代教育理论的代表。杜威认为,教育即生活、生长和经验改造。教育能传递人类积累的经验,丰富人类经验的内容,增强经验指导生活和适应社会的能力,从而把社会生活维系起来和发展起来。广义地讲,个人在社会生活中与人接触、相互影响、逐步扩大和改进经验,养成道德品质和习得知识技能,就是教育。由于改造经验必须紧密地和生活结为一体,而且改造经验能够促使个人成长,杜威便总结说"教育即生活"、"教育即生长"、教育即为"经验改造"。

② 陶行知的"生活即教育"的思想,择其精要,即"实、活、真"。语文课堂要立足文本特点,探寻读写结合的训练点,就要联系学生的生活实践,引导学生说真话,诉真情,做真人,体现行知思想。在实践中,我们可以通过补白人物心理、故事情节、景物描写;可以对文本进行扩写、续写,写读后感;还可以模仿句式、段式、篇章的布局等。通过这些途径,引导学生以读促写,读写共生,构建高效课堂。

③ 冰心在《谈点读书写作的甘苦》中说:"我常常抄袭,就是说模仿别人更好的句子。"教师要把文本中的精彩片段展现给学生,让学生入情地朗读,深入地理解文本内容,学习作者的写作方法,并引导学生仿照作者的写法进行练笔,使学生感到有章可循,有话可写,有情可抒,学生就会逐步掌握习作的方法和规律,激发习作的兴趣,提高谋篇布局的写作能力,写出生动具体的好文章。

④ 著名语言大师吕叔湘曾说:"语文课首先是培养学生语言表达能力,这是最主要的。"教师要抓住文本的关键词,挖掘文本提供的语言信息,精心创设适合学生发展的语言实践情境来开展"小练笔",提高学生语言应用能力。《金

色的草地》是人教版语文三年级上册的一篇精读课文。课文讲述了一位小男孩无意间发现草地会变色,他经过仔细观察,终于发现了蒲公英的奥秘,并和蒲公英成为好朋友的故事。教学中,教师要引导学生感受草地的美丽和体验来自草地的快乐,并创设语言实践的情境,抓住文中的关键词"快乐"让学生想象:草地还会给兄弟俩带来一些怎样的快乐呢?(播放四季姑娘悄悄来到草地留下的美丽足迹图片。春天,嫩绿的草地上杨柳青青;夏天,绿毯似的草地上点缀着金色的蒲公英;秋天,落英缤纷,草地上一片金黄;冬天,白茫茫的草地上覆盖着厚厚的冰雪。)(学生被精美的画面所吸引)

⑤ 郭沫若先生曾说:"应该时常练习写作,写多了写得久了,自然也就会巧起来,好起来。"在阅读教学中,教师要注重引导学生多读、多积累,重视语言文字运用的实践,在实践中领悟文化内涵和语文的应用规律,全面提高学生的语文素养。

(二)本课题的研究对象、研究目标和研究重点

本课题拟定研究对象为贵州省安顺经开区实验小学和山东省青岛西海岸新区青草河小学的学生,以课题研究成员所教授的班级为突破口,进而将经验推广到其他班级,其他兄弟学校。

1. 本课题研究目标:

(1)通过本课题的研究,把小学语文阅读教学与作文教学有机融为一体,对小学语文教学中阅读与写作的关系进行多角度、多方面、多系列、多层次的研究,探索信息技术条件下的语文读写一体化新型教学系统结构和教学模式。通过研究和实践,在语文课堂教学中探索出行之有效的读写一体化教学策略和方法,激发学生学以致用,促进学生文字思维发展,从而提高课堂教学效果。

(2)通过读写一体化有实效的教学策略课题研究,旨在发挥教师主导作用、体现学生认知主体作用、实现阅读与作文一体化,创设适合学生年龄特点和认知特点的读写相结合的良好教学策略,唤起学生写作方法迁移意识、参与意识和合作意识,使学生在阅读文字、总结文本表达方法中产生渴求、探究、协作、交流等学习欲望,在获取知识的同时,文字思维能力和构建文本能力都能得到有效的发展。

(3)创设有助于学生自主学习的教学情境,引导学生通过分析、思考、探讨、交流、借鉴等,获得读与写水到渠成的方法迁移,从而掌握语文习作的基础知识、基本技能、基本思想、基本经验,促使学生主动地、富有个性地学习,不断提高阅读文字和组织文字的能力、应用文字和驾驭文字的能力。

（4）通过本课题的研究,更新教师传统教育观念,激发教师阅读教学、习作教学的积极性和创造性,使教师通过关注读写一体化教学模式,提高读写一体化教学的实效性,改变以往传统教学方式,从而提高课堂教学质量,实现教师专业发展。

2. 本课题研究内容:

（1）对教学内容的研究:根据不同的阅读内容创设有助于学生自主习作的练笔情境,通过阅读文本,分析写作方法,总结读与写方法迁移的实效性学习策略。

（2）对课堂教学形式的研究:设计符合学生年龄特点和认知特点的有助于学生自主习作的学习情境,引导学生通过借鉴、思考、练笔、交流等,获得语文读与写相结合的基础知识、基本技能、基本思想、基本经验,不断提高阅读文字和组织文字的能力、应用文字和驾驭文字的能力。

（3）对读写一体化教学策略的研究:总结出小学语文教学中阅读与习作相结合的有效教学途径,逐步形成小学语文读写一体化教学模式。

3. 本课题研究重点:

教师根据教学内容和学生特点,通过读写一体化教学策略的研究,创设教学情境使课堂教学中阅读与习作有效结合达到最优化,最大限度地激发学生的求知欲,积极引导和鼓励学生借鉴习得的文字表达方法学以致用。

（三）本课题的研究思路、研究方法和技术思路

1. 基本思路和研究方法:

依据《义务教育语文课程标准（2022 版）》提出的"阅读—迁移—习作"思路,在实际教学中边研究边归纳和提炼,在实践中应用,在应用中提升。

结合支教贵州安顺当地的教育实际情况,借鉴山东青岛教育教学成功案例,主要采用行动研究法、结合文献研究法、经验总结法、调查研究法,科学有效地解决实际问题,强调教育实践和科学研究的动态结合。

（1）行动研究法。针对问题情境设计研究,制订教学活动方案,进行行动实施,对研究的设想及方案进行完善。

（2）文献研究法。在课题研究过程中,关注省内外的研究成果,将省内外的研究成果借鉴到本课题的研究中。

（3）经验总结法。对研究活动中取得的经验体会进行总结归纳，形成研究的规律及方法。

（4）调查研究法。研究前，要对选题国内外研究现状进行调查分析，弄清楚存在的主要问题和成因，明确研究方向；在研究过程中，要及时发现研究实践过程中存在的问题与不足，及时进行改进，发现典型的经验及时总结推广。

2. 技术路线：

（1）严格培训课题组成员，不断学习进步，提高教师的现代教育理论水平，提升课题研究的专业能力。

（2）营造能够满足研究要求的学校教研环境，积极引领，在研究中商榷，共同探讨，追求良好的研究成果。

（四）课题研究条件

（1）严格培训课题组教师，不断提高教师的现代理论水平和对教育研究的勤勉奉献精神。成员恪尽职守，明确分工任务，保证研究质量。

（2）更新教师教育观念，改变教学方式，激发教师的教学积极性和创造性，使教师真正成为教材的再设计者和课堂教学生活的创造者，提高教师的教学能力。

（五）课题组成员及分工

研究分工：

主要研究人员姓名	工作单位	职务	职称	课题工作研究中所承担的研究学段	课题工作研究中所承担的研究内容及方向
刘桂英	山东省青岛西海岸新区青草河小学	教师	高级教师	课题负责人；中高年级课题研究	关注单元语文要素及人文主题的习作教学研究
娄政敏	贵州省安顺经开区实验小学	教导主任	一级教师	中高年级课题研究	注重文本内容、题材、体裁、作者及写作训练点及依托语文园地中词句段运用及习作教学研究
安化英	贵州省安顺经开区实验小学	教师	一级教师	中高年级课题研究	注重文本内容、题材、体裁、作者及写作训练点及依托语文园地中词句段运用及习作教学研究

续表

主要研究人员姓名	工作单位	职务	职称	课题工作研究中所承担的研究学段	课题工作研究中所承担的研究内容及方向
姜 静	山东省青岛西海岸新区青草河小学	教师	一级教师	中高年级课题研究	关注单元语文要素及人文主题及依托语文园地中词句段运用及习作教学研究
李 岩	山东省青岛西海岸新区青草河小学	教导主任	一级教师	中高年级课题研究	注重文本内容、题材、体裁、作者及写作训练点及依托语文园地中词句段运用及习作教学研究
刘 丹	山东省青岛大学研究生	研究生	研究生	中高年级课题研究	关注单元语文要素及人文主题及依托语文园地中词句段运用及习作教学研究

课题成员组成员认真学习课题研究的主题思想,明确课题研究的目标、实施方案和研究策略。就研究对象进行详尽分工,贵州安顺的两位教师和青岛的四位教师结合自己多年教学中所擅长的学段、年级认真选取研究对象,每一位课题组成员发挥经验优势,就选择的学段做深入分析研究,在教学实践中升华理论指导,在理论支撑下践行教学研究,让课题研究工作落地生根。

（1）学段分工。因小学低年级学段的学生其主要学习任务识字写字,故读写一体化研究的对象侧重于小学阶段的中年级学段的学生和高年级学段的学生,基于写作方法、写作内容的训练点,选择这两个学段的学生作为我们课题的研究对象。具体分工如下:安顺的娄正敏主任和安化英老师、青岛的李岩主任其研究对象为高年级学段的学生;青岛的刘桂英老师、姜静老师和刘丹老师其研究对象为中年级学段的学生。

（2）研究方向。关注单元语文要素及人文主题的习作教学研究;注重文本内容、题材、体裁、作者及写作训练点;依托语文园地中词句段运用及习作教学。具体分工如下:安顺的娄正敏主任和安化英老师、青岛的李岩主任其研究角度为注重文本内容、题材、体裁、作者及写作训练点及依托语文园地中词句段运用及习作教学研究;青岛的刘桂英老师、姜静老师和刘丹老师其研究关注单元语文要素及人文主题及依托语文园地中词句段运用及习作教学研究。

（六）实施步骤

1. 准备阶段。

（1）选题、成立课题组。

（2）分析当前小学语文写作读写一体化的国内外研究现状及问题所在，广泛查阅、收集、分析、研究相关的文献资料。

（3）申报课题，确定初步的研究实施方案。

（4）开题论证。

2. 实施阶段。

本课题自课题任务书下达之日算起，研究时间定为 1 年。

（1）课题组按实施方案进行研究，采取边实验边思考边总结的方法，不断完善课题研究方案。

（2）课题组成员理论培训。

（3）根据学生实际，设计符合学生年龄特点和认知特点的有助于学生真听真看真感受的写作情境。撰写教学设计，进行课例观摩。

（4）召开课题研讨会，共同探讨小学语文读写一体化教学模式的基本途径和方法。

（5）做好教学设计、课堂实录等各种日常研究资料的收集与数据整理。

3. 总结阶段。

（1）收集整理各种数据资料，并进行统计分析。

（2）总结成果，典型教学设计、课堂实录及成果论文编辑成册。

（3）撰写课题结题研究报告，做好课题结题的各项工作并提出结题申请。

（4）召开课题总结会，接受上级专家评估。

（七）课题实施策略

（1）培训学习。为了提升教师的教育科研能力和理论水平，2021 年 5 月 20 日，刘桂英老师聆听安顺经开区实验小学科研专家廖兴坤老师有关课题研究的专题讲座，并通过网络会议与"小学语文读写一体化教学策略研究"课题组成员进行了课题研究专题专项培训。培训既有理论学习，又有实践指导，为教师进行课题研究做了必要的思想准备和理论积累，明确了每一阶段的课题研究任务，对本课题的研究工作起到了重要的推动作用。

（2）专家指导。2021 年 5 月 25 日我们课题组有幸邀请到贵州省安顺市课题研究专家廖兴坤老师为我们课题组成员进行了"课题研修培训项目集中开题暨市级教育教科研培训会",我课题组负责人刘桂英老师、娄政敏主任、安化英老师参与了活动。为我们规范进行课题研究提供了保证。

（3）集思广益。"小学语文读写一体化教学策略研究"课题组成员来自贵州安顺和山东青岛两地的六位教师,每一位成员都是当地学校的骨干教师和优秀教育科研人员,为了成就跨越两千多公里的异域教育课题研究,我们利用网络研讨的形式,发挥良好的研讨作用,大家献计献策,集思广益,研讨氛围浓厚,研讨效果良好。

（4）课堂践行。课题组依托安顺市教育科学规划领导小组指导,积极组织课题组成员各项教研活动,通过课题研究研讨公开课等活动,努力提升研究成果。

我们开展的区级以上研讨公开课列表如下:

成员姓名	课题	年级	级别	时间
刘桂英	《"漫画"老师》作文指导	三年级	市级	2020-12-10
刘 丹	《大象的鼻子》写话	二年级	市级	2021-03-26
刘桂英	《想象作文》	四年级	市级	2021-12-10
刘桂英	《_____即景》作文指导	五年级	市级	2022-10-09
刘桂英	《_____让生活更美好》作文讲评	六年级	市级	2022-03-22
娄政敏	读《桥》有感	六年级	市级	2022-03-28
娄政敏	《四季之美》续写	六年级	市级	2022-05-18
安化英	《我的心爱之物》作文指导	五年级	市级	2022-03-21
安化英	续写《穷人》	六年级	市级	2022-04-22
姜 静	《生活万花筒》习作指导	四年级	市级	2022-04-29
李 岩	《盼》作文仿写	六年级	市级	2022-03-28
刘桂英	《我想对您说》作文指导	五年级	区级	2022-11-07
刘桂英	《漫画的启示》作文指导	五年级	区级	2022-06-07
刘桂英	《那一刻,我长大了》作文指导	五年级	区级	2022-05-11
刘桂英	《形形色色的人》作文指导	五年级	区级	2022-04-29
李 岩	读《月光曲》听音乐习文	六年级	区级	2022-06-07
姜 静	《游_____》作文指导	四年级	区级	2022-05-11

续表

成员姓名	课题	年级	级别	时间
刘　丹	《猜猜他是谁》作文指导	三年级	区级	2022-06-07
娄政敏	《少年闰土》续写	六年级	区级	2022-03-24
安化英	《有你，真好》作文指导	六年级	区级	2021-12-08

5. 加强过程管理。

课题组定期进行课题研讨交流活动，不断总结课题研究的经验良策、成果和存在的问题与不足，及时调整、改进实施方案。

三、结论及分析

（一）阅读习法，三位一体

学生在阅读中学表达，实现在阅读中习得方法的学习目标，激发学生主动习作的内在动机，让习作成为学生自我表达的学习工具。

我们深知，指导学生通过阅读习得写作方法，是学生获取习作成功的有效学习策略之一。在教学中，我们要充分发挥教科书的功能，着力加强阅读指导，构建三位一体的阅读体系，运用教科书"精读""略读""课外阅读"三位一体的阅读体系。精读课文学习方法，略读课文运用方法，"快乐读书吧"使课外阅读课程化。将精读课文、略读课文和"快乐读书吧"各自承担着的不同的语言功能，作为发展学生语言能力的手段。教师充分运用课堂教学为载体，引导学生进行大量阅读实践，使课外阅读和课内阅读有机整合，共同促进学生阅读能力的提升，从而使学生在阅读中学会语言的表达方法，习得写作方法，继而做到真正意义上的同步推进学生听、说、读、写能力的持续发展。在日常阅读训练中掌握景物描写的表现方法。如统编版教材五年级上册第七单元围绕"自然之趣"这一单元主题，从不同角度描写了不同时间、不同地点的景物，或写山间傍晚的景色，或写夜泊枫桥的所见所闻，或描写长途羁旅风光；或描写春夏秋冬某一特定时间的精致；或描写大榕树的早晨和傍晚时的不同情景……本单元的课文通过生动具体的描写表现出景致的情趣。这一单元的语文要素是初步体会课文中的静态描写和动态描写，这是本单元习作训练的重点。学习中，教师要有意识地引导学生关注静态描写和动态描写的诗词、语句，指导学生反复诵读、品味和积累，学生在品鉴文本中习得写作方法，在仿写中进一步体会动静态描写和动态描写在文字中所起的作用。教师有针对性地指导学生进行习作方法的运用,学生在作文练习中体味表达方法的运用技巧,学而时习之,习作方法的掌握也就水到渠成。

1. 修辞韵美,景语含情。

语言文字是人类社会最重要的交际工具和信息载体,我们小学语文课程担负着引导学生热爱国家通用语言文字,在真实的语言运用情境中,通过积极的语言实践,积累语言经验,体会语言文字的特点和规律,培养语言文字运用能力。

统编版五年级下册《祖父的园子》选自萧红的自传体长篇小说《呼兰河传》。课文以儿童视角描写了园子中的景物,全文语言别具韵味,将感情蕴含在景与事之中。阅读教学时要引导学生聚焦描写景物的抒情化的语言,融入想象,体会思想感情,学习文字表达方法。如文中运用恰当的修辞手法,生动形象地描绘出园中景物的独特之美。习作教学中,我们指导学生采用多种写作法,运用拟人、比喻等恰当的修辞手法,突出景物的特点,使描绘的景物形象化,让其带有人的情感,赋予景物更多的内涵,这样就能做到文字蕴情,描写的景物美景及内涵便会更好地呈现于读者面前。还要指导学生抒发真情实感,只有这样,才能将景物描写得活灵活现,吸引读者乐于阅读。教学部编教材三年级上册的《铺满金色巴掌的水泥道》,可以先让学生认真阅读,找出喜欢的句子。比如“闪闪发光”“亮晶晶”等短语,能更好地展现水泥道的美丽。“你瞧,这多像两只棕红色的小鸟,在秋天金黄的叶丛间,愉快地蹦跳着、欢唱着”这句话,巧妙运用拟人的修辞手法,将法国梧桐叶在水泥道中的场景描写得淋漓尽致,让读者也能体会到作者对这条水泥道的喜爱之情。情景相融,以期情感共鸣。描写景物往往离不开抒情,用夸张、拟人等修辞手法把感情渗透于字里行间,融于景物描写之中,使一切景物都含情,一切景语皆情语。

2. 结构严谨,主题鲜明。

文章结构完整,是指一篇文章中要有精彩的开头和能够升华主题的结尾,俗称“凤头豹尾”。好的文章开头,能够吸引读者深入阅读文章内容。描写景物的作文开头时,可以运用对比的手法、开门见山的手法、设置悬念的手法,运用诗词佳句或者歌词开头等方式,譬如文章开头引用诗句,语言简洁凝练,增加文章文采,为整篇文章起到画龙点睛的作用,引发读者阅读兴趣,一下子就能锁住读者的眼球,起到“回首百媚生”的良好表达效果。描写景物作文的结尾时,可以运用抒情法、总结法、照应开头法等，使作文结构更加严谨，内容更加丰富多彩，主题更加鲜明，与读者产生情感共鸣。

一篇文章做到首尾呼应，整体感呼之若出。我班玮琪在文章的开头这样写的：走进岁月的长廊，翻阅生命的相册，他们就像沙滩上的贝壳，有的"光彩照人"，有的"美轮美奂"，也许是童年的绿草地，也许是远方的鲜花开，也许是春天的鸟语呢喃……但对我来说，有生以来难以忘怀的美景莫过于……结尾处呼应开头：那一幕幕精彩的景致，织成回忆里的那张网，我徜徉其中乐此不疲，每每回忆，总会触及我心中最柔软的角落，勾起我无限的回味……

首尾呼应的文章，前有伏笔，后有照应，使内容更为完整，结构更为严谨；内容上能使含义更加深刻，情感表达更加强烈，主题更加突出，从而加深读者印象，提高表达效果。

3. 积累素材，习作思维。

教学中，我们首先应引导学生寻找适合自己表达感情的景物，一个风景点的景物是丰富多彩的，不能眉毛胡子一把抓，将它们全写进去，使文章非常芜杂，不知所云。应该根据感情表达的需要，选择能寓情的景物来写。写景作文离不开抒情，写景是手段，抒情才是目的，绝没有单纯为写景而写景的文章。

随着科学技术的不断发展，多媒体运用得越来越普遍。在写景教学中，教师可以借助多媒体的力量，寻找与教学内容相关的教学资源，通过多媒体的形式展示出来。运用这样的方式，学生不仅能借鉴范文中的写作知识和写作技巧，学会抒发真情实感，学生还可以准备摘录本，看到写景抒情的优美句子或短语，及时记录到本子上。随着时间的流逝，这些宝贵的财富会深深地印在学生的脑海中。读得多了，思得多了，悟到的情感内容也就多了，积累到一定程度，就会从量变转入质变。这样，不仅能积累丰富的写作素材，还能形成良好的借景抒情写作思维，学生自然能够真正掌握写作方法和写作规律，通过生动、细致地描写，把自己的感情由衷地表达出来。只有渗透了作者真实的情感，才能更好地表现文章的中心，起到它应有的作用。学生就能不断提高写作能力，写出吸引读者的情景并茂的优秀文章。

（二）仿写训练，习作良策

新课程改革后，语文教学更加重视课程资源的开发与利用，教师应重视教材中的有效写作资源，引导学生进行训练。回归课本，注重积累课内写作素材在学生的阅读活动中，教师应有意识地引导学生发掘和积累写作素材。把教材中的文章当作例子,教给学生读各类文章的方法,汲取文章的写作方法,为我所用。积累的最终目的是运用。教师不仅要教会学生在阅读积累中发现写作方法,还要教会学生将这种方法及时应用在自己的写作中,这样才能不断提高写作水平。因此,在阅读教学中,应注重教学生从阅读中学作文,从多读多写中提高作文的能力。仿写是学生学习习作的初级阶段,针对中年级小学生的能力水平和认知特点,仿写能够提供给学生将积累的语言文字、习作方法进行模仿和借鉴的机会,让学生实现知识的转换,掌握习作方法,形成习作能力,为高年级创作打下坚实的基础。

1. 以语言、句式为主的仿写训练策略。

根据文章特点,选择适合进行语言、句式仿写的文章。如四年级上册第一单元《走月亮》《观潮》,四年级下册第一单元的《天窗》。这些文章可以采用仿写的形式进行读写结合一体化训练。具体的方法策略如下。

(1)理解文本,体会感悟。仿写式的读写一体化训练需要建立在学生理解文章,能体悟文章表达的思想感情的基础上的。在此前提下,教师引导学生抓住重点的语言、句式进行深入的揣摩和感悟。如四年级上册第一单元《走月亮》描写我和阿妈在月下行走的美丽场景。课文中排比、比喻、拟人等修辞手法穿插运用,让课文的表达显得优美生动。如第八自然段中四个"走过"构成的排比,犹如一组特写镜头,慢慢带着读者走过溪岸、石拱桥、果园、庄稼地和菜地……展现出母女的柔声细语、幸福温馨。又如"稻穗低垂着头",用拟人的手法,形象贴切地描绘出稻田的丰收景象。再如,"稻田像一块月光镀亮的银毯",用比喻的手法让我们看到了月下的诗情画意。通过教师的引导和解读,使学生对文章中精彩语言和句式的作用有了一个较为深刻的理解,产生想使用、乐使用的情绪体验。

(2)背诵积累,内化储备。教育心理学指出:"在儿童的记忆库中,丰富的语言材料的储备,是理解和运用语言能力的必要条件,也是提高思维能力和智能水平的基础。这个储备的手段就是背诵。不背诵是不会将规范的书面语言植入记忆的仓库,内化为自己的语言的。"在学生对精彩的语言和句式产生想使用的动力时,教师相机提出背诵要求,引导学生背诵、积淀、内化、储备,学生会很乐于接受。如在课文《观潮》中的第三、四自然段。"犹如千万匹白色战马齐头并进,浩浩荡荡地飞奔而来,那声音如同山崩地裂,好像大地都被震得颤动起来。"这种描写钱塘江大潮来时的壮观场面,让学生一边想象画面,一边有感情地朗读并背诵,会十分深刻地印刻在学生的头脑中。当再次出现描写自然界中壮观场面时,学生会很自然地从记忆中检索、提取出来。

（3）仿写练习,规范语言。在阅读教学环节中,学生经历了理解、积累语言的过程,最终必须将内化的语言释放出来,即读与写的一体化。这个输出的过程就帮助学生将规范的书面语言内化为自己的语言,体现出语文的实践性。如学完课文《观潮》,让学生写一写台风来临时海边的场景。学完《走月亮》,你是否也有月下的某个场景对你产生了深深的触动?通过仿写式读写一体化训练,学生会将文本积累的新鲜、优美的词语和精彩的句式迁移到自己的小练笔中,体会到活学活用、学即能用的快乐。

2. 以文章表达技巧、写作方法为主的仿写训练策略。

如果说语言和句式是课文中的血肉,那么文章的表达技巧和写作方法是课文的骨骼框架。

观察仿写。观察仿写比较适合写景状物的习作。如四年级上册第三单元《爬山虎的脚》一文中,写了爬山虎生长的位置、叶子的特点以及它怎样往上爬的过程。教师在引导学生积累背诵的基础上,引导学生体会作者的观察方法,然后去观察你生活中喜欢的动物或者植物,进行连续细致的观察:尝试在观察中看一看、摸一摸、闻一闻、听一听、想一想,发现观察对象的变化。如豆芽根须的长度、面包上霉斑的形状,然后进行仿写式读写一体化训练,将获得的观察方法迁移运用。

情境仿写。情景仿写就是教师通过创设各种情景,引导学生将积累语言材料、获得写作方法进行仿写。① 图片情境。通过课文描述的景致创设情境来渗透写作方法。如四年级下册第一单元"乡村生活"主题典型例文是《乡下人家》。本文最大的特点是有很强的画面感,每个场景、每个季节都是一幅画。语言表达上也很有特色。其一,作者用节奏欢快的短句描绘乡村生活的所见所感,适合学生进行朗读和仿写。其二,是作者善于赋予物以人的情态和动作,使句子形象生动。其三,作者还使用了一些生动有趣的词句。如"照例""捣衣""瞧见""依着时令""向晚的微风""天高地阔地吃起来"。这些乡村生活场景,在作者笔下变得趣味十足,很容易引起学生的无限遐想。而文章新鲜的、独特的表达,既能帮助学生了解乡下人家的生活场景,又能引发学生美好的感受和体验,教师指导学生联系自己眼中的乡村美景,借助课文中你喜欢的词句和节奏明快的短句,写一写自己的所见或者所想,进行文章表达技巧方面的仿写式读写一体化练习。② 活动情境。四年级下册第四单元"我的动物朋友"单元中的三篇名家名作是学生学习文章表达技巧和布局谋篇的优质例文。该单元的语文要素指向"体会作家是如何表达对动物的感情的"。在文章表达方面:教师在引导学生体会文章所表达的情感的基础上,更要关注作家是如何表达这种感情的。教材中的课后题、语文园地的交流平台都巧妙地渗透了对表达方法的指导。在学习课文《猫》和《白鹅》中,教师可以引导学生体会表达对动物的喜爱之情,不仅仅有直抒胸臆的赞美,还可以用明贬实褒的写作手法。《母鸡》一课让学生感受作者对同一种动物前后强烈态度变化,通过对比的手法,表达出作者细腻的情感变化,有一波三折之妙。在布局谋篇方面:在描写动物的特点时,作者善用先总后分的方式。再具体写它的表现,写《白鹅》时,先写白鹅高傲,再从"叫声""步态""吃相"三个方面有条理地来表现这个特点。此外,本单元中的阅读连接,还展现了同一作家的不同动物,或不同作家笔下的同一种动物。都可以引导学生进行仿写式读写一体化训练,鼓励学生自己创设活动情境,根据不同的活动情境的需要,从不同的侧重点介绍动物的特点。分组讨论后,尝试学习作家的表达方法,写出动物的特点,表达出对动物的感情。

(三)建构和谐,以写促读

1. 指导批注方法,布置批注任务。

在小学语文读写一体化的教学中,为更好指导学生将阅读与写作结合起来,教师还需要指导学生批注的方法,布置一些自主批注人物,在批注过程中实现以写促读。批注是一种理解、比较、质疑、联想与创造地阅读,教师可以要求学生给课文分层,批注一些小标题,以及根据文本内容在旁边做好批注。

例如,在《那个星期天》的教学中,教师可以指导学生按照时间顺序分层,一般是按照早晨、上午、傍晚、黄昏的顺序分为四层,并结合每层的内容写好批注。为让学生更好体会作者运用的环境描写、人物独白、寓情于事的写作方法,为后续练笔打好基础,教师可以指导学生分析语篇描写方法,更好进行批注。如"我蹲在她身边,看着她洗……决不许她再耽搁"这部分主要写"我"的心理活动与动作,可以批注为"表现出'我'的焦急和无奈"。

2. 认真探析文本,写出真情实感。

通过认真探析文本,熟悉课文的主要内容、思想情感与写作手法后,教师可以指导学生写一写读后感,将自己的真情实感写出来。以部编版六年级下册的第三单元的习作《让真情自然流露》为例,教师需要先分析教材与学情,明确本单元写作的教学目标,通过开展唤起情感与引入新课、自读提示与明确要求、选材构思与小组交流、范文引路和梳理归纳、完成写作与点评小结等教学流程,布置相应的课后作业,要求学生试写读后感。

例如,基于《那个星期天》这篇文章,教师指导学生写读后感,主要的写作步骤:一是运用简练的语言,叙述本篇课文的主要内容;二是分析其中运用语言、动作和心理的描写,刻画出的人物形象与心理变化;三是结合实际生活,说一说类似的难忘事情,以此进行总结与升华,得出"要珍惜时间,在有限的时间里做出有意义的事情"的道理。

3. 缩写经典文章,补白精彩部分。

缩写能够帮助学生整体把握文章,提升学生信息提取、总结概括和语言组织的能力。教师可以先要求学生认真阅读原文,理清篇章结构、熟悉主要内容、感悟思想情感、抓住其中要点,之后更好缩写文章。教师还可以结合文章挖空精彩词句,指导学生补白精彩部分。

例如,针对《那个星期天》一文,教师就可以布置缩写任务,让学生根据时间的顺序,写明时间、地点、人物、事情起因、经过和结果,缩写整篇文章。之后挖出其中描写人物心理的精彩部分,要求学生在限定时间内补充完整。

(四)有感而发,自然流露

作文是学生有感而发,是作者内心情感的自然流露,是一气呵成的文字杰作,这样的文章才会具有生命力和感召力,才能打动读者,才能引发情感共鸣。因此,指导学生写好作文要切实抓好平时习作指导,同时我们更深刻地认识到,指导学生完成高质量习作是每一位语文教师的教育职责,对于学生现在的学习生活以及将来的长远发展都具有非常重要的意义。

1. 题目新颖有趣。

要想写一篇优秀的文章,就要为文章选好题目。题目的主要作用是概括文章的主要内容,同时作为文章的线索和作者情感的出发点,是全文的"文眼";题目的作用还有表面意义和真实意义、指带意义与比喻意义、一语双关等多重含义,我们能够通过题目知道文章的主旨是什么。好的标题能够吸引读者的眼球,引发读者的阅读兴趣,题目是能够为我们的文章加分的,俗话说,"文好题一半",可见文章的题目在文章中的作用有多么重要。那么,怎样的文章题目能够吸引读者眼球激发阅读兴趣呢?我们学过的课文或读过的文章,题目往往采用名人名作效应,古诗名句和名胜古迹效应,以时间事件、文中语句、文章立意为题,或者有的题目运用修辞手法的良好效应。

以苏教版五年级语文课文和部编教材六年级语文课文为例:运用名人效应,如《海伦·凯勒》《诺贝尔》《我的伯父鲁迅先生》;运用名作效应,如《二泉映月》《月光曲》《司马迁发奋写史记》;运用古诗名句,如《只见儿童多处行》《老吾老以及人之老》;运用修辞手法,如《春光染绿我们双脚》《暖流》《去打开大自然绿色的课本》;文章立意为题,如《爱如茉莉》《早》《谈礼貌》;以文中句子为题,如《厄运打不垮的信念》《我不是最弱小的》。文章的题目就是文章的彩头,题目选得好,读者自然就有阅读的欲望。反之,题目不吸引人,读者可能会一眼瞟过,即使文章内容写得相当不错,也就不会看你的这篇文章,看不到文章里面的精彩纷呈了。所以好的标题是抓住人们阅读欲望的重要因素之一。

2. 巧用修辞佳句。

阅读与习作互渗互补,相得益彰。阅读是写作的基础,写作是阅读的升华和创作。阅读让学生感受语言之美,写作让学生运用语言之美表现生活之美,恰当使用修辞手法可以使文章语言生动形象,增强文章的表达效果。

修辞手法包括比喻、夸张、对偶、排比、用典、反语、设问、借代、反复等。在阅读教学中我们要有意识地引导学生领悟修辞手法在文本中的语言魅力,将所学所得践行于习作中。统编版五年级上册《少年中国说》是清朝末年梁启超(1873—1929)所作的散文,此文写于戊戌变法失败后的1900年,文中极力歌颂少年的朝气蓬勃,指出封建统治下的中国是"老大帝国",热切希望出现"少年中国",振奋人民的精神。全文尽用比喻、排比的修辞手法,如少年智则国智,少年富则国富,少年强则国强,少年独立则国独立,少年自由则国自由,少年进步则国进步,少年胜于欧洲则国胜于欧洲,少年雄于地球则国雄于地球。文章不拘格式,恰当修辞手法,朗读语势铿锵有力,激情澎湃,具有强烈的鼓励性和进取精神,寄托了作者对少年中国的热爱和期望。

我们鼓励学生学文习法,习作时运用恰当的修辞手法增强文字感染力。学生小睿在《读书让生活更美好》一文的开头是这样写的:"书是智慧的源泉,书是知识的海洋,书是童话的乐园,书是我们迈向成功的道路。"结尾处再次运用排比句式:"读书让生活更美好,晨起书伴,沐我心田,读书让我穿越时空,领略异域风光无限,读书让我同边关将士并肩抗敌浴血奋战,读书让我笔下生花,亦学司马迁奋笔疾书叙写《史记》,读书真好。"排比句的合理运用,不仅增强语感语势,升华了主题,起到画龙点睛之妙用,还把作者的观点阐述得更严密、更透彻,更深刻,情感抒发得淋漓尽致。

鼓励学生借用阅读积累好词佳句,为文章增添色彩。新月在《多彩的活动》一文,这样描述中国社科院名誉院长、国务院思政院士逄锦聚爷爷来到学校的热烈场面:"逄爷爷健步向我们走来,频频点头微笑,同学们报以雷鸣般的掌声,《盛赞青草河》节目表演迅即拉开了帷幕,朗朗的稚嫩童声歌颂着崭新如画的青草河小学,伴着铿锵有力的非洲乐曲,小演员们入情入境地演绎着非洲人击鼓共舞的奔放生活……同学们身着节日盛装,载歌载舞,稚嫩的脸庞上洋溢着醉美的笑容。"好词佳句的使用,让文字披上了绚丽色彩,跃动着生命的脉搏,让读者与之共情同感,琴瑟和鸣。

3. 叙事言之有序。

一篇好的作文,在内容上要做到言之有物,详略得当,结构形式上要做到言之有序,叙之有理。我们且把文章主题比作为人的灵魂,材料比作为人的血肉,那么结构就像人的骨骼,骨架好,身材就好,心态也好,反之,肉体就会被百病所缠令人疼痛难忍,心灵也倍受折磨,所以如何根据文章内容和题材的需要,把要说的话自然连贯、完整巧妙、周密有序地表达出来,对写好一篇作文来说至关重要。合理安排内容的先后和详略,条理清楚地表达自己的意思,既是语文课程标准的明确要求,也是学生作文学习中要达到的最基本要求。结构好的文章如模特身材产生婀娜多姿、令人赏心悦目的形体魅力,这样就容易在阅卷场上,以熠熠生辉吸引着评卷老师的双眸。从结构布局看,主要有以下三种形式。

(1)画面组合。画面组合也叫片段组合,就是在题目允许的范围内选择几个生动典型的生活片段,故事情节或景物描写等,把他们有机组合起来,共同表现一个主题。统编版五年级下册第五单元是习作单元,以培养学生习作能力为单元教学目标。本单元语文要素是学习描写人物的基本方法,即选择典型事例写好一个人物形象是习作关键,《人物描写一组》共有三个片段组成,分别节选自小说《小兵张嘎》《骆驼祥子》《儒林外史》,《小兵张嘎》片段主要通过动作描写表现小嘎子的机灵,骆驼祥子片段主要通过外貌描写表现了祥子的生命力,《儒林外史》片段主要通过动作描写表现严监生的极度吝啬,从阅读中学表达方法,这几个片段分别运用不同的典型事例,从不同的角度具体表现人物特点。可见,几个生动典型的生活片段采用各有特色的细节描写,灵活巧妙选取的事例全是围绕同一个主题,只为突出文章主题。

(2)尺水兴波。尺水兴波就是篇幅短短,情节发展却一波三折,情节发生亦跌宕起伏,其目的是达到吸引读者,引人入胜的效果,如统编版五年级下册第五单元的《人物描写一组》中的《两茎灯草》,情节发展一波三折,把严监生的形象刻画得入骨见血,淋漓尽致。尺水兴波的写法往往会巧设悬念,有欲扬先抑、欲抑先扬和误会法三种。

（3）一线贯穿。打造一条贯穿全文的线索,才能让文章思路清晰,具有很强的条理性,依据文章的具体内容,线索既可以是实体的物又可以是感情的变化,这样才不会偏题跑题,才可以使文章脉络清晰。线索可有如下类型:一是特定"实物"一线串。以一个具体的实物来结构全文,将各种人或事集中到他的周围,以此巧妙地展开故事情节。如五年级上册《父爱之舟》,全文以"舟"为线索贯穿全文,表现父亲对"我"深深的爱,字里行间蕴含着浓浓的父子之情,细细品味"父爱之舟",别有一番滋味,令人感动不已。二是特定"事件"一线穿。以事件为线索是记叙文常用的线索安排方法,事情有起因、经过、结果。以"事件为线索"的作品构思别具匠心,富有艺术魅力,线索的安排就起到了事半功倍的良好阅读效果。三是特定"情感"一线穿。以作者的思想情感来行文达意,把思想情感灌注于文章之中,其发展变化就构成了文章的完整结构。

4. 细节突显个性。

《新课标》在"表达与交流"板块中指出:"写作时考虑不同的目的和对象,选择恰当的表达方式。"要写好一个人物,就要抓住典型事例,采用细节描写加以表现人物特点。人物描写的基本方法可分为四种:外貌描写、语言描写、行动描写和心理描写。其中外貌描写包含肖像描写、衣着描写、神态描写。写人,可以直接写头发、画眼睛，使其栩栩如生,这叫直接描写;还可以通过间接的方法写人,如通过第三者的转述介绍某人,以写景状物来烘托某人等。玮琪在《有您,真好》一文开头是这样对老师进行外貌描写:"您一头乌黑光亮的秀发彰显着健康与活力,缕缕长发听话得任由您做成各式好看又端庄的发式。高挺的鼻梁上架着一副精致的眼镜,慈爱的目光透过镜片将温情送达到学生们的心中。一张能说会道的嘴巴总能让课堂妙趣横生,引人入胜,悦耳动听的讲解总能令人回味无穷。"我们再来欣赏小睿一连串动作描写,生动的语言让情境栩栩如生再现读者眼前:"老师经常会讲一些催人奋进的经典故事,同学们时而群情激奋,时而捧腹大笑,一扫学习的劳累。讲到《林冲棒打洪教头》一文,老师滔滔不绝描述故事情节,手执彩笔不停地在黑板上勾勒着人物交手的简笔画情境,讲到生动之处,老师手脚并用,做出林冲与洪教头武斗的各式打斗动作,课文里描写的故事情节就这样被老师活灵活现地展现在了我们的课堂上,老师讲得入情入境,同学们听得津津有味,教室里不时回响着阵阵会心的笑声。"痛快流畅的动作描写,可谓行云流水,刻画了老师授课时的神采飞扬。将人物个性特点表现得淋漓尽致。

5."凤头"呼应"豹尾"。

文章开头讲求开篇精美,开篇点题具有统领全文的作用。开头俗称"凤头""龙头",都是指开头应该不同凡响,应该有吸引力,能有引人入胜的开篇效果。一个开门见山的开头不但会使文章不兜圈子直奔正题,还会使阅读者省去曲折迂回的语言迷雾而直接进入作者的主题叙述。

有了好的开头,若再有好的结尾,那就拥有首尾呼应的良好效果。作文时,好的结尾,能够点明意旨,升华主题,呼应前文,强化形象。好的结尾要做到三个方面:一要简,即简明——态度分明、观点明确、中心明了。好的结尾应像"豹尾",短小精悍,刚劲有力。二要深,即深刻——启人心智、感悟升华、令人回味。正如谢榛所说:"结句当如撞钟,清音有余。"即结尾要言有尽而意无穷,有余味耐咀嚼。三要美,即优美——技巧得法、样式新颖、词句靓丽。李渔曾说:"终编之际,当以媚语摄魂,使之执卷流连,若难遽别。"统编版五年级上册《父爱之舟》开篇写道:"是昨夜梦中的经历吧,我刚刚梦醒!"由"梦"开启作者对父亲的悠悠思念之情,寥寥几笔,扣人心弦,真挚情愫直达心中,让人不由得循文阅读故事的发展以及结果。结尾处:"……醒来,枕边一片湿。"顿时泪流满面。结尾点明主旨,与开头呼应相照浑然一体。学生学习得法,践行于习作中,成就一篇优秀佳作,这便实现了《新课标》中"感受语言文字之美,丰富语言体验,培养语言直觉,提高语言表现力和创造力,提高语言思维能力"的学习目标。

综上所述,阅读是吸收,写作是倾吐,著名教育学家叶圣陶先生如是说。阅读与写作是小学语文教学中的两大重点,两者之间具有相辅相成与互为提高的关系,具有非常紧密的联系性,但是在过去的语文教学中通常将两者分割开来,导致阅读与写作教学效果差强人意。新课改下,小学语文实施读写一体化教,让学生在阅读中学习写作、在写作中促进阅读,全面提高学生的阅读能力和写作能力。

四、课题研究成果

（一）提高了学生读写一体化的习作水平

课题研究的实施，提升了学生运用语言文字解决实际问题的能力，增强了读写相结合、应用语言文字的意识。

课题组采用调查法，对山东省青岛西海岸新区青草河小学和贵州省安顺经济技术开发区实验小学 357 名学生进行了调查，问卷结果表明，通过课题的研究，更新了教师教育观念，改变传统的教学模式，挖掘与运用学生阅读习作的语文资源，积极引导学生运用读写一体化的写作新策略去拓展阅读视野，增强写作激情，用小作家的视角分析现实社会，解决日常生活中的语言文字实际问题。从而改变了课堂教学单一封闭和学生被动接受的学习局面，极大地激发了学生的学习热情，使学生学会了从阅读中探寻习作良策，学生深刻感受到语言文字与日常生活的紧密联系，认识到语言文字的社会价值，提高了学生运用语言文字知识解决生活实际问题的能力，增强了学生读写相结合的意识和趣味性。

（二）实现了教师的专业发展

"小学语文读写一体化教学策略研究"课题组每一位成员以本课题作为教育教学工作中的研究方向，形成了以教育科学为先导，以课堂教学为主阵地，以网络平台为交流载体的工作体系，推动了课题组全体成员的专业成长。一年中课题组共上课题研究公开课 25 节，其中校级研究课 5 节，区级研究课 11 节，市级研究课 9 节。撰写成果论文 19 篇，其中，10 篇论文分别发表在《文渊》《速读》《世界·教育研究》《科学与技术》《中国教工》等国家级刊物。论文观点紧紧围绕"小学语文读写一体化教学策略研究"课题撰写，课题负责人刘桂英撰写的论文《如何在教学中落实"读写一体化"》发表在国家级刊物《汉字文化》2019 年第 11 期，并荣获"中华教育科研优秀作品"一等奖；论文《以情怀托起文字的生命之重》发表在青西新区教育作协《杏坛文苑》；论文《读写相融 提升习作自信》于 2021 年 10 月发表在国家级刊物《文渊》杂志；论文《构建三位一体的读写模式》于 2022 年 7 月发表在国家级刊物《科学与技术》。课题组成员娄政敏撰写的论文《小学语文阅读写作一体化的教学要点探析》于 2022 年 3 月发表在国家级刊物《中国教工》2022 年第 6 期。课题组成员姜静撰写的论文《小学语文教学中传统文化的创造性转化》于 2021 年 4 月发表在国家级刊物《中小学教师培训》2021 年第 4 期；论文《小学语文群文阅读教学方法实践探讨》于2020年3月发表在国家级刊物《荆楚学术》2020年第3期;论文《小学中年级仿写式读写一体化训练的策略研究》于2022年6月发表在国家级刊物《世界•教育研究》2022年6月第2期;论文《小学语文中年级读写一体化教学策略研究》于2022年7发表在国家级刊物《科学与技术》2022年7月。课题组成员安化英撰写的论文《以读促写在小学语文写作教学中的应用研究》于2022年5月发表在省级期刊《学生之友》2022年5月第9期。课题组成员李岩撰写的论文《浅谈小学高年级语文阅读教学中的读写结合》于2021年11月发表在国家级刊物《速读》2021年11月中旬刊;论文《小学语文读写一体化的实践研究》于2022年6月发表于国家级刊物《科学与技术》2022年第6期。课题组成员李岩的论文《生活教育理论在小学教学中的应用策略》发表于《教学管理与教育研究》2020年第5期。

在专业成长的路上,课题负责人刘桂英老师被评为青岛市"教学能手",安顺市"教学能手",青岛西海岸新区"优秀教师",安顺经开区"德育先进个人""学带头人""优秀班主任""骨干教师""优秀支教老师";娄政敏主任荣获安顺经济技术开发区"先进教育工作者"称号;姜静老师在青岛市中小学青年教师基本功比赛中荣获"小学段语文学科"一等奖。安化英老师先后荣获安顺经济技术开发区"优秀少先队辅导员""贵州省优秀少先队集体"称号;李岩主任荣获青岛西海岸新区教育和体育局颁发的教育体育系统三八红旗手称号,在青岛西海岸新区2020年小学生语文素养展示活动中荣获"优秀辅导教师"称号。成长前行的路上洒下的是汗水,教育科研的征途中一步一个脚印。

(三)建立读写一体化的课堂教学模式

阅读与写作具有紧密的联系,只有通过大量而广泛的阅读,才能增加知识文化的储备,掌握语言表达方式、行文构思技巧、高效写作方法,写出优秀的文章,通过相关写作能够更加熟练运用字词语句,践行写作方式,更好训练语言运用能力,提升语言表达能力。小学语文教学实施读写一体化教学具有重要的意义,通过阅读与写作,可以指导学生摘抄精彩的语句、精妙的语段、经典的故事,在阅读中储备更丰富的写作素逐步提升写作能材,领悟人生哲理,而写作又是对阅读结果的检验,在长久的写作训练中,学生能够自主评价,小组互相评价,以及综合评价,更好完善习作行文。

（四）探索出了小学语文读写一体化的有效途径和方法

1. 学生学习能力得到培养。

激发学生的作文兴趣，让学生乐于习作。学生怕作文，对作文不感兴趣，跟我们教师对作文的重视程度和引导方法有关。按教材安排中高年级学生一学期只需完成八篇大作文，再加上八次小练笔，一学期充其量才中有 16 次习作的机会，语文的大部分时间是花在阅读教学上的。这样从客观上无意识地造成了语文教学重"读"轻"写"的局面，学生的作文兴趣自然得不到激发和培养。"如何在阅读教学中有效的读写结合训练"的研究课题将读与写紧密地结合在一起，做到立足于"读"，着眼于"写"。为了将"写"的训练目标落实好，教师必须熟读课文，以独特的视角挖掘课文中有利于"写"的因素，并以学生易于接受和乐于接受的方式组织阅读，在学生读通、读透，有所感悟和体会的基础上，进行"写"的训练的迁移。由于是有所借鉴、有所感悟和体会，此时的学生对"作文"也能"夸夸其谈"，也能"下笔如有神"，也能感受作文所带来的自信与快乐。久而久之，学生对作文的兴趣也就养成了。此外，激发学生的作文兴趣既是本课题的一个目标，也是一个策略。在具体的教学中，要求教师通过语言激励、通过情境创设、通过美文品读、通过活动开展、通过成果表彰等手段，激发学生的作文兴趣。

拓宽了学生的作文思路，让学生善于组材。以往写起作文，学生常常总会搜肠刮肚，总是"无话可写"。究其原因，除了学生年龄小，生活经验不足，生活体验不深，可写的素材少之外，主要是因为学生的作文思路没有打开，不懂得审题，不懂得立意，不懂得根据作文的要求去搜集题材。"读写结合训练"的研究课题注重以课文为凭借，以某一读写结合点为契机，先对学生进行"由此及彼"的模仿训练，再进行"举一反三"的拓展训练，极大地培养了学生的发散性思维和创新性思维。当学生的发散性思维和创新性思维被激活后，作文的思路自然而然就宽了。只要给一个作文题目，学生的头脑就能快速运转，诸如"写什么"，"表现什么样的思想感情"，"通过什么事来表现"，"我亲历的哪件事最典型，最有说服力"，"事件的哪个环节应该重点写"等问题一一闪现。通过仔细推敲，整个作文的框架就清楚，脉络就清晰。

夯实学生的文字功底，让学生精于表达。"如何在阅读教学中有效的读写结合训练"的研究课题更重要的在于立足教材，倚重阅读，充分发挥每篇课文的作用,有目的地选择一些语段让学生品读、理解、揣摩、赏析,体验和感悟祖国文字之精妙,景物之丰美,人情之伟大。在此基础上,进行仿写、续写、扩写等训练,夯实学生的文字功底,让学生的表达更加流畅、形象、生动,从而解决了学生"有话不懂得写"的缺憾。

2. 教师整体素质得到提升。

有苦有乐,丰富了教师的精神生活的内涵。教师是清贫的富有者。教师清贫在物质上,却富有在精神领域里。"如何在阅读教学中有效地读写结合训练"同其他课题一样,让语文组老师亲历了一个有汗有泪、有苦有甜的、有欢有悲的过程。但老师们更多的是感受到学习带给自己的充实,研究带给自己的进步,工作带给自己的快乐。课题研究既磨炼了老师们的意志,也丰富了老师们的精神生活。

又读又写,提高教师的运用教材的能力。"如何在阅读教学中有效的读写结合训练"的研究课题重在挖掘语文教材隐性的功能,在阅读教学中读写并驾齐驱,打破以往读写脱离的陋习,撑起读中悟写、读中导写、以读促写和以写促读的一片蓝天。要在阅读教学中寓写于读,就要做到将教材"一课两用",就要创造性地使用教材。通过实验研究,语文组教师基本上初步掌握了独立分析教材、处理教材、寻找教材中读写迁移点的知识,形成了一定的创造性地运用教材的能力。

边教边研,增强了教师的课题钻研的意识。"读写结合训练"的研究课题是一个实践性研究课题,主要采用的是行动研究法。行动研究是基于解决实际问题的需要,为改进实际工作服务的研究方式。它的最大优点是在自然状态下的研究,边研究边工作,边工作边研究,工作就是研究,研究就是工作。通过研究,老师们不仅寻到了一些读写迁移训练的最佳结合点和最佳方式,努力实践阅读教学中读写结合、读写迁移的"有效"性,也提出了"优差生发展不均衡""理论积淀不够深厚""没有走出前人研究的窠臼"的问题,这说明了老师们的校本教研意识正在增强,科研能力也正在提高。

(五)积累了丰富的语言文字及资源类成果

一年来,"小学语文读写一体化教学策略研究"取得了突出的成绩,在课题研究实践中,习作公开课 22 节,各级公开课均受到听课教师的好评,积累了丰富的文字资源类成果,课题组成员在教育部门组织的竞赛中频频获奖,多篇优秀成果论文发表。

论文发表如下表所列：

具体研究成果名称	成果形式	承担人	发表时间	发表刊物	字数
《读写相融　提升习作自信》	论文	刘桂英	2021.10	《文渊》杂志 2021年10月	5 703
《小学语文教学中传统文化的创造性转化》	论文	姜　静	2021.04	《中小学教师培训》 2021年第4期	3 275
《小学语文群文阅读教学方法实践探讨》	论文	姜　静	2021.03	《荆楚学术》 2020年第3期	2 735
《浅谈小学高年级语文阅读教学中的读写结合》	论文	李　岩	2021.11	《速读》 2021年11月中旬刊	1 982
《小学语文阅读写作一体化的教学要点探析》	论文	娄政敏	2022.03	《中国教工》 2022年第6期	2 606
《构建三位一体的读写模式》	论文	刘桂英	2022.06	《世界·教育研究》 2022年2期	5 021
《小学语文教学读写一体化的实践研究》	论文	李　岩	2022.06	《科学与技术》杂志社 2022年5期	3 140
《小学中年级仿写式读写一体化训练的策略研究》	论文	姜　静	2022.06	《世界·教育研究》 2022年2期	4 036
《以读促写在小学语文写作教学中的应用研究》	论文	安化英	2022.05	《学生之友·素质教育》 2022年第9期	4 521
《小学县域乡土教材的开发研究——以青岛平度市为例》	论文	刘　丹	2022.04	《科学与技术》杂志社 2022年4期	22 321
《小学语文中年级读写一体化教学策略研究》	论文	姜　静	2022.08	《科学与技术》 2022年7月	3 959

论文获奖如下表所列：

论文题目	姓名	颁奖单位	获奖等次	获奖时间
《读写相融　提升习作自信》	刘桂英	《文渊》编辑部	国家级一等奖	2022年1月

参赛获奖列表如下：

题目	类别	姓名	获奖名称	时间
妈妈睡了	公开课	刘桂英	"山海情深 携手发展"教研交流活动一等奖	2021年3月24日

（六）课题研究在本地区的影响

"小学语文读写一体化教学策略研究"课题的有效实施开展,有力推动了山东青岛和贵州安顺两地学校教师教育基本理论的快速提升,将读写一体化教学策略落到实地,以点辐射,带动教师践行于教学,收效于课堂,教育成效显著,课题研究成果得到推广使用。课题组每一位成员以本课题作为教育教学工作中的研究方向,形成了以教育科学为先导,以课堂教学为主阵地,以网络平台为交流载体的工作体系,推动了课题组全体成员的专业成长。刘桂英老师贵州安顺支教期间,积极开展"送培送课送真诚 山海携手共成长——实验小学与幺铺小学"的教研活动。朝雨轻尘,寒冬有情。在开发区教育局的组织指导下,安顺经开区实验小学青岛支教教师刘桂英如期前往幺铺小学开展"送培送课到校"活动。

下午2点10分,从各个村小赶来听课的老师们齐聚幺铺小学录播室,共同观摩刘老师执教新课《雾在哪里》。刘老师精心设计教学环节,环环相扣,引领学生读中感悟,悟中品读,琅琅读书声贯穿课堂始终,将教学难点、重点化解到巧妙设计的教与学的互动学习中,现代科教手段将随文识字、积累语言等教学目标践行在课堂教学中。学生学有所得,习得方法。刘老师遵循统编教材低年级轻讲解、重诵读,以识字写字为基石的教学规律。扎扎实实、精彩纷呈的课堂教学形式,将学生的思维触角和对新知的渴望瞬间打开。刘老师引领学生步步登高,学生如沐春风,如鱼得水,高效课堂学习让学生在听、说、读、写中同步发展。

刘老师扎实的教学基本功凸显在课堂上的每一个细节:温文尔雅的教态,声情并茂的朗读、工整美观的板书……无一不为课堂教学锦上添花,博得听课的领导老师们一致赞誉,课后大家与刘老师亲切交流教学中遇到的困惑和疑问,向刘老师征询锦囊妙计。

议课评课后,老师们移步到会议室,刘老师先后做了"阅读课教学设计的思考"和"基于识字 培养思维"的专题讲座。刘老师结合新授课《雾在哪里》为例,阐述了课时教学设计的所思所感,鼓励老师们进行课时备课首先要研读单元备课,倡导阅读课采用随文识字,将识字教学置于语言环境中,帮助学生建立识字网络,培养学生的识字思维,拓展学生阅读视野,由课内走向课外,一篇带一篇,一篇带几篇,一篇带一本。刘老师所阐述的课时备课的设计理念与老师们产生共鸣,引发思索。为老师们的识字教学打开了视野豁然的天窗!

有了安顺市教育科学规划领导小组的正确指导,在课题负责人刘桂英老师的引领下,青岛籍李岩主任、姜静老师,安顺籍娄政敏主任、安化英老师数次带领名师前往乡村学校送培送课。"送陪送课到校"活动的持续开展,极大地推动了课题的有效推进。我们课题组以此为契机,继续加强与区域兄弟学校之间的教育教学沟通交流,发挥名师引领作用,发扬光大优秀课堂教学方法,将读写一体化课堂教学模式落实到课堂上。

五、反思与建议

通过整整一年的课题研究,彻底扭转了以往教学内容的不融合和单打独斗之弊端,扭转了习作脱离阅读、脱离学生生活、教学方式单一、忽视学生学习生活经验的状况。学生喜欢阅读、爱好习作的良好学风得以发扬光大,学习语文的浓厚兴趣油然而生,学生应用语言文字践行于生活中,用知识解决实际问题的能力不断提升,应用语言文字的意识不断增强。但在研究过程中,如何引导学生将所学知识广泛与社会实践相融合仍是困扰我们的主要问题。由于课堂容量有限,不可能给予学生很多实践的机会,即使课余有些零星时间,也不可能给予每一个同学实践的机会。况且学生的课余时间还要被各学科作业所充斥,学生能支配的时间很少。仅靠课堂设计的有限的实践活动是不能提高学生与社会向融合的实践能力和创新能力的。建议学校利用阅览室设立大阅读课,适当增加学生在校阅读时间,教材中增加学生参与社会实践阅读的活动内容,在家庭作业中适当增加亲子共读共写作的比重,这些举措应该是目前比较理想的办法。

参考文献

[1] 叶圣陶. 叶圣陶语文教育论集[M]. 北京:教育科学出版社,2015.

[2] 教育部. 部编版最新小学语文新课程标准(2022 版). 北京:北京师范大学出版社,2022.

附　录

小学语文读写结合调查报告

刘桂英　李　岩　266400

山东省青岛西海岸新区青草河小学

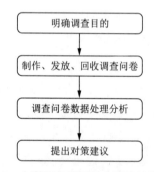

图1　小学语文读写结合调查流程图

一、调查目的

为了更好地有效开展"小学语文读写一体化教学策略研究"这一课题的研究,我们课题组向山东省青岛西海岸新区青草河小学的六年级一班全部学生发放了问卷调查。

二、调查问卷

综合此次问卷的调查数据,我们经过数据分析对比,得出了一个重要结论,那就是学生个体之间的写作能力还是有着较大差别的,实施本课题的读写策略是能够在阅读教学过程中,让每一名学生得到循序渐进地提高。

《新课标》指出:"学习语文的最终目标是为了应用,如何应用。"从学生本身来说，写作就是一种运用知识的综合考验，因为一篇文章需要学生展示的能力是有很多方面的，有遣词造句、有谋篇布局、有修辞手法的运用，还有段落安排的使用等等，这些都是学生在平时的学习过程中需要积累并掌握的。阅读教学实质上就是为了提高学生的各种能力而进行的一种教学操作，特别是作者写法的概括、总结和历练，是需要一个学习过程的，不可急功近利，不可一蹴而就的顺手牵羊。

三、数据对比

2021 年 4 月份六年级一班学生习作数据：

班级均分：23.73 分。年级均分：24.57 分。

答题统计：24～30 分 22 人，占 50.0％。16～24 分 21 人，占 47.7％。8～16 分 1 人，占 2.3％。

2022 年 4 月份六年级一班学生习作数据：

班级均分：25.12 分。年级均分：25.27 分。

答题统计：24～30 分 25 人，占 56.8％。16～24 分 18 人，占 40.9％。8～16 分 1 人，占 2.3％。

表 1　六年级一班学生习作数据表

时间	均分统计		答题统计		
	班级均分	年级均分	24～30 分	16～24 分	8～16 分
2021 年 4 月份	23.73	24.57	22/50.0%	21/47.7%	1/2.3%
2022 年 4 月份	25.12	25.27	25/56.8%	18/40.9%	1/2.3%

四、调查分析

根据学生问卷调查分析，我们发现，通过有效开展"小学语文读写一体化教学策略研究"这一课题，一年来对学生读写进行训练，学生习作状况较以前有了明显的改观。学生的读书兴趣得到了有效激发，大部分学生养成了爱读书、勤读书、读好书的良好习惯。课外阅读拓宽了学生语文学习的时空，为学生的习作奠定了良好的基础；同学间的合作、交流意识明显增强，学生的口头语言和书面语言表达能力得到了良好的训练。

五、对策与建议

（一）语文教师要努力提升自身的专业素养

语文学科丰富的人文内涵是学生成长的精神食粮,有专业素养的语文教师能引领学生很好地享受、体会语文带给人的精神补给,引领学生在学习中情操得到陶冶,品质得到提升。语文学科的内在东西需要语文教师具有良好的专业素养,才能上出语文课的味道来。面对众多的喜欢语文学科的学生,我们课题组的语文教师要不断学习不断充电,努力提升自己的专业素养,让语文课堂流光溢彩,生动鲜活,成为学生精神和语言提升的乐园。

（二）重视语文课堂"读"的作用

鲁迅先生说:"文章该怎么做,我说不出来,因为自己的作文,是由于多看和练习,此外并无心得和方法了。"一代大师,如是说,那只有多读、多看了。多读多看不仅能丰富写作材料,更能提高认识水平,学习别人的方法。通过调查我们也发现孩子们普遍认为"读好课文"和写好作文关系密切,积累好词好句对写提高写作水平很有帮助。那么,我们今后在课题研究中就应从课堂入手,在"读好课文"中培养语感,在良好的语言感觉中积累丰富的语汇,引导学生在语文课堂中感知语言的美妙,感知作者表达的方法。在多读多写中感知、积累语言,丰富语言。

（三）想方设法调动学生"读写结合"的积极性

语文课堂是学生语文能力提升的主阵地。如何在语文课堂上巧妙地利用课文渗透读写结合?如何让学生对课堂的小练笔感兴趣?这都是本次课题要研究的重点内容。从问卷调查中可看出学生对小练笔的兴趣不是很感兴趣,原因是学生怕麻烦,怕动手写。怎样吸引他们写?怎样让学生感觉写有效果?这都是摆在我们课题组面前的问题。如何调动学生读写结合的积极性?需要在课题研究中一步步摸索、总结、实践。另外,一定要重视口语交际训练。

要提高口语交际的教学效率,教师首先必须重视这门课程。教学中必须遵循学生的认知规律,并依据认知规律精心设计教学流程。口语交际教学应该因地制宜。教师要灵活地、创造性地运用教材,如果实际生活中有学生更加关注的、更有兴趣的话题,就可以更换教材的安排。在教学时,除了要使口语训练层次分明、流程清晰,还要采取多种形式,设计多个回合,把触角伸向各个层面,努力开辟各种实践的渠道,把学生引向生动的交际情境,实现多元交互,最终优化训练过程。

六、调查反思

1. 要扎扎实实培养学生的观察能力。很多时候学生动笔写却写不出来,这是学生不善于搜集材料、不留心观察生活、不用心积蓄所致。因此,教师要把培养学生的观察能力作为一项长期而艰巨的任务,要矢志不渝地坚持引导学生,养成勤于观察的良好习惯。

2. 要鼓励学生持之以恒地写好日记。鼓励学生进行长期"积蓄"这一过程,这是给学生充分的语言实践机会,长此以往,日积月累,学生写出新颖别致、情趣并举的文章也就水到渠成了。

3. 要创造条件开展语文实践活动。教师要积极创造条件,为学生增加语文实践的机会,大力改进课堂教学,变封闭为开放,加强课堂教学与课外生活的联系和沟通,让学生在大量的语文实践中掌握和运用语文规律。只有把握作文教学规律,才能真正有效提高作文教学效率,才能扎扎实实地提高学生的作文水平和运用语言文字的能力。

小学语文读写结合问卷调查分析报告

刘桂英　266400　安化英　561099

贵州省安顺经济技术开发区实验小学

　　针对此次问卷调查,我们选取了六年级两个班级进行调查,发放问卷70份,回收70份,回收率100％,在问卷过程中,广大学生能够认真对待问卷,答出自己心中的意见,有效实现了此次调查的所需数据,现将具体情况进行深入的分析与总结,以求得出比较客观的问题所在,便于在课题研究中改变以往不合适的做法。

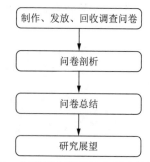

图1　小学语文读写结合调查流程图

一、问卷剖析

(一)第一部分(采用"读写结合,以读促写"的教法前)

表1　小学语文读写结合调查问卷剖析表(第一部分)

问题	选项		
	A	B	C
1. 你现在喜欢习作吗?	37	7	23
2. 每次习作你是真正做到我手写我心想吗?	26	17	27

问题	选项		
	A	B	C
3. 在阅读教学中,你能从教师的教学中学习到一些关于写作方面的知识吗?	54	6	10
4. 你对课中的小练笔感兴趣吗?	30	15	25
5. 习作中你参考过别人的东西吗?	45	9	16
6. 教师在课堂中是否提炼出一些写作的方法?	40	0	30

1. 你现在喜欢习作吗?

　　A. 喜欢　　　　B. 无所谓　　　C. 喜欢,但是不会恰当表达。

选择 A 的 37 人,选择 B 的 7 人,选择 C 的 23 人。从中可以看出,学生对于写作的态度还是欠缺的,一半的人处于模棱两可之间,认为是一种无所谓的行为,这种行为对于写作能力的发展是极为不利的。任何事情如果抱着无所谓的心态去做,是做不好的。

2. 每次习作你是真正做到我手写我心想吗?

　　A. 是　　　　B. 不是　　　　C. 不完全是

选择 A 的 26,选择 B 的 17 人,选择 C 的 27 人。从这项调查来看,每次习作都将有近一半的学生参考作文书,有了参考,自己动脑子思考的机会就不多了,嗟来之食当然快速迅捷,但也说明一个严重的问题,那就是学生的惰性使然。如果习作不能做到我手写我心想的话,那么小学生的作文都是空洞无力的,是挂羊头卖狗肉的。同时也说明学生需要一种情绪上的激励,需要一种独立完成任务的历练,这就是我们研究的重点。

3. 在阅读教学中,你能从教师的教学中学习到一些关于写作方面的知识吗?

　　A. 能　　　　B. 不能　　　　C. 有,但不太大

此题中,学生选择 A 的 54 人,选择 B 的 6 人,选择 C 的 10 人。这就足以说明学生在学习语文的过程中还是能够提升自己的写作能力的,阅读教学其实就是一篇篇精美的短文,在阅读中学生接收到不仅仅是对文章内容的理解,更重要的是对作者写法的了解,内容的理解很简单,只要多读就可以了,但是对于写法学生需要多加揣摩、推敲才能有效把握,即关注于文章是怎么写的,而不是写了什么,这才是阅读教学中学生需要学习的。此项课题的研究就是从这点出

发,充分发掘课文中存在的写法规则,教给学生,让学生能够学着课文的成文方式自己学着进行创作,写出属于自己的文章来。选择 BC 的学生只是班级中的极少数学生,他们的课堂阅读与学习还需要进一步提高,他们还没有感受到阅读教学的巨大魅力所在。

4. 你对课中的小练笔感兴趣吗?

  A. 有   B. 没有   C. 有,但不太大

选择 A 的 30 人,选择 B 的 15 人,选择 C 的 25 人。从选择的结果来看,一半的学生对于课中的小练笔还是没有正确的思想认识,总认为它是可有可无的,其实不然,课中的小练笔正是学生锻炼的能力体现,才华的展示,没有动手能力,何来优秀的成绩。积少成多,集腋成裘,没有小练笔的热身活动,哪来一篇篇文章的洋洋洒洒。

5. 习作中你参考过别人的东西吗?

  A. 有   B. 没有   C. 有,但不太大

选择 A 的 45 人,选择 B 的 9 人,选择 C 的 16 人。说明一个比较严重的问题就是学生每次习作参考的成分比较多,没有自己的思想和行动。只有极少数学生没有参考,写出了自己的真实想法。

6. 教师在课堂中是否提炼出一些写作的方法?

  A. 是   B. 没有   C. 有,但只是轻轻带过,不仔细讲的。

选择 A 的 40 人,选择 B 的 0 人,选择 C 的 30 人。这就说明教师还是能够在阅读教学的过程中注意总结和发掘文章的写法的,这也是当前语文教学的重点,即所谓的读写结合模式,这是一种有助于提高学生写作能力的知识储备,学生在课堂上,经过教师的引导总结和掌握的写法会对他们的写作能力的提升起到一定的作用。但是读写结合的教学力度还需加强。

(二)第二部分(采用"读写结合,以读促写"的教法后)

表2 小学语文读写结合调查问卷剖析表(第二部分)

问题	选项				
	A	B	C	D	E
7. 课堂学习中,你是否对作者的写法感兴趣?能概括出写作思路吗?	55	15	–	–	–
8. 你有写读书笔记的习惯吗?	58	12	0	–	–

问题	选项				
	A	B	C	D	E
9. 你是否坚持学完一课后就进行一次课后小练笔？	65	5	–	–	–
10. 你觉得读写结合对提高写作能力重要吗？	20	5	45	0	0
11. 语文老师在阅读和习作方面的教学满意吗？	65	5	0	–	–
12. 你提高写作能力主要途径是什么？	20	14	26	10	
13. 你有摘抄好词、好句子和好文段的习惯吗？	45	0	25	–	–
14. 你的习作能否被教师作为范文读给同学们听？	50	15	5	–	–

7. 课堂学习中，你是否对作者的写法感兴趣？能概括出写作思路吗？

　　A. 能　　　　　　　B. 不能

A 和 B 的人数是 55 和 15。这么多的学生选择了能概括出作者的写作思路，这是个有点满意的答案，在具体的课堂教学中，许多学生是能够自己概括出写作思路的，采用读写结合，以读促写教法后学生具有这方面的能力了，如果真的是这样，那么学生的写作能力的提高会进步很快的。

8. 你有写读书笔记的习惯吗？

　　A. 老师要求就写　　　B. 偶尔写写　　C. 有空就写

选择 A 的 58 人，B 的 12 人。这种情况也是比较符合学生当下的学习方式，对于读书笔记，还应养成每读必写的良好习惯，读任何一本书，如果没有自己的所读所感，不能见诸笔端的话，读的效果就大打折扣了。

9. 你是否坚持学完一课后就进行一次课后小练笔？

　　A. 是　　　　　　　B. 没有

选择 A 的 65 人，选择 B 的 5 人。说明学生通过在阅读教学过程中学到的写法已经运用到写作实践中去了。

10. 你觉得读写结合对提高写作能力重要吗？

　　A. 重要　　　　　B. 一般重要　　　　　C. 很重要

　　D. 不重要　　　　　E. 不知道

选择 A 的 20 人，B 的 5 人，C 的 45 人。学生对于重要和很重要也许存在着意义上的难以区分现象，就目前情况来看，学生对于阅读教学的认识程度是很高的,认为阅读教学能够提高写作能力,只要认真学习就一定会有好成绩。

11. 语文老师在阅读和习作方面的教学满意吗?

    A. 很满意   B. 满意   C. 一般

选择 A 的 65 人,B 的 5 人。多数学生选择的是很满意,也就是说对于教师以读促写,读写结合的教学方法是认可的,有了这样的基础,学生学习语文的积极性应该比较高,也会很感兴趣的。

12. 你提高写作能力主要途径是什么?

    A. 老师辅导   B. 自己多读多背

    C. 老师辅导加自己多写   D. 摘录优美句式句子

选择 A 的 20 人,选择 B 的 14 人,C 的 26 人,D 的 10 人。这个问题的答案比较散,说明学生写作能力的提高来源比较广泛,不能以一概全,都有道理,都有可取之处,这也是语文教学的多元化发展,学生就应该走出封闭的自我空间,多接触广阔的社会,在行万里路中读书学习。

13. 你有摘抄好词、好句子和好文段的习惯吗?

    A. 有,经常摘抄   B. 偶尔摘抄一些

    C. 只是在老师的要求下摘抄

选择 A 的 45 人,C 的 25 人。说明大多数学生对于主动读书,主动摘抄还是认可的,并能逐步养成一定的良好的学习习惯,这种习惯对于学生的学习,特别是写作水准的提高是很有帮助的。

14. 你的习作能否被教师作为范文读给同学们听?

    A. 有,经常有   B. 偶尔有   C. 没有

选择 A 的 50 人,选择 B 的 15 人,选择 C 的 5 人。

这说明采用读写结合,以读促写教法后学生习作能够作为范文被教师当堂阅读的很多,言下之意就是告诉我们,不少学生的习作有了提升,特别是方法长进不小。

15. 这一年,老师采用读写结合的方法进行阅读和习作教学你觉得满意吗? 写出你的感受。

70 人全部回答满意。52 人写了感受,18 人空着没写感受。52 人的感受大体是这样的,"读写结合,以读促写"对习作有很大帮助,一年来,习作能力得到很大的提高。

二、问卷总结

此次问卷的分析,得出了一个重要的结论,那就是学生的写作能力是有差别的,但是能够在阅读教学过程循序渐进成长的。

总的来说,在小学语文阅读教学中,阅读和写作是紧密联系的,两者是密不可分的。只有两者同步的提高,才能真正地提升学生的语文学习能力。教师在平时的阅读教学中,应该充分地了解两者结合的重要性,不断地创新教学模式,正确地引导学生将阅读和写作同时进行,只有这样才能真正地提高学生的语文综合能力水平,从而达到语文成绩的稳步上升。

三、研究展望

对于课题的研究还需要进行磨合,与学生之间的沟通能够有效解决阅读教学中存在的问题,便于改进教学方法,促进学生的智力发展。多让学生在课堂中进行总结写法的练习,在教师的引导下,逐步形成一种自觉的潜意识,每读一篇文章,都要不自觉地对其进行写法上的参悟,并在习作的练习加以提炼和升华自己的认识,从而在篇章上有所提高。

课题组成果统计一览表

序号	作者	成果形式	成果名称	出版单位/发表刊物	刊物级别（CSSCI/核心）	出版时间/刊物期号	转载	获奖情况	决策采纳
1	刘桂英	论文	《读写相融　提升习作自信》	《文渊》		2021,10		国家级一等奖	
2	娄政敏	论文	《小学语文阅读写作一体化的教学要点探析》	《中国教工》		2022,03			
3	姜静	论文	《小学语文教学中传统文化的创造性转化》	《中小学教师培训》		2021,04			
4	姜静	论文	《小学语文群文阅读教学方法实践探讨》	《荆楚学术》		2020,03			

续表

序号	作者	成果形式	成果名称	出版单位/发表刊物	刊物级别（CSSCI/核心）	出版时间/刊物期号	转载	获奖情况	决策采纳
5	安化英	论文	《以读促写在小学语文写作中的应用研究》	《学生之友》		2022,05			
6	李 岩	论文	《浅谈小学高年级语文阅读教学中的读写结合》	《速读》		2021,11			
7	李 岩	论文	《小学语文教学读写一体化的实践研究》	《科学与技术》		2022,06			
8	刘桂英	论文	《构建三位一体的读写模式》	《科学与技术》		2022,07			
9	姜 静	论文	《小学中年级仿写式读写一体化训练的策略研究》	《世界·教育研究》		2022,06			
10	姜 静	论文	《小学语文中年级读写一体化教学策略研究》	《科学与技术》		2022,07			

1. "成果形式"请注明为论文、编著、专著或教材。

2. "获奖情况"请填写政府部门颁发的、奖励,奖项名称应与课题名称对应。

3. "决策采纳"指被县市级以上党政部门完整采纳吸收,并附有基本材料和相关证明。

后记：教育征程中的"生命档案"

——我为什么写《师者 生命在歌唱》

关于这本书的书名确定为《师者 生命在歌唱》，是缘于我读过于漪老师的系列教育丛书，深为于漪老师献身于教育的精神所感动，她躬耕基础教育70余载，95岁的于漪老师依然以奋斗的姿态站在教育改革和教师培养的最前沿，默默践行"让生命与使命同行"的铮铮誓言。

接受记者采访，她的目光清亮有神："当了一辈子老师，假如再有第二次生命，仍然会毫不犹豫地选择教师这一崇高而神圣的职业。"

她说："站上讲台，就是生命在歌唱。"

能够撰文成书，感谢在成长路上引领我前行的恩师、领导、先贤。

感恩遇见吴国生老师。大学求学，远离家乡，吴老师的循循善诱像一束光照进我心里。在老师的课堂上，我喜爱上《教育学》《心理学》及专业教育理论，喜欢动笔写写学习感悟和心得体会，老师的鼓励与肯定让手中的笔生发出灵性，尝试写下实习时的教学感悟，吴老师悉心指导，由此发表了我人生的第一篇教育论文。这极大地增强了我的写作自信，在此特别感谢吴老师帮我搭建写作自信的架构。

工作后，我从教于青岛西海岸新区初级第四中学，原名胶南市第四中学。初生牛犊不怕虎，在邢岳林老师的鼓舞和指导下，我放开手脚，大胆创新课堂教学，积极参与学校基础场地的设计、规划和建设，在工作的第一年，教育论文在市级评选活动中获得一等奖，撰写论文小试牛刀又获得成功，写作自信得到提升。

工作的数十年里，我始终保持笔耕不辍。犹记得，2018年我来到青草河小学，这个风清气正的大环境让人不待扬鞭自奋蹄，教研氛围严谨而活泼。当我的论文《如何在教学中落实"读写一体化"》发表于国家期刊《汉字文化》时，得到了徐伦校长的大加赞赏，他满面笑容，由衷地跷起大拇指："刘老师，你离成功又近了一步。"鼓励让写作生发出动力，奔涌着激情。

我挚爱现在所任教的青草河小学这片土地。就在这片土地上，我的伯父刘凤楼校长于20世纪40年代，就曾手执教鞭，桃李满园。三尺讲台上，他度过五十个春秋。我的姑姑刘素梅于20世纪50年代，毕业于胶州师范学校，同样扎根教育，在同一片热土上播下知识的种子，做敢为人先的大先生，做教书育人的优秀楷模。

循着先贤的教育足迹，我捧起书本，踏上讲台，肩上是沉甸甸的教育责任。前行的路上，似乎仍可见先贤们献身教育殿堂的光辉身姿，似乎尤可闻先贤们领诵诗词韵文的声律。

前有贤者，后有来者。既为师者，当以文育人，触动心弦；既为师者，胸中要有书，目中要有人，见书又见人；既为师者，脑海里要有"学生谱"，心中要有爱，将生命与使命同行。

"站上讲台，就是生命在歌唱。"誓言犹在耳边回响……

师者，生命在歌唱。吾辈当努力！

刘桂英

2024 年 11 月 13 日于青草河畔